Hrsg.
Iwanowski's
Reisebuchverlag

101 Berlin

Geheimtipps und Top-Ziele für Entdecker

IWANOWSKI'S REISEBUCHVERLAG

Im Internet:

www.iwanowski.de

Hier finden Sie aktuelle Infos zu allen Titeln, interessante Links – und vieles mehr!

Einfach anklicken!

Schreiben Sie uns, wenn sich etwas verändert hat. Wir sind bei der Aktualisierung unserer Bücher auf Ihre Mithilfe angewiesen: **info@iwanowski.de**

101 Berlin – Geheimtipps und Top-Ziele für Entdecker
1. Auflage 2011

Salm-Reifferscheidt-Allee 37 • 41540 Dormagen
Telefon 0 21 33/26 03 11 • Fax 0 21 33/26 03 33
info@iwanowski.de
www.iwanowski.de

Titelfoto: Michael Iwanowski
Alle anderen Farbabbildungen: siehe Bildnachweis Seite 250
Redaktionelles Copyright, Konzeption und dessen ständige Überarbeitung: Michael Iwanowski
Redaktion: Maike Stünkel
Layout: Ulrike Jans, Krummhörn
Umschlagkarten: Kartografie + Grafik Klaus-Peter Lawall, Unterensingen
Titelgestaltung: Studio Schübel, München

Gesamtherstellung: Grafisches Centrum Cuno, Calbe
Printed in Germany

ISBN: 978-3-86197-003-3

Inhaltsverzeichnis

PLÄTZE & PARKS 96

KUNST & KULTUR 118

ARCHITEKTUR 140

AKTIVITÄTEN 160

SCHLÖSSER & GÄRTEN 184

AUSFLUG INS GRÜNE 202

KURIOSES 222

ANHANG 230

Einleitung

BLUES MESSE
BLUES MESSE
BLUES
FREAKS FAGGOTS DRUNKS
FREAKS FAGGOTS DRUNKS & JUNKIES
BLUES MESSE
Tuesday 21.07.09
GLEN WASHINGTON

Cuvrystraße
Z ON
Z ON

Einleitung

Berlin, Berlin – was für eine Stadt!

Tausende Male beschrieben, tausende Gesichter, Geschichten, jeden Tag kommen neue dazu und alte gehen. »Ich bin ein Berliner« – das sagte schon John F. Kennedy bei seinem Besuch in der Frontstadt kurz nach dem Mauerbau. Er bewunderte mit diesen Worten – übrigens ist dieses Zitat in Deutsch sein meist verbreitetes – den ungebrochenen Lebenswillen der Hauptstadt.

Berlin ist wie keine andere Stadt durch die Geschichte gegangen: Kaiserreich, die Goldenen Zwanziger Jahre, die Nazizeit, der 2. Weltkrieg, totale Zerstörung und Wiederaufbau, das Leben in einer geteilten Stadt, die Luftbrücke mit den Rosinen-Bombern, der Mauerbau 1961, der Sieg der Freiheit 1989 und die Wiedervereinigung – besonders symbolisch in Bildern jener Nacht am Brandenburger Tor – welche Ereignisse, welche Folgen für die Menschen!

Ich habe einen Teil der bewegten Zeit miterlebt, Kindheit und einen Teil meiner Jugend im Ostteil am Rande Berlins in Bernau verbracht. Als wäre es gestern erst passiert, erinnere ich mich, als meine pragmatisch veranlagte Großmutter mich mit der S-Bahn nach Gesundbrunnen – damals der »Goldene Westen« – mitnahm. Zuerst ging´s vor dem Bahnhof zur Wechselstube – hier wurden fünf Ostmarkt gegen eine Westmark getauscht. Und dann konnte man das kaufen, was es im Ostteil der Stadt nicht gab: Sarotti-Schokolade, Tchibo-Kaffee und Bananen. Als »kleener Steppke« biss ich herzhaft in die erste Banane meines Lebens wie in einen Apfel – ohne sie zu schälen.

1961 dann die Flucht. Mein Vater war im höheren Staatsdienst als führender Bauleiter der Regierungssiedlung Wandlitz bei Berlin tätig. Wir kamen in den Genuss aller Privilegien der sozialistischen Oberschicht: Dienstvilla, Chauffeur, nichts fehlte wirklich. Noch heute bin ich auf meinen Vater Kurt Iwanowski stolz, der sich dem SED-Regime als Ingenieur nicht beugte und nicht in die Partei eintrat. Er wusste, dass die Mauer gebaut wird. Und er ließ alle Staatsvorteile sausen, um seiner Familie – vor allem mir – ein Leben in Freiheit und Selbstbestimmung zu ermöglichen.

Alles zurücklassen, ein letzter Blick ins Kinderzimmer, ein letztes Mal durch die Haustür gehen. Emotionen und Augenblicke, die im Herzen eingraviert sind. Dann mit der S-Bahn in den Westen, Aufnahmelager Marienfelde. Wie schmeckte doch die erste Bockwurst im Westen, wie groß und existentiell war der Weg für meine Eltern in eine neue, unbekannte Zukunft. Aber eine Zukunft in Freiheit – einem Wert, für den sie alles hergaben, alles Materielle – aber nicht Ideale.

Notaufnahmelager, Übersiedlung in die Bundesrepublik, wieder Notaufnahmelager, Wohnungs- und Arbeitssuche, Jahre der Entbehrung und des Nachholens. Das Ideal der Freiheit habe ich in dieser Zeit hautnah erlebt, im Westen musste ich kein Pioniertuch tragen und es gab keine Sanktionen staatlicherseits, einen selbst bestimmten Lebensstil zu verwirklichen.

So weit meine Beziehung zu meinem Berlin. Seit einigen Jahren bin ich hier wieder heimisch.

Heute ist alles so selbstverständlich, so leicht, so genussvoll in Berlin. Die junge Generation kennt die Trennung Ost und West nur vom Hörensagen. Und das ist gut so.

In »101 Berlin« möchte ich Ihnen skizzenhaft 101 Gesichter der liebenswerten, pulsierenden, widersprüchlichen Stadt an der Spree zeigen – ohne den Anspruch auf Vollständigkeit eines klassischen Reiseführers. Berlin ist alles, die ganze Spannbreite von Lebensentwürfen, voller Widersprüche, eine Stadt, in der gegensätzliche Lebensstile gelebt werden, es ist d i e Stadt der deutschen Einheit, polarisierend, mutig, kreativ. Und deshalb ist sie so spannend.

Dieser »Reise-Verführer« soll Ihnen Lust auf mehr machen, auf Entdeckungen im »alten« Westen und »neuen« Osten. Ich würde mir wünschen, dass Sie das Berliner Herz, das Tempo der Stadt, ihren Lebensrhythmus zwischen Kiez und Vorzeigemeilen erspüren. Wie kaum eine andere Stadt bietet Berlin und sein Umland Natur pur: dichte Wälder, klare Badeseen, verschwiegene Dörfer. Alles ist leicht erreichbar und das Preisniveau ist erstaunlich niedrig. Vielleicht wird auch aus Ihnen ein »Berliner« wie einst Kennedy.

Zwei Berliner Guides haben an diesem Buch mitgearbeitet: Markus Dallmann, der 41 Themen und zahlreiche Bilder beigesteuert hat, und Robert Müller. Herr Dallmann begleitet Berlin-Besucher zu den interessantesten Stellen der Stadt. Herr Müller radelt auf zum Teil ungewöhnlichen Routen durch die Spree-Metropole. Beiden besten Dank für ihre Mitarbeit und ihr Engagement bei diesem Projekt!

Ein besonderer Dank gehört zudem meinem Berliner Freund Hans-Michael Mohr. Als Kenner der Westberliner Szene steuerte er so manchen Beitrag durch Anregungen bei.

Michael Iwanowski

Widmung

Dieses Buch widme ich in besonderer Dankbarkeit posthum meinen mutigen und selbstlosen Eltern Johanna und Kurt Iwanowski sowie meiner Großmutter Hedwig Hoffmann. Ohne diesen engen Familienkreis und die Flucht in den Westen 1961 wäre es mir nicht möglich gewesen, meinen Weg in Freiheit zu gehen und dieses Buch im eigenen Verlag zu schreiben.

Stadtviertel und Kieze: Flanieren, Einkaufen, Essen, Ausgehen

1 Berliner Lebenswelten: Wo die Kreativen, Reichen, Armen, Bürgerlichen wohnen – ein Überblick

Berlin ist eine sehr vielfältige Stadt, in der die unterschiedlichsten Menschen ihre kleine Heimat oder ihre kulturelle Gemeinschaft finden, ohne sich vom großen Ganzen abzukoppeln. Anpassungsdruck wie in anderen Städten gibt es hier nicht. Der traditionellen **Einwandererstadt** Berlin ist es egal, wie man ist. Für Manche mag die Stadt zu groß, zu laut und zu anonym sein. Anderen gibt genau diese Größe etwas Beruhigendes und erzeugt ungeahnte Freiheitsgefühle. Der scheinbaren Bindungslosigkeit zum Trotz liebt der Berliner seinen Kiez und verlässt ihn ungern. So kann es passieren, dass sich eine »Reisegruppe« aus Zehlendorf in bisher unbekanntes Terrain wagt – nach Kreuzberg. Wie bunte Mosaiksteine setzt eine Vielzahl von Stadtvierteln das knapp 900 km² große »Gebilde Berlin« zusammen.

In der Berliner Innenstadt, die von der Ringbahn (S41 und S42) umfahren wird, lassen sich grob drei Lebenswelten charakterisieren.

In der **Neuen Mitte** (Bereich Hackescher Markt, Prenzlauer Berg, Friedrichshain, Kreuzberg) leben zumeist Kreative, innovative Aufsteiger, junge Familien und Studenten. Sie lieben die urbane, lebendige, weltoffene und tolerante Atmosphäre. Zuwanderer und Ausländer sind willkommen, es herrscht ein politisch »grünes« Klima. Im früheren Arbeiterquartier Prenzlauer Berg findet man heute die höchste deutsche Geburtenquote an Akademikerkindern. Im Bereich Helmholzplatz und Kollwitzstraße ist die Chance hoch, Prominenten über den Weg zu laufen. Viele Zugereiste bezeichnen den preisgünstigeren Friedrichshain als das »echte« Berlin. Hier kann es gelegentlich auch etwas derber zugehen. Gepiercte Mütter mit Halbglatze und rücksichtslose Radfahrer auf Bürgersteigen sind keine Seltenheit. Angesagt sind Boxhagener Platz und Simon-Dach-Straße. Der frühere Westberliner Bezirk Kreuzberg ist zweigeteilt. Während rund um die Bergmannstraße der »Veredelungsprozess« à la Prenzlauer Berg weit vorangeschritten ist, bestimmen im »wilden« und ärmeren Kreuzberg die inzwischen Alteingesessenen das Stadtbild: Das sind sowohl die Nachkommen der türkischen Einwanderer als auch die linke Alternativszene als »Nachfahren« der Hausbe-

Hier mögen's auch die Zugereisten: Kollwitzplatz am Prenzlauer Berg

setzerszene der 1980er Jahre. Wichtiges Zentrum ist der Heinrichplatz auf der Oranienstraße.

Die **Arme Mitte** (Moabit, Wedding, Neukölln-Nord) wird geprägt von hoher Arbeitslosigkeit, hohem Migrantenanteil mit türkisch-arabischem Hintergrund und einer sichtbaren Armut. Dennoch hält der völlig ungefährliche Spaziergang durch die gut erhaltenen Altbauquartiere Überraschungen bereit. So gilt der Neuköllner Reuterkiez mit seinen Galerien und Kneipen als jüngstes Szeneviertel und wird aufgrund der Nähe zu Kreuzberg als Kreuzkölln bezeichnet.

Etwas alternativer: Gegend um den Heinrichplatz

Die traditionell großbürgerliche **Westliche Mitte** (Charlottenburg, Wilmersdorf, Schöneberg) wird bestimmt von hohem Lebensstandard und großstädtischem Flair im liberal-konservativen Milieu. Ein beliebter Treffpunkt ist z.B. der Ludwigkirchplatz in Wilmersdorf oder der Schöneberger Szenekiez rund um den Winterfeldtplatz mit seinem herrlichen Wochenmarkt (Mi u. Sa).

Außerhalb der Innenstadt sind frühere Ost-West-Mentalitäten noch spürbar.

Im **früheren Ostberlin** gibt es zwei Lebenswelten: Die großen Plattenbaugebiete der ehemaligen DDR-Mittelschicht (Lichtenberg, Marzahn) erscheinen nach außen eher ungemütlich, haben aber einen guten Wohnstatus und oft günstige Mieten. In den ruhigen, grünen Lagen (Pankow, Treptow, Köpenick) leben eher ältere Bewohner, Kulturleute sowie Familien, die ins Grüne ziehen wollen.

Günstiger zum Wohnen sind die Plattenbauten

Der »Westen« ist wiederum recht unterschiedlich: Kleinbürgerliches Milieu findet sich am ehesten in Reinickendorf und Spandau, wo von jeher ein gewisses Misstrauen gegenüber Großberlin vorherrscht. Das höchste Durchschnittsalter findet man im gediegenen bürgerlichen Süden (Tempelhof, Steglitz, Neukölln-Süd). Im reichen Südwesten (Westend, Grunewald, Zehlendorf) sind Einkommen und Lebensstandard am höchsten. Gelegentlich können rund um den Schlachtensee joggende Prominente angetroffen werden. (md)

2 Chamissokiez und Bergmannstraße: Gründerzeitviertel und Kreuzberger Flaniermeile

Wenn man sich die Autos wegdenkt, wähnt man sich im Berlin vor 120 Jahren. Die Kopfsteinpflaster, die Gaslaternen, die historischen Wasserpumpen und die Stuckfassaden – die Straßenzüge rund um den **Chamissoplatz** in Kreuzberg bilden ein getreues Abbild der preußisch-kaiserlichen Zeit. Im Unterschied zu heute herrschten hinter den üppigen Stuckdekorationen damals katastrophale soziale Verhältnisse. Nach vorne wohnten die gehobenen Stände, je weiter hinten, desto armseliger. Die im Krieg unversehrt gebliebene Gegend sollte vollständig abgerissen werden, bevor sie nach den Hausbesetzungen in den 1980er Jahren mustergültig saniert wurde. Ebenfalls original und mustergültig saniert ist das gusseiserne Pissoir, wegen seiner Form »Café Achteck« genannt. Heute gilt der Chamissoplatz als einer der schönsten Plätze Berlins und steht vollständig unter Denkmalschutz. Während die Kinder auf dem von Bäumen eingefassten Kinderspielplatz in der Platzmitte herumtollen, verkosten die Erwachsenen Biowein auf dem Wochenmarkt direkt daneben. Der 1994 von den Anwohnern ins Leben gerufene Ökomarkt findet samstags 8–14 Uhr statt. Sichtbares Wahrzeichen des Chamissokiezes ist der 45 Meter hohe Wasserturm an der Fidicinstraße / Kopischstraße. Das malerische Backsteinensemble mit Turm und Anbauten ist heute Jugend- und Freizeitzentrum.

Während Arndt-, Friesen- und Willibald-Alexis-Straße als beliebte Drehorte für Fernseh- und Kinofilme dienen, wurde im realen Leben die Schenkendorfstraße 7 zum Schauplatz einer spektakulären Entführung. Terroristen hatten im Juni 1975 den CDU-Politiker Peter Lorenz entführt und ihn sechs Tage in einem Kellerverschlag gefangen gehalten.

Bergmannstraße

Typische Kreuzberger Architektur

Einige Höhenmeter weiter unten grenzt die **Bergmannstraße** an. Benannt nach einer früheren Großgrundbesitzerin Marie Luise Bergmann, führt sie vom Mehringdamm bis zum Südstern. Die eigentliche Flaniermeile mit zahlreichen Straßencafés, Restaurants und originellen Läden reicht bis zum Marheinekeplatz. Die früher kaum über ihre Grenzen hinaus bekannte Straße hat in den letzten 20 Jahren einen enormen Wandel vollzogen, von dem in Anbetracht der rasant steigenden Mietpreise nicht jeder Anwohner begeistert ist. Das Angebot der »alternativen« Einkaufsmeile reicht vom Trödler und Antiquitätenhändler über Platten-, Blumen- und Buchläden bis zu Designerläden. Beliebt sind die vegetarischen Gemüsepasteten und die gefüllten Blätterteigtaschen vom »Knofi« sowie die Auswahl im »Weing'schäft«.

Überhaupt findet man hier für moderate Preise kulinarische Köstlichkeiten aus der ganzen Welt. Zu empfehlen sind der Franzose »Josephine«, die mexikanische Bar »Lone Star Taqueria« oder das orientalische »Al-Kalif«, in dem getrost die Schuhe ins Regal gestellt werden können. Frühstücken lässt es sich gut im alteingesessenen »Altlantic«, und in »Barcomi's Kaffeerösterei« werden Kekse und Kuchen im New Yorker Stil serviert. Sehr beliebt am Abend ist das am Marheinekeplatz gelegene »Austria« mit österreichischer Küche.

Dem Engagement der Händler ist es zu verdanken, dass die im Krieg zerstörte **Marheinekehalle** wieder aufgebaut wurde. Der Hallenimbiss links vom Haupteingang war früher der Drehort von »Drei Damen vom Grill«. Als eine der letzten Berliner Markthallen wurde sie vor Kurzem komplett umgestaltet und der Nachfrage entsprechend auf Bio- und regionale Produkte umgestellt. So werden neben Biogemüse, Neuland-Fleisch, Biobrötchen, Biokäse und Naturkosmetik auch sauberer Strom angeboten. Einzig der Döner ist verschwunden. Draußen auf dem Marheinekeplatz hält der Eissalon »Tanne B« 80 Eissorten im Angebot, saisonal bedingt auch Spargeleis. Alles natürlich Bio und auf Wunsch mit veganen Waffeln! (md)

INFO

Hinkommen: Chamisso- und Bergmannkiez sind von drei U-Bahnhöfen umgeben: U6 Platz der Luftbrücke, U7 Gneisenaustraße, U6+U7 Mehringdamm.

Marheinekehalle: geöffnet Mo–Fr 8–20 Uhr, Sa 8–18 Uhr.

In der Nähe: 49 Der Kreuzberg (S. 112)

3 Friedrichstraße: Mythos, Absurditäten, Luxusmeile und Theaterviertel

Die schnurgerade in Nord-Süd-Richtung verlaufende Friedrichstraße bildet das Rückgrat der barocken Stadterweiterung aus dem 17.Jh. mit ihrem schachbrettartigen Straßenraster. In den 1920er Jahren galt die Leipziger Straße als »Kaufstraße«, die Promeniermeile Unter den Linden als »Laufstraße«, die Friedrichstraße aber als **»Saufstraße«**. Hier fand die lebenshungrige Bevölkerung Kneipen, Kinos, Weinstuben, Bierschwemmen und Amüsierbetriebe. Bei »Aschinger« gab's Suppe für 30 Pfennig, Besteck angekettet an der Wand. Die im Krieg stark zerstörte Straße erwachte erst nach der Wiedervereinigung zu neuem glanzvollem Leben, wenn auch ohne dichtes Nachtleben.

Info

Eine Absurdität der Geschichte sollte sich zu DDR-Zeiten unter der Friedrichstraße abspielen. Die seit 1923 fahrende U-Bahnlinie (U6) startete im geteilten Berlin nun im nördlichen Westsektor und endete im südlichen Westsektor, durchfuhr aber in Mitte den Ostsektor. Nach dem Mauerbau machte man sämtliche U-Bahnhöfe auf der Ostberliner Seite unzugänglich, während die Westberliner ohne Halt durch diese Bahnhöfe fuhren. In den schummrig beleuchteten **»Geisterbahnhöfen«** patrouillierten Grenzsoldaten und passten auf, dass die U-Bahnen ja nicht anhielten.

In den 1990er Jahren setzte in Berlins historischem Geschäftszentrum eine ungeheure Bautätigkeit ein. Die Bodenpreise waren nach oben geschossen und entlang der Friedrichstraße wurden 2,7 Mrd. Euro investiert. Auf historischem Boden entstand ein völlig neues Geschäftszentrum mit Nobelboutiquen, glanzvollen Autosalons, 5-Sterne-Hotels, Luxusrestaurants und Lounge-Bars sowie Bürohäusern mit schicken Wohnungen oben drauf.

Die drei Blöcke der Friedrichstadtpassagen, auch Quartiere Q 205, Q 206 und Q 207 genannt, werden unterirdisch durch eine luxuriöse Fußgängerzone miteinander verbunden. Im Inneren bieten sie feine Spezialgeschäfte, Edelbouti-

Schicker Shoppen im Lafayette

quen, Designerläden und Cafés. Elegantestes Shopping-Areal ist Q 206 zwischen Tauben- und Jägerstraße. Untermalt von echter Pianomusik, taucht man ein in eine Art-Déco-Welt aus Marmor, Glas und Stahl. Im Quartier an der Französischen Straße bietet das Edelkaufhaus **Galeries Lafayette** aus Paris seine Waren auf fünf Etagen an. Unten in der Gourmetabteilung kann sich der Feinschmecker wie Gott in Frankreich fühlen. Ein faszinierender Blick bietet sich vom Erdgeschoss in den riesigen gläsernen Kegel und Trichter im Gebäudeinneren.

Berliner Ensemble

Wichtiger Verkehrsknotenpunkt ist der Bahnhof Friedrichstraße, wo auf mehreren Etagen S- und Regionalbahnlinien, U-Bahn sowie die Straßenbahn aufeinandertreffen. Während der Teilung Berlins fungierte der Bahnhof als beklemmender Grenzübergang mit labyrinthischen Gängen und Treppenläufen. Schmerzhafte Verabschiedungsszenen machten ein weiteres Kontrollgebäude hinter dem Bahnhof zum legendären »Tränenpalast«. Er soll im Herbst 2011 als Museum der Teilung wieder seine Pforten öffnen.

Im nördlichen Bereich der Friedrichstraße befindet sich das traditionsreiche **Theaterviertel**. Im legendären Admiralspalast finden in mehreren Spielstätten bis zu 3.400 Personen Platz und im Vorderhaus macht die Distel politisches Kabarett (s. S. 134). Weit strahlt die Leuchtschrift des von Bertolt Brecht gegründeten Berliner Ensembles jenseits der Spree. Ein einzigartiges Showspektakel aus Ballett, Artistik und Tingeltangel bietet Europas größtes Revuetheater, der Friedrichstadtpalast. Zu den besten deutschsprachigen Theatern gehören das Deutsche Theater und die Kammerspiele in der nah gelegenen Schumannstraße. (md)

INFO

Hinkommen: U-Bahnhof Stadtmitte (U2+U6), U-Bahnhof Französische Straße (U6) sowie S+U-Bahnhof Friedrichstraße.
Einkaufen: Friedrichstadtpassagen: Mo–Sa 10–20 Uhr.
Essen & Trinken: Am Spreeufer am Schiffbauerdamm reihen sich mehrere große Restaurants wie das **Brechts** oder **Ganymed** aneinander. Die **Ständige Vertretung** mit rheinischen Spezialitäten gilt als Zufluchtsort für die »Bonner« nach dem Regierungsumzug nach Berlin. Daneben in der **Berliner Republik** variieren die Bierpreise je nach Angebot und Nachfrage.

4 Rund um den Hackeschen Markt: urbaner Mikrokosmos im Dickicht der Höfe

Attraktives Entree für das quirlige Szeneviertel in der Spandauer Vorstadt bildet der Hackesche Markt. Um 1750 legte der Stadtkommandant Graf von Hacke diesen dreieckigen Platz direkt hinter der einstigen Altstadtbefestigung Berlins an. Eingerahmt von historischen Gebäuden und dem 1880 gebauten S-Bahnhof mit rotem Klinker und Terrakottaschmuck kann man die Atmosphäre bei einem Cappuccino im Freien genießen. Weitere Wohltaten für Leib und Seele bietet der Wochenmarkt samstags und donnerstags mit seinen 50 Ständen an. Die öffentlichen Sitzmöglichkeiten in Form von bunten Plastikschalensitzen stammen übrigens aus der früheren Bestuhlung des Berliner Olympiastadions.

Die ab dem 18. Jh. entstandene Spandauer Vorstadt erhielt ihren Namen aufgrund einer mittelalterlichen Wegeverbindung zum 15 km entfernten Spandau. Mit der Industrialisierung setzte eine rasante bauliche Verdichtung und die Anlage von Höfen für Handwerks- und kleine Industriebetriebe ein. Die berühmteste Hofanlage ist bereits vom Hackeschen Markt aus mit ihrer stolzen Fassade an der Rosenthaler Straße sichtbar.

Fassadenansicht der Hackeschen Höfe

Die **Hackeschen Höfe** von 1907 waren seinerzeit der größte Wohn- und Gewerbekomplex Europas. Sie bieten heute eine vielfältige Mischung aus Restaurants, Designerläden, Galerien sowie reinen Wohnbereichen. Der Bummel durch die acht Höfe gleicht einer Entdeckungsreise. Üppigen Auftakt bietet der erste Hof mit seinen bunt glasierten Fliesen in einer Mischung aus Jugendstil und Art Déco. Ganz oben im Ambiente eines ehemaligen Ballsaals zeigt das »Chamäleon« erstklassige Varieté-Shows. In Hof Nr. 5 gibt's den Ampelmann als Nudel oder Eiswürfel, und in Hof Nr. 4 bietet ein Frisör, pardon Stylist, Aromatherapien und ästhetische Applikationen an.

Von Hof 6 zweigen die neuen **Rosenhöfe** mit Durchgang zum Rokoko-Gebäude in der Rosenthaler Straße 36 ab. In einem gleichsam charmanten wie kitschigen Ambiente aus rosa Fassaden und türkisen Metallstangen werden u.a. Designerbrillen für den Jet-Set-Reisenden oder spirituelle Yogakurse für den gestressten Großstädter angeboten.

Der erste Hof: dekoriert mit bunt glasierten Fliesen

Innerhalb der nur teilweise renovierten und düster erscheinenden Höfe der Rosenthaler Straße 39 lässt sich die jüngste Geschichte des gesamten Viertels erahnen. Die im Zweiten Weltkrieg verschonten Gebäude, die zu DDR-Zeiten dem Verfall preisgegeben waren, wurden nach der Wiedervereinigung von jungen Leuten und Künstlern als billige Wohnmöglichkeit neu entdeckt. Der morbide Charme der verfallenen Höfe strahlte eine ungeheure Anziehungskraft auf die Kreativen und die wilde Clubszene der 90er Jahre aus. Es folgten internationale Galeristen, Designer und Modeateliers sowie die »flagship stores« der Modebranche. Heute gehört das Viertel zu den teuersten und hippsten Gebieten Berlins.

Eine der ältesten Straßen mit Gebäuden aus dem 18. Jh. ist die Sophienstraße. Während eines Bummels durch diese malerische Altstadtstraße lohnen sich Abstecher in weitere Hofanlagen. Die Sophienhöfe im ehemaligen Ensemble des »Vereinshauses der Handwerker« bieten zeitgenössische Theaterkunst und Neue Musik. Bei Hausnummer 21 gelangt man in die **Sophie-Gips-Höfe**, ein ehemaliges Fabrikareal mit drei Bürgerhäusern zwischen Sophien- und Gipsstraße. Die Kunstsammler Hoffmann schufen in diesem Komplex eine Verbindung aus Kunst, Kultur und Wohnen. Sie zeigen außerdem eine der größten Privatsammlungen der Welt. Im zweiten Innenhof können im Barcomi's Deli 13 hausgebrannte Kaffeesorten und Bagelspezialitäten probiert werden. (md)

INFO

Hinkommen: S-Bahnhof Hackescher Markt, S-Bahn und Straßenbahn
Essen & Trinken: Große Auswahl auf dem Hackeschen Markt und Rosenthaler Straße.
Kunst: Sammlung Hoffmann, samstags nach Voranmeldung, www.sammlung-hoffmann.de, Tel. 030/28499121
Varieté-Show: Chamäleon, www.chamaeleonberlin.de, Tel. 030/4000590
Club: Sophienclub, www.sophienclub.com

5 Volkspark Friedrichshain und Bötzow-Viertel: Rotkäppchen, Mont Klamott und der Lieblingsfranzose von Angela Merkel

Tipp

Beliebter Treffpunkt ist das **Schönbrunn** als ein Ort zum Sehen und Gesehenwerden. Auf der Terrasse des ehemaligen DDR-Pavillons im Retro-Look oder im angrenzenden Biergarten wird ganztägig gefrühstückt, werden Cocktails getrunken oder biologisch einwandfreie Wiener Schnitzel verzehrt.
Schönbrunn Restaurant Biergarten, Am Schwanenteich, Tel. 030/4530565-25, www.schoenbrunn.net

Neun Fontänen, wasserspeiende Frösche, Schneewittchen, Hans im Glück und weitere Märchengruppen aus Muschelkalk: der **Märchenbrunnen** bildet mit seinen Wasserkaskaden, der Kolonnade und den sprudelnden Brunnen einen wahrlich sagenhaften Auftakt. Die neobarocke Brunnenanlage wurde 1913 als Geschenk für die von Typhus und Rachitis bedrohten Arbeiterkinder eingeweiht.

Die sich dahinter öffnende, 52 ha große grüne Lunge war erstmals für alle Volksschichten bestimmt und sollte anlässlich des 100jährigen Thronjubiläums Friedrich II. »Friedrichshain« heißen. Auf der damals leicht gewellten Hügellandschaft wuchsen nach 1945 zwei Bunkerberge, bestehend aus 1,2 Mio Kubikmeter Berliner Trümmerschutt und den gesprengten, darunter liegenden Flaktürmen. Die 78 und 48 Meter hohen **Mont Klamott**, besungen von Wolf Biermann und Silly, sind heute dicht begrünt und ein beliebtes Ziel für Spaziergänger und Jogger. Eine schöne Aussicht von ganz oben besteht allerdings nur noch in den Wintermonaten, wenn die Bäume kein Laub tragen.

Zwischen den Bunkerbergen am Großen Teich befindet sich ein japanischer Pavillon mit Friedensglocke, dahinter führt ein Weg durch eine kleine Gebirgsbachlandschaft. Am Wochenende kann man Karawanen von Kinderwagen schiebenden Müttern und Vätern beobachten, die aus den benachbarten Wohnge-

Am Märchenbrunnen

bieten in das ausgedehnte Parkgebiet strömen. Das Denkmal des polnischen Soldaten an der Virchowstraße ist zu einem Eldorado für Skate-Akrobaten mit mehreren Halfpipes geworden, in Richtung Danziger Straße wird Beachvolleyball und Boccia gespielt, auf einen 3 m hohen Felsen geklettert und der Inlineskater-Parcours absolviert. Wer nicht nur zuschauen möchte, kann sich das ganze Equipment am Schwanenteich ausleihen.

Restaurant Schönbrunn im Retro-Look

Abseits vom lebhaften Freizeitgeschehen findet man auf einer Erhebung beim Klinikum an der Landsberger Allee den **Friedhof der Märzgefallenen**. Hier wurde den Barrikadenkämpfern von 1848 ein Ehrenfriedhof gesetzt, auf deren teilweise überwucherten Grabsteinen Berufsbezeichnungen wie Lehrling, Malergeselle oder Arbeitsfrau zu lesen sind. Auch 33 Revolutionsopfer vom November 1918 fanden hier ihre letzte Ruhestätte, später mit dem »Roten Matrosen« aus Bronze sowie Sprüchen von Karl Liebknecht und Walter Ulbricht ergänzt.

Das benachbarte **Bötzow-Viertel** mit seinen gründerzeitlichen und repräsentativen Jugendstilbauten fiel der Vernachlässigung zu DDR-Zeiten fast zum Opfer. Inzwischen saniert und deutlich aufgewertet, gehören die vergleichsweise schmalen Straßen zwischen Friedrichshain und der Greifswalder Straße heute zu einem beliebten Wohn- und Szenekiez Berlins. Während eines Bummels durch die Bötzowstraße und ihre Querstraßen, insbesondere Hufelandstraße, trifft man auf zahlreiche kleine Cafés, Restaurants, Galerien, Bioläden und kleine Spezialgeschäfte. Besonders auffallend ist das immense Angebot für Kinder mit Spielzeugläden, kinderfreundlichen Cafés, Ballettschulen und Yoga für Babys. (md)

Tipp

Das schönste **Freilichtkino** Berlins zeigt von Mitte Mai bis September Klassiker, Neues sowie spezielle Filmreihen. Bequeme Bänke mit Rückenlehnen, zusätzliche Plätze an Tischen und Liegewiesen, auf denen das meist junge Publikum auf Decken den Picknickkorb auspackt sowie die nächtliche Parkatmosphäre machen den Besuch zu einem tollen Erlebnis. www.freiluftkino-berlin.de

INFO

Hinkommen: Märchenbrunnen: Tram M4 + Bus 200 Am Friedrichshain, Friedhof Märzgefallene, Freilichtkino: Platz der Vereinten Nationen Tram M5,M6,M8.

Essen & Trinken: Restaurant **Chez Maurice** mit Wein- und Feinkostladen, der Lieblingsfranzose von Angela Merkel. Bötzowstraße 39, Tel. 030/4250506, www.chez-maurice.com (s. S. 51).

6 Spandauer Zitadelle: Renaissance-Festung am Rande Berlins

Die Spandauer Zitadelle, am Rande der Altstadt gelegen, vermittelt auch heute noch den Eindruck einer wehrhaften Festung aus dem Mittelalter: Von keiner Seite her bot sie tote Winkel, Feinde konnten lückenlos entdeckt werden. Vier Bastionen markieren die Eckpunkte des Grundrisses (ca. 200 x 200 m): im Norden die Bastionen »Kronprinz« und »Brandenburg«, im Süden die Bastionen »König« und »Königin« (hier sind jüdische Grabsteine aus dem Mittelalter zu besichtigen). Alles war von Wasser umgeben.

Die Entscheidung zum Bau der Zitadelle fiel 1559, vollendet wurde sie 1594. Der Kurfürst wollte damit Bürger und seine Bediensteten schützen. Der Besucher betritt die imposante Anlage von Süden über das sogenannte **Torhaus**, das den Innenhof der Zitadelle durch eine Zugbrücke verbindet. Es wurde aufwändig gestaltet, um den eigenen regionalen Status zu demonstrieren. Über dem Eingang entdeckt man das Wappen von Brandenburg. Das Torhaus liegt auf morastigem Untergrund. Einen soliden Unterbau lieferte die Aufschüttung des Geländes mit Abbruchmaterial. Als sich das Material setzte und durch die Nässe dichter wurde, rammte man in diesen Untergrund Eichpfähle.

Daneben liegt ein Saalbau, der Palas. Ursprünglich ein gotisches Bauwerk, wurde er 1520–1523 im Renaissancestil umgestaltet. Als er in der Nazizeit zu einem Offizierscasino umgebaut wurde, ging dieser Charakter verloren. Erst 1977 wurde das Gebäude im neugotischen Stil restauriert.

Vom in der südwestlichen Ecke liegenden **Juliusturm** (30 m hoch) kann man nach Besteigung von 145 Stufen einen wunderbaren Blick über Spandau und die Havel bis hinüber nach Tegel, die Innenstadt von Berlin und den Grunewald genießen. Der Turm diente ursprünglich als Wachturm und als Ort der Zuflucht. Im Keller konnten Gefangene im Verlies »sichergestellt« werden. Er ist der älteste Teil der Anlage und wurde bereits im 13. Jh. erbaut. Seine Mauern

Eingang zur Zitadelle

Wovon heutige Finanzminister träumen

Volle Staatskassen werden in der Finanzsprache gerne als Juliusturm bezeichnet. Damit ist in der Tat dieser Spandauer Juliusturm gemeint. Er wurde nach einem Besuch von Herzog Julius von Braunschweig-Wolfenbüttel (1528–1589) benannt. Nach dem Deutsch-Französischen Krieg 1870/1871 musste Frankreich an Deutschland 5 Mrd. Franc als Entschädigung zahlen, was damals dem Dreifachen an Bargeld Deutschlands entsprach. Ein Teil im Gegenwert von 120 Mio. Reichsmark wurde als Goldmünzenvorrat bis 1914 gehortet. Diese unvorstellbar hohe Summe wurde als Reichskriegsschatz im Juliusturm aufbewahrt. Übrigens: Der einzige Finanzminister, der Überschüsse aus Staatseinnahmen ansparte, war Fritz Schäffer unter der Kanzlerschaft Adenauers. Er sparte 8 Mrd. DM (nach heutiger Umrechnung etwa 35 Mrd. Euro). Dieses Geld wurde zum Aufbau der Bundeswehr verwendet.

sind an der Basis 3,6 m dick und verjüngen sich nach oben auf 2,30 m. Die Zinnen oben gestaltete 1838 der allgegenwärtige Baumeister Karl Friedrich Schinkel (Die Berliner lästern: »In jedem Winkel steht ein Schinkel«).

Das stadtgeschichtliche Museum ist im **Zeughaus** untergebracht. Hier erfährt man Details zur Stadtgeschichte und der Industrialisierung.

Sidestep: Die Altstadt von Spandau

Die Altstadt von Spandau liegt auf der anderen Havelseite der Zitadelleninsel. Von der historischen Substanz der schon 1232 erwähnten Ansiedlung ist nicht viel übrig geblieben. Aufgrund des Festungszwanges konnte sich die Stadt nicht ins Land ausdehnen. Um die Stadtfinanzen war es wegen der hier angesiedelten Rüstungsfabriken schlecht bestellt, denn sie mussten keine Gewerbesteuer bezahlen. Ende des 2. Weltkriegs wurde Spandau heftig bombardiert und die Altstadt fast gänzlich zerstört. Übrig blieb bis heute das alte Siedlungsmuster mit engen Straßen und Gässchen, zum großen Teil heute Fußgängerzone. Dominiert wird die Altstadt von der gotischen Kirche St. Nikolai. Die Tourismus-Information liegt in der nahen Breite Straße 32, im ältesten Gebäude der Stadt, dem Gotischen Haus. (mi)

Spandauer Altstadt

Hinkommen: U-Bahn Zitadelle + Altstadt Spandau: U7; Rathaus Spandau: U7; Bus U Altstadt Spandau: X33; Wröhmännerpark: 134, 136, 236, 671, M45. Tipp: Am U-Bahnhof Altstadt-Spandau aussteigen, dann einen kleinen Abstecher in die Altstadt unternehmen, danach die Havel überqueren und die Zitadelle besuchen. Heimfahrt ab U-Bahnhof Zitadelle.
Information: Zitadelle Spandau, Am Juliusturm 87,13599 Berlin, Tel. 030/3549440, Mo-So 10-17 Uhr, 4,50 Euro, www.zitadelle-spandau.de.
Essen & Trinken: **Zitadellenschänke** in der Zitadelle, Tel. 030/3342106, www.zitadellenschaenke.de, Café 11-17 Uhr, Sa Ruhetag; Restaurant Di-Fr 16-24, Sa/So 10-24 Uhr, Mo Ruhetag. Im Restaurant werde rustikale Gerichte unter dem Motto »Mittelalter« serviert. Im Sommer Biergarten.

INFO

7 Köpenick: nicht nur des Hauptmanns wegen!

Wenn man an »Köpenick« denkt, dann erinnert sich mancher schmunzelnd an den »Hauptmann von Köpenick« und das gleichnamige satirische Theaterstück von Carl Zuckmayer. Die geografische Vorlage lieferte das **Rathaus Köpenick** (Alt Köpenick 21). Das 1901–1904 erbaute Gebäude mit seiner roten, neugotischen Ziegelstein-Fassade und dem 54 Meter hohen Turm ist auch heute noch sehenswert. Schon am Eingang grüßt seit 1996 die Hauptmanns-Statue und liefert ein beliebtes Fotomotiv. Innen überrascht das Rathaus durch ein imposantes Treppenhaus sowie sehenswerte Jugendstil-Fenster im Kellergeschoss.

Die historische Entwicklung vom Schuster Voigt zum Hauptmann von Köpenick dokumentiert eine ständige Ausstellung. Tipp: Amüsant ist der Aufzug der Hauptmanns-Garde, samstags um 11 Uhr vor dem Eingang. Das Rathaus liegt im historischen Bezirk von Köpenick, des flächenmäßig größten Stadtteil Berlins. Besonders schön ist die Uferpromenade an der Dahme, einem Nebenfluss der Spree. Hier legen Ausflugsdampfer ab, die u. a. zum Müggelsee schippern oder um den Altstadt-Bereich Rundfahrten anbieten. Lust auf mehr Romantik? Im Fischerkietz (Sie folgen, vor dem Rathaus stehend, der Straße nach rechts,

Friedrich Wilhelm Voigt

(1849-1922) war der berühmte »Hauptmann von Köpenick«, der das preußische Militär lächerlich machte. Voigt wurde mit 14 Jahren das erste Mal wegen Diebstahls verhaftet, danach folgten viele weitere Delikte; insgesamt saß er 29 Jahre wegen Diebstahls im Gefängnis. Eine Woche vor seinem größten Coup sammelte sich Voigt bei Trödlern die preußische Uniform eines Hauptmanns zusammen. Mit dieser Uniform marschierte er am 16.10.1906 während der Wachablösung vor das Rathaus in Köpenick und unterstellte die dortige Garde unter Berufung auf »allerhöchsten Befehl« sich selbst. So drang er in das Rathaus ein und verhaftete den Bürgermeister und andere Politiker. Er beschlagnahmte die Stadtkasse, die über 2.000 Mark enthielt. Nach diesem Coup wurde er verhaftet, jedoch wenig später durch den Kaiser höchstpersönlich begnadigt.

Fischerkietz, eine Straße mit alten Fischerhäusern

dann links in die Müggelheimer Str., dann links in den Fischerkietz) gibt es hübsch restaurierte Häuser zu bewundern. Man fühlt sich in vergangene Zeiten versetzt, als die Bewohner von den natürlichen Gaben aus der Umgebung leben mussten.

Eine besondere Rolle spielt der sogenannte Frauentog (»Frauenzug«), zwischen Kiez und der Schlossinsel gelegen. Nach dem 30-jährigen Krieg herrschte eine große Hungersnot, die Fischernetze brachten aus der Dahme und Spree kaum Erträge. Eine Fischerfrau träumte von Fischschwärmen am heutigen Frauentog, worauf die Frauen Netze auswarfen und mit einem legendären Fischfang belohnt wurden. Hier am Frauentog ist auch »Mutter Lustig«, die Gründerin der Lohnwäscherei (1835), mit einem Denkmal verewigt.

Bei einem Spaziergang sollte man sich auch das **Schloss Köpenick** anschauen (von der Straße Alt Köpenick/linkerhand Ausgang Rathaus geradeaus). Der 1677–1682 erbaute und aufwendig sanierte Barockbau sowie Park werden von drei Seiten von der Dahme umgeben. Im Schloss ist ein Teil des Kunstgewerbemuseums Berlin untergebracht. In 20 Räumen wird die Wohn- und Raumkultur der Renaissance, des Barock und Rokoko gezeigt. (mi)

Der Hauptmann von Köpenick

Schloss Köpenick

INFO

Hinkommen: S3 Köpenick
Information: Schloss Köpenick, Schlossinsel 1, Tel. 030/6566-1749, Do–So 10–17 Uhr, 4 Euro, www.koepenick.net, www.smb.museum/kgm.
Essen & Trinken: Bistro und Restaurant **Luise**, Alt-Köpenick 20, gegenüber dem Rathaus, Mo–Fr 11–24, Sa–So 9–24 Uhr, Tel. 030/64329777. Sehr schön im Luisenhain gelegen, vor allem in der warmen Jahreszeit tolle Lage direkt am Wasser und der Schiffsanlegestelle. Moderne Küche mit kreativen Gerichten, gute Weinkarte.
Schiffstouren werden ab dem Luisenhain an der Dahme angeboten, u. a. auf der Spree nach Berlin oder zum Müggelsee, Infos: www.berlin-tourismus-online.de/schiffstouren.html.
In der Nähe: 96 Müggelsee (S. 216)

8 Rixdorf: böhmisches Dorf, ländliche Idylle, Kaffeehäuser und Hochkultur – auch das ist Neukölln

Als 1899 dem größten Dorf Preußens mit 90.000 Einwohnern Stadtrechte verliehen wurden, eilte ihm bereits ein schlechter Ruf voraus. Aufgrund der elenden Wohnverhältnisse, der rohen Sitten und wilden Raufereien der trink- und tanzfreudigen Arbeiterschaft galt **Rixdorf** als Ort, »in dem kein anständiger Mensch leben könne«. Um einen Imagewechsel herbeizuführen, änderten die Stadtväter 1912 einfach den Stadtnamen in Neukölln, abgeleitet aus umliegenden Flurbezeichnungen. Heute kämpft der 300.000 Einwohner große Berliner Bezirk weiterhin tapfer um die Verbesserung seines Images als Hochburg von Arbeitslosigkeit und multi-ethnischer Konflikte. Dem ängstlichen Besucher sei versichert, dass es in Neukölln keine No-go-Areas wie etwa in der Banlieue von Paris gibt.

Ein wahres Kleinod inmitten des Großstadttreibens ist der als »Richardsdorp« 1360 gegründete Dorfkern. Der Weg führt von der Karl-Marx-Straße zunächst auf den Karl-Marx-Platz, auf dem mittwochs und samstags ein beliebter Wochenmarkt stattfindet. Im Haus Nr. 9–11 fließt frühmorgens entsetzlich viel Blut. Der zum Ritter des Blutwurstordens geschlagene ehemalige Bankkaufmann Marcus Benser produziert in »Gleich-Fleischwaren« täglich 150 Kilo Blutwurst und verschickt sie in alle Welt. Eingepresst zwischen zwei Hauswänden beginnt direkt gegenüber bei der Nr. 10 der bis heute genutzte Böhmische Gottesacker. Die ältesten Grabsteine des 1751 angelegten Friedhofs sind auf tschechisch, später zweisprachig und seit 1820 auf deutsch beschriftet (geöffnet Mo–Fr vormittags sowie auf Nachfrage im Gemeindehaus, K.-Marx-Str. 197, Tel. 030/56825733). Nach der Ansiedlung der protestantischen Glaubensflüchtlinge existierten im 18. Jh. zwei Dörfer nebeneinander: Deutsch Rixdorf und Böhmisch Rixdorf.

Dorfidylle in Neukölln

Einen Besuch wert: Neuköllner Oper

Nach einer Straßenverengung öffnet sich hinter dem Karl-Marx-Platz der Richardplatz mit dem historischen Dorfanger des Deutsch Rixdorf. Gleich einer Zeitreise begegnet man neben Gehöften und Bürgerhäusern der alten Schmiede in der Platzmitte und weiter hinten der kleinen mittelalterlichen Dorfkirche aus dem 15. Jh., die meist geöffnet ist.

Beim Richardplatz Nr. 3 gelangt man durch eine offen stehende Holztür endgültig in eine verzauberte Welt fernab von Berlin. Umgeben von Remisen und Ställen führt der Weg in einen Obstgarten und von dort aus links als kleiner Pfad durch die Öffnung einer Backsteinmauer. Damit haben wir die Grenze nach **Böhmisch Rixdorf** überschritten und werden direkt vom Soldatenkönig wie damals die Böhmen begrüßt. Noch heute existieren hier drei böhmische Gemeinden. Das ehemalige Schulgebäude von 1753 wird heute vom Böhmischen Museum genutzt. Zwischen Richardstraße, Kirchgasse und Jan-Hus-Weg sind noch die böhmischen Gehöfte mit Kolonistenhäusern und Scheunen sowie zwei Gemeindehäuser zu sehen. Die Straßenbeschilderung dieses kulturhistorischen Phänomens ist zweisprachig. Wer den Knopf an der Richardstraße 35 findet, dem öffnet sich gelegentlich die Tür zu einem kleinen Paradies: Gärtnerisch sind im Comeniusgarten philosophische Lebensstationen versinnbildlicht. Leider keine festen Öffnungszeiten, Tel. 030/6866106.

Restaurantipps

Restaurant **Villa Rixdorf** (Nr. 6) mit gemütlicher Gaststube, Sonnenterrasse und überdachten Innenhof, 11-1 Uhr, Tel. 030/68086000. Der Österreicher **Louis** (Nr. 5) serviert wohl das größte Schnitzel Berlins mit einem Durchmesser bis 50 cm - inklusive Einpackservice, weil das kein normaler Mensch schafft, Tel. 030/6810210.

Der ländliche Charakter der Richardstraße geht nun über in großstädtische Bebauung. Die Passage zwischen Richardstraße 12/13 und Karl-Marx-Straße 131 ist eine einmalige kulturelle Anlage mit Kinos, der Neuköllner Oper und dem Kulturcafé Hofperle, montags abends mit kostenfreiem Bühnenprogramm (Tel. 030/68972797). (md)

INFO

Hinkommen: U7 Karl-Marx-Straße.
Essen & Trinken: Ein wahres Juwel mit goldener Stuckdecke ist das **Café Rix**, Kaffeehaus und Restaurant in einem, tgl. 10-1 Uhr, Karl-Marx-Straße 141, Tel. 030/6869020, www.caferix.de. Es gehört zum Saalbau, in dem das engagierte Kiez-Theater »Neuköllner Heimathafen« eingezogen ist.
In der Nähe: 46 Körnerpark (S. 106)

9 Buddhistisches Haus in Frohnau: Meditieren am Rande Berlins

Eine Buddhistische Oase in Berlin? Man glaubt es kaum, wenn man den S-Bahnhof Frohnau verlässt, um nach rechts zum Zeltinger Platz abzubiegen. Um den kreisrunden Platz sind nette, kleine Geschäfte angesiedelt: Ob edle Feinkost, hochwertige Mode oder gute Bücher – eine Runde um den Platz ist sicherlich inspirierend. Ursprünglich hieß der Platz Cecilienplatz, doch eine Umbenennung erfolgte nach dem Namen der Patenstadt in Rheinland-Pfalz, die bekannt für ihren Weinanbau ist. An der Ostseite ragt der Turm der evangelischen Johanniskirche in die Höhe, und rechts davon zweigt der Edelhofdamm ab. Nach einem Kilometer erreicht man den Aufgang zum Buddhistischen Haus.

Der Besucher schreitet zunächst durch das sog. **»Elefantentor«**, das nach einer Vorlage aus Ceylon (heute Sri Lanka) errichtet wurde. Danach geht es 73 Stufen hinauf, die in acht Absätze unterteilt sind: Dadurch soll der achtfache Pfad Buddhas zur Erlösung vom irdischen Leid versinnbildlicht werden. Etwas außer Atem geraten – man ist schließlich auf der höchsten Stelle Frohnaus – betritt man dann die kleine, fernöstlich anmutende Anlage, die sofort das Gefühl vermittelt, in eine andere Welt einzutauchen. Eine gut ausgestattete Bibliothek, ein dunkler Meditationsraum mit dem Geruch von Räucherstäbchen sowie die umliegende Parkanlage mit einem kleinen Teich lassen ahnen, mit welcher Hintergründigkeit die Anlage geplant wurde. Man entdeckt auch die Skulptur von Kannon, der Göttin der Barmherzigkeit, ein Geschenk der Japaner 1959.

An einer unbekannten Stelle im Garten liegt Paul Dahlke begraben (1865–1928). 1919 erwarb der Berliner Schiffsarzt das Gelände, die Gelegenheit war günstig, da die deutsche Währung auf ihrem Höhepunkt war. Auf dem 36.500 m² großen Waldgelände wurde 1924 das Buddhistische Haus fertig gestellt. Ein Traum wurde für Dahlke Wirklichkeit, der seit 1900 bekennender Buddhist war und sich buddhistischen Studien in Colombo widmete. Hier zog er mit Anhängern in dem Bewusstsein ein, dass dies eine Mischung zwischen Kloster

Statue im Garten

Info

Wahlsprüche im Buddhistischen Haus gemäß Dr.Paul Dahlke:

»Was wir tun, soll jeder sehen können.
Was wir reden, soll jeder hören können.
Was wir denken, soll jeder wissen können.

Glaubenssätze des Buddhismus:
Glauben Sie an nichts, nur weil Sie es gehört haben.
Glauben Sie nicht einfach an Traditionen, weil sie von Generationen akzeptiert wurden.
Glauben Sie an nichts, nur auf Grund der Verbreitung durch Gerüchte.
Glauben Sie nie etwas, nur weil es in Heiligen Schriften steht.
Glauben Sie an nichts, nur wegen der Autorität der Lehrer oder älterer Menschen.
Aber wenn Sie selber erkennen, dass etwas heilsam ist und dass es dem Einzelnen und Allen zu Gute kommt und förderlich ist, dann mögen Sie es annehmen und stets danach leben.«

und einem Laienaufenthaltsort war. Nach seinem Tode führte seine Schwester mit Freunden das Haus weiter. Als der 2. Weltkrieg ausbrach, war alles vorbei: Die Nazis konnten eine Religion der umfassenden Toleranz nicht dulden. Nach dem Krieg wohnten hier Flüchtlinge, Geld für notwendige Instandsetzungsarbeiten gab es nicht.

Erst 1957 erfüllte sich Dr. Dahlkes Vision, dass in diesem Haus Buddhisten ständig leben sollten. Der Buddhist Asoka Weeraratna, der Sekretär der German Dharmaduta Society in Colombo war, erwarb unter dem Einsatz seines gesamten Vermögens sowie Spenden aus Sri Lanka (damals noch Ceylon) das Haus mit einem großen Teil des Grundstückes. Seitdem ist es mit Leben erfüllt. Es folgt der Glaubenslehre entsprechend dem Grundsatz der Toleranz, und jeder Besucher ist herzlich willkommen.

Heute finden hier am Wochenende regelmäßig Vorträge mit Diskussionen statt, aber auch an Werktagen gibt es Zeiten für Meditationen. Die Bibliothek und der Meditationsraum stehen jedem Besucher offen. Beide buddhistischen Mönche aus Sri Lanka sind auch für Besucher gerne Ansprechpartner. (mi)

INFO

Hinkommen: S-Bahnhof Frohnau, S 1 (ca. 1,3 km Fußweg)
Information: Das Buddhistische Haus, Edelhofdamm 54, 13465 Berlin, Tel. 030/4015580, 9-18 Uhr außer Mo, www.das-buddhistische-haus.de
Essen & Trinken: **Kaffeehaus Zeltinger**, Zeltinger Platz 1a, 13465 Berlin-Frohnau, Tel.030/4011017, Mo-Fr 8.30-18.30, Sa/So ab 9 Uhr. Guter Kuchen, leckere Kleinigkeiten, Eis, Kaffee, das alles in netter Umgebung. **Pantalone**, Ludolfinger Platz 2, 13465 Berlin-Frohnau, Tel. 030/4019132, tgl. 12-24 Uhr. Guter Service, wunderbare frische Pasta, Antipasti - ein Genuss! Mittelpreisig, freundliche Gasträume. Beide Restaurants befinden sich in unmittelbarer Nähe vom S-Bahnhof Frohnau.
In der Nähe: 90 Dorfidylle Alt-Tegel (S. 204); 91 Tegeler Fließ/Lübars (S. 206)

10 Verfolgung, Courage und neues Leben im jüdischen Berlin – ein Spaziergang

Wichtige Orte des jüdischen Lebens in Berlin sind in Charlottenburg, Mitte und Prenzlauer Berg zu finden. Den besten Überblick erhält man auf einem Spaziergang durch die Spandauer Vorstadt in Berlins Mitte.

Ausgangspunkt ist die Karl-Liebknecht-Straße beim Fernsehturm. In Höhe der Marienkirche zweigt man von der gegenüberliegenden Straßenseite in die **Rosenstraße** ab. Eine rote Gedenk-Litfasssäule weist den Weg und beschreibt die Geschehnisse, die sich hier am 28. Februar 1942 abspielten. SS-Truppen hatten die mit »arischen« Frauen verheirateten und zunächst »privilegierten« Juden aus ihren Arbeitsstätten geholt und sie im jüdischen Gemeindehaus in der Rosenstraße für die bevorstehende Deportation zusammengetrieben. Nach tagelangen und mutigen Protesten der Ehefrauen wurden tatsächlich die meisten der 2.000 dort festgehaltenen Männer entlassen. Unser Weg führt direkt auf die Skulptur »Block der Frauen« von Ingeborg Hunzinger, welche an den erstaunlichen Ausgang dieser »Fabrikaktion« erinnert. Eine weitere Skulptur mit einer auf einer Bank sitzenden Person macht auf die Entrechtung jüdischer Bürger und ihren allmählichen Ausschluss aus dem öffentlichen Leben aufmerksam. So durften sie nur auf bestimmten Bänken sitzen. Hier stand einst die älteste Berliner Synagoge, worüber eine Tafel hinten auf der Grünfläche informiert.

Die Straße »An der Spandauer Brücke« unterquert das Stadtbahnviadukt und führt am Hackeschen Markt vorbei. Im noch unrenovierten Haus Rosenthaler Straße 39 versteckte der Bürstenfabrikant Otto Weidt blinde und gehörlose jüdische Angestellte vor der Deportation. Hier wurde am authentischen Ort das Museum Otto-Weidt-Blindenwerkstatt eingerichtet. Weitere beeindruckende Beispiele couragierten Handelns werden in der Gedenkstätte »Stille Helden« gezeigt. Beide Ausstellungen sind tägl. 10–20 Uhr geöffnet und der Eintritt ist frei.

Weithin sichtbar: die goldene Kuppel der Synagoge

Die Rosenthaler Straße wieder ein Stück zurückgehend, erreichen wir die Oranienburger Straße und nach 250 Metern die **Große Hamburger Straße**. Hier befand sich der älteste jüdische Friedhof Berlins von 1672, der von den Nazis 1943 zerstört wurde.

Beth Café

Auf der heutigen Parkanlage findet man den rekonstruierten Grabstein des jüdischen Philosophen und Aufklärers Moses Mendelssohn. Davor befinden sich die bronzene Skulptur »Jüdische Opfer des Faschismus« von Willi Lammert sowie ein Gedenkstein. Vom damals hier stehenden, als Sammellager missbrauchten jüdischen Altersheim deportierten die Nazimörder 55.000 Berliner Juden in die Vernichtungslager.

Der zweieinhalb Meter hohe Stahlzaun daneben wirkt martialisch, ist aber nicht mehr als eine Vorsichtsmaßnahme: das dahinter befindliche Schulgebäude von 1905 ist die jüdische Oberschule und wird derzeit von rund 450 Schülern besucht.

Die abzweigende Krausnickstraße führt zu der **Neuen Synagoge** auf der Oranienburger Straße, deren vergoldete Kuppel über den Dächern der Spandauer Vorstadt schon von weither sichtbar ist. Die 1866 im maurischen Stil eröffnete Synagoge bot 3.000 Personen Platz und wurde zur prächtigsten und größten Synagoge in Deutschland. Als in den Novemberpogromen 1938 alle Synagogen brannten, alarmierte der beherzter Polizist Krützfeld einfach die Feuerwehr, die den Brand löschte. Allerdings fiel die gerettete Synagoge dem Krieg zum Opfer.

Die heute sichtbare Fassade und Kuppel sind in den 1990er Jahren rekonstruiert worden, nicht jedoch der Gemeindesaal. Gebäude und Kuppel sind zugänglich. Das »Centrum Judaicum« zeigt die Geschichte des Hauses und die der jüdischen Gemeinde in Berlin. (md)

INFO

Hinkommen Start: Tram M4/M5/M6 Spandauer Straße/Marienkirche
Hinkommen Ende: S-Bahnhof Oranienburger Straße
Information: Centrum Judaicum, Mo–Fr ab 10 Uhr, Sa geschlossen, 3 Euro, Tel. 030/88028300, www.cjudaicum.de.
Essen & Trinken: Das ruhige **Beth Café** bietet ausnahmslos koscher zubereitete israelische und jüdische Spezialitäten, Tee, Kaffee und Weine an. Es wird von der orthodoxen Adass Jisroel Gemeinde betrieben und ist somit kein »kommerzielles« Kaffeehaus. Im Sommer kann man in einem hübschen Hof sitzen (Tucholskystraße 40, So–Do 12–20 Uhr, Fr fragen, Tel. 030/2813135).

11 Traditionsreiche Flaniermeile Kurfürstendamm

»Der Weg ist das Ziel«. Tatsächlich scheint die weltberühmte Flaniermeile, die mit 3,5 km Länge auch eine wichtige Verkehrsader ist, nicht zu einem bestimmten Ziel führen zu wollen. Sie ist selbst Zielort. Der zum Bummeln, Shoppen und Verweilen interessanteste Abschnitt beginnt am Breitscheidplatz und führt bis zur Schaubühne am Lehniner Platz.

Ursprünglich ritten auf dem »Knüppeldamm« die Kurfürsten in das Jagdrevier im Grunewald. Erst 1886 sollte auf Anregung von Otto von Bismarck ein repräsentativer Boulevard mit herrschaftlich opulenten Bauten entstehen. Im rasanten Tempo stieg der Kurfürstendamm zur begehrten **Wohn- und Geschäftsadresse** des noblen Bürgertums auf und trat als »Neuer Westen« mit Hotels, Restaurants, Theatern und Uraufführungskinos in Konkurrenz zur alten Mitte in Berlin. Seine Blütezeit aber waren die Goldenen Zwanziger Jahre als Experimentierfeld der Moderne. In den Kaffeehäusern diskutierten Künstler und Schriftsteller, die Berliner Secession eröffnete ihre erste Ausstellung, die vergnügungssüchtigen Ku'dammbesucher strömten in die Tanzlokale und feierten enthusiastisch Josefine Baker. Nach Kriegsende in eine Trümmerwüste verwandelt, entwickelte sich der Kurfürstendamm im Zeitalter des Kalten Kriegs zum »Schaufenster des Westens« und übernahm die Zentrumsfunktion von Westberlin. Auch nach der Wiedervereinigung genießen der Kurfürstendamm und seine Seitenstraßen hohe Attraktivität als gute Wohn- und Geschäftsgegend und als gehoben bis luxuriöse Einkaufsmeile mit Kultur und Gastronomie.

Markanter Beginn des Kudamms ist die weltbekannte Ruine der Kaiser-Wilhelm-Gedächtniskirche (s. S. 34). Das schräg gegenüberliegende Karstadt Kaufhaus mit seinen acht Verkaufsetagen ist für die meis-

Einkaufsmeile Ku'damm

ten immer noch ihr geliebtes Wertheim am Ku'damm, so wie es noch bis 2008 hieß. An der Fassade des neuen Ku'damm Ecks an der Joachimstaler Straße flimmern auf Europas größter Videowand Filmclips, Nachrichten und Werbung. Ein Kuriosum aus den 50er Jahren bildet das denkmalgeschützte Ensemble aus U-Bahnzugang, Kiosk und der Verkehrskanzel, in welcher der Polizist die Ampeln von Hand schaltete.

Tipp

In vielen der großen Kinopaläste am Kurfürstendamm sind die Lichter endgültig ausgegangen. Einen einzigartigen luxuriösen Filmgenuss bietet die »Astor-Filmlounge« mit Autopark-Service, Garderobe und Cocktailbar. An den mit Fußhockern ausgestatteten Logen- und Separéeplätzen werden Speisen und Getränke serviert. Kurfürstendamm 225, www.astor-filmlounge.de, Tel. 030/8838551.

Vom berühmten **Café Kranzler** ist lediglich die Rotunde mit den rot weißen Markisen übrig geblieben. Zwar werden dort oben weiterhin Kaffee und Kuchen serviert, aber die Ära als angesagte Westberliner Institution ist vorüber. Der Neuzeit gemäß gibt es im Innenhof dahinter »coffee to go« und Sushi vom Fließband. Dahinter erhebt sich der riesige Glasriegel des Neuen Kranzlerecks. Highlight ist die große Vogelvoliere mit Mandarinenten, Sittichen und Fasanen.

In eine Oase der Ruhe taucht man in der Fasanenstraße mit ihren gründerzeitlichen Villen und Vorgärten. Die Bleibtreustraße in Richtung Savignyplatz bietet ein lebendiges Kiezflair, bestehend aus Boutiquen, Kunstläden und gemütlichen Lokalen. Der Bereich zwischen Schlüterstraße und Olivaer Platz hat sich als Adresse internationaler Designer zum nobelsten Abschnitt des Kurfürstendamm entwickelt. Dazu passend bietet Bier's Kudamm 195 die Currywurst mit Champagner an. (md)

Currywurst mit Champagner bei Bier's Kudamm

INFO

Hinkommen: U-Bahn Kurfürstendamm (U1, U9), Uhlandstraße (U1), Adenauer Platz (U7).

Information: Infostore in Passage Neues Kranzlereck, Ku'damm 21, Mo–Sa 10–20, So 10–18 Uhr.

Essen & Trinken: Café-Restaurant **Wintergarten** im gründerzeitlichen Literaturhaus mit Terrasse und Garten, Fasanenstr. 23, Tel. 030/8825414, tgl. 9.30–1 Uhr.

Bühnen: **Boulevard:** Komödie und Theater am Kurfürstendamm, www.theater-am-kurfuerstendamm.de. **Innovativ:** Schaubühne im ehemaligen Universium-Kino, www.schaubuehne.de.

12 Zentrum der City West: Gedächtniskirche und Zoogegend, Wasserklops, hohler Zahn und ein Gürteltier

Der Breitscheidplatz mit seinem »Wasserklops«-Weltkugelbrunnen gilt als Zentrum der westlichen Berliner Innenstadt. Am Schnittpunkt der großen Einkaufsboulevards zwischen Gedächtniskirche und Europacenter treffen Einkaufsbummler und Touristenströme aufeinander. Straßenkünstler und Akrobaten zeigen ihr Können, gelegentlich auch Taschendiebe…! Das Europacenter wurde 1965 als erstes modernes Shoppingcenter eröffnet. Außergewöhnliche Zeitanzeiger sind die Uhr der Fließenden Zeit und die Mengenlehre Uhr.

Mahnmal für den Frieden: die Gedächtniskirche

Die 1895 geweihte **Kaiser-Wilhelm-Gedächtniskirche** erinnert heute weniger an den ersten deutschen Kaiser, sondern mahnt an Frieden und Versöhnung. Im November 1943 zerstört, sollte sie später zum Wahrzeichen Westberlins werden. Das weltberühmte Ensemble besteht aus dem »hohlen Zahn« der Turmruine sowie Glockenturm und Gemeindesaal von Egon Eiermann, auch »Lippenstift und Puderdose« genannt. Die blauen Glaswände tauchen das achteckige Kirchenschiff in ein meditatives Licht und erzeugen eine Oase der Ruhe und Besinnung mitten im quirligen Großstadttrubel. Die Gedenkhalle in der Turmruine zeigt Fotos und Überreste der alten Kirche.

Der **Zoologische Garten** als grüne Oase war bei seiner Gründung 1844 noch weit vor der Stadt Berlin gelegen. Grundstock des ältesten Zoos Deutschlands bildete die Königliche Menagerie auf der Pfaueninsel. Heute ist der Berliner Zoo mit rund 16.000 Tieren in 1.500 Arten einer der größten der Welt. Ob sein berühmtester Bewohner Knut eine eigene Eisbärenfamilie gründen wird, bleibt ungewiss. Am Elefantentor in der Budapester Straße befindet sich auch das Zoo-Aquarium mit 9.000 Fischen und Reptilien. Highlights sind die Krokodilhalle und das neue Haibecken.

Theater des Westens

Der Bahnhof Zoologischer Garten war nach dem Mauerbau der einzige Fernbahnhof Westberlins und schmuddelig-bizarrer Endpunkt der Transitzüge aus dem alten Bundesgebiet. Die Geschichte der Christiane F. »Wir Kinder vom Bahnhof Zoo« führte vollends zu trauriger Berühmtheit. Der Fall der Mauer und die Totalrenovierung verwandelten den Bahnhof schlagartig zum wichtigsten, völlig überlasteten Berliner Fernbahnhof. Seit der Eröffnung des neuen Berliner Hauptbahnhofs 2006 hat sich die Lage auf dem wichtigsten Nahverkehrsknotenpunkt der westlichen Innenstadt entspannt, da hier keine Fernzüge mehr halten.

Die 4 km lange Kantstraße führt direkt auf die Gedächtniskirche zu. Hinter der Stadtbahnbrücke erreicht man das **Theater des Westens**, die »Zuckerdose«, eine üppige Mischung aus Jugendstil und Neobarock. 1896 als Bühne der leichten Muse eröffnet, werden heute die großen Musicals präsentiert. Gegenüber erhebt sich das Bürohochhaus »Kantdreieck« mit dem Windsegel, welches sich ab Windstärke drei in Bewegung setzt. Daneben unter dem beliebten Delphi-Filmpalast werden im legendären »Quasimodo« ab 22 Uhr Konzerte gegeben und im gleichnamigen Café kann man auch tagsüber auf der Terrasse sitzen. Dahinter auf der Fasanenstraße ragt das neue Ludwig-Erhardt-Haus, Sitz der Industrie- und Handelskammer sowie der Wertpapierbörse, auf. Seine spektakuläre Architektur mit 15 Stahlbögen führte zur Bezeichnung »Gürteltier«. (md)

INFO

Hinkommen: Bahnhof Zoo, S- und RE-Bahn, U-Bahn (U2,U9), Bus: u.a. 100, 200.
Aussicht: Plattform auf dem Europa-Center, Tel. 030/26367877.
Besichtigung: **Zoologischer Garten:** www.zoo-berlin.de, Tel. 030/254010.
Gedächtniskirche: tgl. 9–19 Uhr.
Museum für Fotografie, Helmut-Newton-Stiftung, www.helmut-newton.de, Tel. 030/31864825.
Essen & Trinken: Rund um den Savignyplatz sind eine Reihe gemütlicher und guter Restaurants. Ein berühmtes Promi-Restaurant ist die Paris Bar, Kantstr. 152, Tel. 030/3138052.
Bühnen: **Theater des Westens** (Stage Entertainment): www.theater-des-westens.de, Tel. 030/31903-0.
Kabarett: »Stachelschweine« im Europacenter: www.die-stachelschweine.de, Tel. 030/2614795
Jazz: www.quasimodo.de, Tel. 030/3180456
Wellness: Thermen am Europacenter mit großer Saunalandschaft über den Dächern von Berlin, www.thermen-berlin.de, Tel. 030/2575760.
In der Nähe: 26 The Story of Berlin (S. 64)

13 Unter den Linden I: Königsmeile und Demonstration preußischer Machtentfaltung

Die berühmteste Prachtstraße und Flaniermeile Berlins führt vom ehemaligen Stadtschloss auf der Spreeinsel bis zum Brandenburger Tor. Mit ihren Bauten bieten die Linden das Beste und Schönste der preußischen Architektur vom Barock bis zum Klassizismus, zeigen aber auch auf ihrer knapp 1,5 km Länge die Brüche der Geschichte.

Direkt hinter der Schlossbrücke trifft man auf den bedeutendsten Barockbau Berlins und gleichzeitig das älteste Gebäude Unter den Linden. Das **Zeughaus** von 1706, als königliches Waffenarsenal besonders repräsentativ errichtet, ist heute Sitz des Deutschen Historischen Museums. Im überdachten Innenhof befinden sich Meisterwerke der Bildhauerkunst von Andreas Schlüter mit seinen 22 Masken sterbender Krieger. Der neue Anbau des Museums mit Wechselausstellungen stammt von Ming Pei, dem berühmten Architekten der gläsernen Louvre-Pyramide.

Tipp

Kunstmarkt am Zeughaus: Hier verkaufen viele Berliner sowie osteuropäische Künstler ihre Bilder, Drucke, Skulpturen und Spielzeug. Von Kunst bis Kitsch ist alles dabei. Jeden Samstag und Sonntag.

Direkt gegenüber befindet sich das Palais des einstigen Kommandanten der Berliner Garnison. Im Zweiten Weltkrieg zerstört, stand hier das DDR-Außenministerium, welches seinerseits 1995 abgerissen wurde. Kaum zu glauben, dass dieses Palais mit der original schlesischen Kalksteinfassade und seinem Figurenschmuck ein Neubau von 2003 ist.

Danach folgen zwei wunderbare Beispiele des preußischen Klassizismus: das Kronprinzenpalais und das Prinzessinnenpalais, das heutige **Opernpalais**. Wo noch vor 200 Jahren drei preußische Prinzessinnen in ihren Gemächern Kis-

Prachtbau: das Zeughaus

Opernpalais

senschlachten ausgetragen haben, findet man heute im großen Operncafé ein enormes Angebot von bis zu 50 verschiedenen hausgemachten Torten.

Auf der anderen Straßenseite steht das Erstwerk von Schinkel: die **Neue Wache** von 1818. Ursprünglich als Arrestzelle konzipiert, fungierte die »Königswache« bald als Gedenkhalle an Kriegsgefallene. Zu DDR-Zeiten brannte drinnen für die »Opfer von Faschismus und Militarismus« die Ewige Flamme und draußen fand die Wachablösung im Stechschritt statt. Heute findet man in dem asketisch anmutenden Raum die vergrößerte Skulptur »Mutter mit totem Sohn« von Käthe Kollwitz.

Unter Friedrich dem Großen entstand ab 1740 das Forum Fridericianum. Die Gebäude um den heutigen Bebelplatz demonstrieren die geistige und künstlerische Haltung des preußischen Monarchen. Auftakt bildet die **Staatsoper**, das erste freistehende und damals größte Opernhaus Deutschlands von 1742. Hier ist die weltberühmte Staatskapelle unter derzeitiger Leitung von Daniel Barenboim ansässig. Die katholische St.-Hedwigs-Kathedrale dahinter genehmigte der König als Zeichen seiner religiösen Toleranz. Architektonisches Vorbild war das Pantheon in Rom. Die königliche Alte Bibliothek, von den Berlinern aufgrund ihrer geschwungenen Form Kommode genannt, erinnert sehr an die Wiener Hofburg. In der Tat sollte diese Kopie die Überlegenheit des preußischen Herrschers gegenüber Österreich demonstrieren, zumal das Gebäude schneller fertig wurde als das Original in Wien. Auf der nördlichen Seite entstand für Friedrichs Bruder das Prinz-Heinrich-Palais, die heutige Humboldt-Universität.

In der Mitte des Bebelplatzes ist eine Glasscheibe eingelassen, unter welcher sich bei genauem Hinsehen ein Raum mit leeren Bücherregalen befindet. Diese versunkene Bibliothek symbolisiert den kulturellen Verlust durch die Bücherverbrennung der Nazi-Studentenschaft am 10. Mai 1933.

Elf Jahre arbeitete Daniel Rauch am Reiterstandbild Friedrich II. Mit Blick auf Forum und Schloss reitet hoch oben der Monarch mit Krückstock und Krönungsmantel. (md)

INFO

Information: Deutsche Staatsoper, www.staatsoper-berlin.org, Tel. 030/20354555. Bis 2013 findet der Spielbetrieb wegen Renovierung im Schillertheater statt.

Hinkommen: Staatsoper: Bus 100/200/TXL

Deutsches Historisches Museum, www.dhm.de, Tel. 030/20304444, tgl. 10–18 Uhr, 6 Euro.

14 Unter den Linden II: Bäume, Banken und Bugatti

Auf dem alten Reitweg, der vom Schloss in den kurfürstlichen Tiergarten führte, ließ der Große Kurfürst 1647 jeweils 1.000 Nuss- und Lindenbäume anpflanzen. Während die Nussbäume verkümmerten, entwickelten sich die Linden prächtig und gaben der Straße ihren Namen. Wäre es anders gelaufen, hieße die Promenade womöglich »Unter den Nüssen« ... Einer Perlenkette gleich und ohne Baumallee präsentieren sich im östlichen Teil die königlich-preußischen Prachtbauten (s. S. 36). Der westliche Teil mit Linden und Mittelpromenade beginnt am Reiterstandbild Friedrichs des Großen und führt bis zum Pariser Platz mit dem Brandenburger Tor. Hier entstand im Baurausch der Gründerzeit der bürgerliche Teil der Linden mit stolzen Geschäftshäusern, Palais, Hotels und Bankgebäuden. Viele der im Krieg zerstörten Gebäude wurden zu Ostberliner Zeiten durch Botschaften und langweilige Verwaltungsbauten mit öden Fassaden ersetzt. Nach der Wiedervereinigung brach ein neuer Boom mit dem Bau von großen Geschäftshäusern, Banken, Hotels und Restaurants aus. Die Nähe zum neuen Regierungsviertel machten die Linden und ihre benachbarten Straßen zur begehrten Adresse von Firmensitzen, Konzernniederlassungen, Verbänden und nicht zuletzt für weltweit agierende Lobbyisten.

Das riesige Gebäude der **Alten Staatsbibliothek** auf der nördlichen Seite beim Reiterstandbild umschließt mehrere Höfe, davon ist der erste mit seinem Efeubewuchs und dem Brunnen besonders stimmungsvoll. Auf der Südseite in dem Komplex der Deutschen Bank an der Charlottenstraße bietet die Deutsche Guggenheim Berlin wechselnde zeitgenössische Ausstellungen.

Das alte Bankenviertel zwischen Linden, Behrenstraße und Französischer Straße hatte nach dem Krieg seine Bedeutung verloren. Nach der Wiedervereinigung nahmen die Geldinstitute ihre großen Häuser wieder in Besitz oder über-

Beliebte Flaniermeile: Unter den Linden entlang

ließen sie anderen Nutzern. So verwandelte sich die Dresdner Bank und spätere Staatsbank der DDR am Bebelplatz zum schicken »Hotel de Rome«. Ebenfalls umfunktioniert wurde der riesige, 8 m hohe Schalterraum der ehemaligen Diskontobank an der Charlottenstraße/ Ecke Behrenstraße zum Edelrestaurant »Gendarmerie«.

Wilhelm Tell in Berlin

Auch die **Kreuzung Unter den Linden / Friedrichstraße** mit ihren berühmten Cafés Bauer, Viktoria und Kranzler ging im Bombenhagel unter. Einzig das Haus der Schweiz, unschwer an Wilhelm Tell an der Fassadenecke zu erkennen, blieb verschont. Zum Tanz ums Goldene Kalb, Pardon, ums edle Blech fordern mehrere Bekannte auf: Im nagelneuen Upper East Side Komplex präsentiert Mercedes-Benz seine neuesten Kreationen, daneben im Römischen Hof steht der knallrote Ferrari Maranello. Im Lindencorso auf der anderen Straßenseite unterhält VW ein ganzes Automobilforum, dessen Palette vom Kombi »Little Miss Sunshine« bis zum Bugatti reicht. Wer beim neuen Astra schwach wird, bekommt vom Café Adam's im Opel-Showroom in der Friedrichstraße einen Cappuccino gratis spendiert.

Aus dem Zollernhof sendet das ZDF

Neben dem Haus der Schweiz folgen die Kaiserhöfe. Im Nivea-Haus können gestresste Hauptstädterinnen und Berlinbesucher ihr Tages-make-up auffrischen oder sich ohne Anmeldung beim »Latte Massagio« eine Nackenmassage bei gleichzeitiger Einnahme eines Kaffeegetränks verpassen lassen.

Mit einer Standleitung direkt ins Parlamentsviertel produziert das ZDF-Hauptstadtstudio u.a. »Aspekte«, »Berlin Mitte« oder das »ZDF-Morgenmagazin«. Das verglaste Atrium des Kontorhauses Zollernhof gibt den Blick frei in Studio 1. In der Hausnummer 42 folgt ein Ableger des Café Einstein. Schräg gegenüber erhebt sich der stalinistische Prunkbau der ehemaligen sowjetischen Botschaft, heute die Vertretung Russlands sowie der GUS-Staaten. (md)

INFO

Hinkommen: U+S-Brandenburger Tor oder U+S-Friedrichstraße sowie Bus 100/200 Unter den Linden/Friedrichstraße.

Information: **Deutsche Guggenheim:** www.deutsche-guggenheim.de, tgl. 10–20 Uhr, Mo frei.

Mme Tussauds: Unter den Linden 4, www.madametussauds.com, Tel. 030/40004610.

15 Flohmärkte: Stöbern auf interessanten Plätzen

Flohmarkt an der Straße des 17. Juni (15a)

Der ganzjährig geöffnete Trödelmarkt war der erste und bekannteste Berlins überhaupt: Er existiert seit 1973, seit 1978 findet er direkt am S-Bahnhof in der Nähe des Ernst-Reuter-Platzes statt. Klar unterteilt in einen typischen Trödelmarkt und einen Kunstmarkt beiderseits des Charlottenburger Tors zieht er jedes Wochenende besonders viele Besucher an. Viele professionelle Händler bieten hier die übliche Flohmarkt-Ware an, leider zum Teil zu relativ hohen Preisen, da er von vielen Touristen besucht wird. Aber Handeln soll ja nicht verboten sein... Gut ist die sehr große Auswahl. Der Kunstmarkt wird auch von vielen Berlinern gerne besucht.

Flohmarkt in Charlottenburg

Flohmarkt am Mauerpark (15b)

Auf diesem Flohmarkt sind vergleichsweise wenige professionelle Händler anzutreffen und er wirkt daher besonders lebendig und improvisiert. Als Teil des Kiezes in der Nähe des Prenzlauer Bergs ist er sehr lokal und familiär ausgerichtet. Man kennt sich hier und Touristen verirren sich eher selten in das ehemalige Gebiet an der Berliner Mauer. Das Preisniveau ist niedrig, das Angebot kunterbunt und man zwängt sich in engen Gängen zwischen den Ständen zum Ziel seiner nicht definierten Wünsche... Zwischendurch kann man seinen Hunger und Durst stillen – garantiert ist es eng. Und wer von all dem genug hat: In Reichweite liegt die bunte Restaurant-Szene des Prenzlauer Bergs. Oder Sie verbinden den Besuch mit der Gedenkstätte an der Berliner Mauer.

An diesem Platz befand sich früher ein Güterbahnhof, später die Ost-West-Grenze. In der 1990er Jahren legte man hier als Bindeglied zwischen dem

Am Mauerpark

Prenzlauer Berg und dem Stadtteil Wedding über den Todesstreifen eine weite Grünfläche an. Inmitten einer dichten Stadtbebauung liegt jetzt eine grüne Oase, die gerne für Freizeit und Events genutzt wird. Weiter durch den Flohmarkt gelangt man zum eigentlichen Mauerpark. Hier gibt es eine Arena für Karaoke – stets ab 14.30 Uhr geht die Post ab.

Flohmarkt am Boxhagener Platz (15c)

Ein besonders alternativer, szeniger Flohmarkt, an dem sich die Geister scheiden: Vielleicht ist er Berlins interessantester Markt, da man hier wirklich Individualisten, aber auch zunehmend professionelle Anbieter jeder Couleur antrifft. Die angebotenen Waren – und das ist nicht wertend gemeint – passen zum alternativ-kreativen Publikum. Die Angebote, zwischen Ostalgie und Nostalgie angesiedelt, sind für sich schon spannend: selbst designter Schmuck und Mode, Bücher, verschiedenste Tonträger… und das alles zu teils wirklich sehr günstigen Preisen. Wer nicht nur das – und natürlich auch Krempel – mag, sollte sich hier umsehen.

Zum Platz: Der Boxhagener Platz – schon um 1900 angelegt – wird von den Einwohnern als »der Boxi« bezeichnet. An marktfreien Tagen dient er als Kinderspielplatz, eine grüne Oase zum Erholen und Treffpunkt der sehr unterschiedlichen Bevölkerungsgruppen. (mi)

INFO

Flohmarkt an der Straße des 17. Juni
Hinkommen: U2 Ernst-Reuter-Platz, S5, S9, S75 Tiergarten. Für Autofahrer: Viele Parkplätze in der Nähe.
Infos: www.berliner-troedelmarkt.de, geöffnet Sa/So 10–17 Uhr
Brunchtipp: Restaurant-Schiff Capt'n Schillow (s. S. 212)

Flohmarkt am Mauerpark
Hinkommen: U2 Eberswalder Straße
Infos: www.mauerparkmarkt.de
Brunchtipp: viele Möglichkeiten entlang der Kastanienallee, der Oderberger Straße oder bei Anna Blume an der Kollwitzstraße (S. 42).

Flohmarkt am Boxhagener Platz
Hinkommen: Straßenbahn Ecke Warschauer Str./Grünberger Str., für Autofahrer kaum Parkplätze.
Infos: www.boxhagenerplatz.de, geöffnet So 10–18 Uhr
Brunchtipp: Die EM Bar, Gabriel-Max-Str. 17, Tel. 030/29003929. Szenetreff und gute, vielseitige türkische Gerichte in netter Atmosphäre, preiswert. Reservierung am Sonntag empfohlen.

16 Anna Blume: eine kulinarische und floristische Oase

Wer im Szene-Viertel um den Kollwitzplatz am **Prenzlauer Berg** herum unterwegs ist, kann auf Schritt und Tritt etwas Neues entdecken. Es ist die rechte Gegend zum Gucken und Verweilen zwischen Geschäften mit Dingen, die man zum Leben vielleicht nicht unbedingt braucht und Restaurants mit italienischer, österreicherischer oder vietnamesischer Küche.

Und da gibt es »Anna Blume«, 2005 gegründet und bereits eine Institution. Geboten werden kulinarische Spezialitäten und floristische Kunstwerke. Der Name »Anna Blume« geht auf das gleichnamige und berühmte Gedicht des Dada-Künstlers Kurt Schwitters zurück und beginnt mit der schönen Zeile »Oh Du, Geliebte meiner 27 Sinne, ich liebe Dir! Du, Deiner, Dich, Dir…«.

Im »floristischen Teil« des Cafes werden je nach Saison sowohl die Augen als auch die Nase von den Schönheiten der Natur umworben. Bevor man sich dem gastronomischen Teil nähert, kann man zunächst einmal die herrlichen Blumen und Gebinde bewundern.

Im angegliederten Café-Restaurant fühlt man sich auf Anhieb wohl. An der zentralen Kuchentheke wird man als Gourmet beim Anblick der Meisterwerke der

Anna Blumes Blumenarrangements

Das sehr ansprechende Frühstück wird auf der Terrasse serviert

Konditorenzunft vor die schwierige Entscheidung gestellt, was man wohl zuerst genießen sollte… Doch das Café-Restaurant bietet nicht nur Süßes. Zum Frühstück, das sich am Prenzlauer Berg bis in den Nachmittag hinziehen mag, soll »Anna Blume Spezial« hervorgehoben werden. Die Etagere bietet – angefangen bei Früchten, Marmeladen, Schinken, Käse und Eiern – so ziemlich alles, was einen Tagesbeginn paradiesisch werden lassen kann. Ein Gaumen- und Augenschmaus zugleich!

Um die Mittagszeit wird eine leichte, sehr geschmackvolle Küche serviert, die sich am saisonalen Angebot orientiert. Salate verschiedenster Art, Quiches und Crêpes mit vielfältigen Füllungen und wenige, aber ausgesuchte Weine lassen das Genießerherz höher schlagen. Und abends werden leichte und traditionelle Gerichte serviert.

Lassen es die Temperaturen und die Jahreszeit zu, lädt die weiträumige Straßenterrasse zum Verweilen ein. Hier kann man in seiner Zeitung blättern oder einfach dem Treiben zuschauen. In der Zwischenzeit – nicht vergessen – kann drinnen ein wunderschöner Blumenstrauß gesteckt werden. (mi)

INFO

Hinkommen:
U2 Senefelderplatz.
Information: Anna Blume, Kulinarische und Floristische Spezialitäten, Kollwitzstraße 83, 10405 Berlin (Prenzlauer Berg), www.cafe-anna-blume.de, Café Tel. 030/44048749, Blumenladen, Tel. 030/40500400, tgl. geöffnet 8-2 Uhr, täglich wechselnde Karte.
In der Nähe: 16 Kollwitzplatz (S. 108)

17 »Clärchens« Ballhaus: Spaß, Stimmung und Party für Jung und Alt

Das Ballhaus ist eine Institution: Generationen kamen und kommen zum Schwoofen hierher, so manch einer fand die große Liebe, andere zumindest einen Tanzpartner. Eine wirklich »schräge« Location, die neugierig macht. Hier treffen alle Altersgruppen aufeinander, die Mischung ist perfekt, und je nach Tages- und Nachtzeit wird entsprechende Tanzmusik angeboten – ob Salsa, Walzer oder Tango; Freitag und Samstag geht es moderner zu. Meist beginnt ein Abend mit eher »klassischer« Tanzmusik, danach Partymusik. Die älteste Tanz-Gaststätte Berlins ist nach einer wechselhaften Geschichte wieder so lebendig wie eh und je.

Vor beinahe **100 Jahren** – genau 1913 – wurde das Ballhaus von Fritz Bühler und seiner Frau Clara Habermann eröffnet. Hier ging schon Heinrich Zille ein und aus! Das verwegene Äußere wurde nach dem Bombenhagel in Berlin nur sparsam restauriert. Im 2. Weltkrieg wurde das Vorderhaus vollkommen zerstört und nie wieder errichtet. Hier kann man heute bei gutem Wetter draußen im Biergarten sitzen, das Essen genießen und die Menschen beobachten, die laufend eintrudeln: Ein buntgemischtes Publikum, Touristen aus aller Welt, Junge aus Mitte, Alte von überall… hier pulsiert das bunte Leben. Das Ambiente innen ist eine Mischung Kriegszeit und DDR: Holzvertäfelung an den Wänden, die Tanzfläche aus Parkett, Gardinen aus Omas Zeiten. Abends strömen nach und nach Besucher ins Innere auf die Tanzfläche – die Stimmung steigt von Stunde zur Stunde. Besonders am Freitagabend geht's heiß her.

Biergarten im Hof

Nach dem Tode ihres Mannes führte »Clärchen« die Geschäfte weiter; im 2. Stockwerk entstand ein Spiegelsaal. Unmittelbar nach dem Kriegsende ging's weiter: die Stieftochter Clärchens, Elfriede Wolff, leitete diese inzwischen ur-Berliner Institution in der DDR weiter. In dieser Zeit, nach all den Gräueltaten im Krieg, sehnten sich die Menschen besonders nach Ausgelassenheit und guter Stimmung. Und das war hier damals wie heute garantiert! Sohn Stefan war ab 1979 verantwortlich.

Generationenübergreifendes Tanzvergnügen

Nach der Wende wurde das Ballhaus an Clara Habermanns leibliche Tochter übertragen und 2003 verkauft. Der neue Besitzer verpachtete es nicht mehr an die Gründerfamilie, sondern an Christian Schulz und David Regehr. 2004 erfolgte eine vorsichtige Renovierung, vor allem der Spiegelsaal wurde wieder benutzbar gemacht. Seitdem weht ein frischer Wind durch das Haus, denn den Betreibern gelang es, auch jüngeres Publikum anzuziehen. Doch gerichtlich verfügten die Verkäufer, dass sich Clärchens Ballhaus umbenennen müsse. Und so heißt es offiziell nun »Ballhaus Mitte«, doch im Sprachgebrauch der Berliner ist Clärchen weiter noch d e r Begriff.

Unikate gab und gibt es hier genug. Und Tradition in Personen: So Paul, der mit weit über 80 Jahren jeden Freitag über die Tanzfläche fegt wie ein (fast) junger Fetz, stets gut gekleidet, stets mit blankpolierten Schuhen. Und am Eingang begrüßt – oft mit typisch flachsigen Bemerkungen – der Garderobier Günther Schmidtke, auch schon in den hohen Siebzigern. Einen weisen Spruch gibt es von Günther gratis: »Passt auf, verliebt Euch nicht in jeden – sind alles Gauner, Hochstapler und Betrüger«. Paul und Günther sind die einzigen, die noch die Namensgeberin Clara Habermann persönlich kannten. (mi)

INFO

Hinkommen: U-Bahn Rosenthaler Platz, U Weinmeisterstr./Gipsstr, S-Bahn S Oranienburger Str.: S1, S2, S25, S Hackescher Markt: S3, S5, S7, S75. Bus: U Rosenthaler Platz: 240 Tram: U Weinmeisterstr./Gipsstr.: M1, U Rosenthaler Platz: M1, M8.

Information: Clärchens Ballhaus, Auguststraße 24, 10117 Berlin, Tel. 030/2829295, www.ballhaus.de, tgl. ab 10 Uhr bis open end. Eintritt in den Tanzsaal 3 Euro.

18 KaDeWe am Wittenbergplatz: Konsumtempel der Superlative

1907 eröffnete Adolf Jandorf im damals ruhigen Berliner Westen ein modernes Kaufhaus mit fünf Etagen. Aufgrund seines einmaligen und exquisiten Angebots entwickelte sich das Haus in kurzer Zeit zu einem der beliebtesten Kaufadressen Berlins. Der Name **»Kaufhaus des Westens«** bestand von Anfang an und nimmt Bezug auf den »Neuen Westen« in den Städten Schöneberg, Charlottenburg und Wilmersdorf, welcher sich bald von einer beschaulichen Wohngegend zu einem lebhaften Geschäftszentrum wandeln sollte. So gilt die Tauentzienstraße heute noch als der umsatzstärkste Einkaufsboulevard Berlins. 1929 ließ der neue Eigentümer Hermann Tietz das Haus um zwei Geschosse mit Dachterrasse erweitern und setzt den Grundstein für die legendäre Feinschmeckerabteilung. Nach dem Krieg wurde das ausgebrannte Gebäude aufgebaut und 1996 mit einer achten Etage und Glaskuppel aufgestockt. Heute gehört das Haus zur Karstadt Premium Group des Arcandor Konzerns.

Das KaDeWe ist mit mehr als 60.000 m² Verkaufsfläche nach Harrods in London das zweitgrößte Kaufhaus Europas. Insgesamt sind hier 2.000 Mitarbeiter beschäftigt. Erste Orientierungshilfe in sieben Sprachen gibt der Hotelportier am Haupteingang an der Tauentzienstraße. Etagenpläne gibt es in 18 Sprachen. Im riesigen Atrium werden dramatische »Lifestyle Themenwelten« inszeniert. Wer nicht im »Duftpool« mit 1.500 Düften versinkt, kann über den »Luxusboulevard« mit all den dort aufgereihten internationalen Designerstores schlendern oder auf dem »Fashion Boulevard« im zweiten Obergeschoss einer Modeschau beiwohnen. Kinder werden in der dritten Etage kostenlos betreut und die Eltern erhalten ein Rufgerät für den Notfall. Wer möchte, kann sich seine Einkäufe von freundlichen Gepäckträgern zum Auto in der Garage oder zum Taxi bringen lassen.

Zweitgrößtes Kaufhaus Europas: das KaDeWe

Weltberühmt: die Feinschmeckeretage

Die acht Geschosse werden mit 64 Rolltreppen und 26 Fahrstühlen erreicht, aber am schönsten ist die Auffahrt im gläsernen Panoramalift durch die Lichthöfe. Die Feinschmeckeretage befindet sich im 6. Stock und ist mit 7.000 m² größter **Genusstempel** Europas. An 33 Gourmet-Ständen sowie einer Austernbar sorgen 150 Köche für den kulinarischen Hochgenuss. Die Theken dieses Schlaraffenlands bieten z.B. 1.300 Käsesorten aus aller Welt, 400 Whiskey-, 100 Kaffee- und 350 Teesorten. Das eigens aus Frankreich importierte Mehl für die 400 Brot- und Brötchensorten wird vom Mehlsilo im Keller nach oben gepumpt. Allein 40 Konditoren und Bäcker sind hier beschäftigt und im Leysieffer-Café können allerlei Naschwerk und Törtchen probiert werden. In der Weinabteilung mit ihren 3.400 Weinen wacht ein Sommelier aus dem Elsass über exklusive Raritäten. Das teuerste Produkt dürfte ein Brunello di Montalcino aus der Toskana, Jahrgang 1945, für 5.000 € sein. In der Nähe findet man vier Champagnerbars und die Bacardi Bar. Neben Pfifferlingen aus Marokko und Bohnen aus dem Senegal ist die Fischabteilung ein weiteres Highlight mit Exoten wie Papageienfischen von den Seychellen oder Seeigel und Meeresspinnen.

Die Fleischabteilung bietet 1.200 Wurst- und Schinkensorten aus ganz Europa. Auch Exoten wie Krokodil oder Känguruh werden angeboten. Die nach Kobe-Art aufgezogenen Rinder werden täglich massiert, mit Reiswein besprüht und von klassischer Musik berieselt. Außerdem erhalten sie ökologisches Kraftfutter und täglich zwei Liter Bier. Ihr Fleisch gilt als das beste der Welt, das Filet für 280 € das Kilo. Meist gekauftes Produkt ist übrigens das Senfglas in Bärenform für 6,98 €.

Wer Glück hat, ergattert im Restaurant Wintergarten in der obersten Etage einen Platz mit toller Aussicht über die City West. Den Berliner Klassiker gibt's übrigens draußen auf dem Wittenbergplatz: Auf jeder der vier Ecken steht eine Imbissbude. Bei »Witty's« und »Fritz & Co« gibt's die Bio-Currywurst und Bio-Pommes, mit oder ohne Darm…

Das Pendant zum KaDeWe im früheren West-Berlin ist die Galeria Kaufhof am Alexanderplatz im früheren Ostteil der Stadt. Hier in „Mitte" ist das Warenhaus der Konsum-Magnet schlechthin und liegt dazu noch in der Nähe des „In-Viertels" um den Hackeschen Markt. (md)

INFO

Hinkommen: U-Bahnhof Wittenbergplatz (U1, U2, U3)
Information: Kaufhaus des Westens: Mo–Do, Sa 10–20 Uhr, Fr 10–21 Uhr, www.kadewe.de, Tel. 030/2121-0

Essen & Trinken: Restaurant Wintergarten in der obersten Etage, Tel. 030/2121-2623.

19 Leise rieselt der Schnee: die schönsten Weihnachtsmärkte und »ein anderer« in Berlin

Weihnachtsmarkt am Gendarmenmarkt

Der Gendarmenmarkt mit Deutschem und Französischem Dom und dem Konzerthaus dazwischen bildet eine ganz besonders schöne Kulisse. Eingerahmt von diesen würdigen Bauten bietet der Markt ein ausgewähltes Angebot. Die Bildende Kunst ist vertreten durch Arbeiten von Malern, Grafikern, Holzbildhauern und Steinmetzen. Ebenso gibt es alte Handwerkskunst zu bewundern. Man kann tolle Unikate kaufen und dabei den Künstlern zuschauen. Besonders schön ist es, in einem der Zelte der Berliner Spitzengastronomie einzukehren, denn wer einen besonderen Namen in der Stadt hat, präsentiert sich auch hier gerne. Vor dem Konzerthaus ist eine Bühne aufgebaut, auf der stets etwas los ist. Natürlich kann man sich mit Imbissen jeder Art und den entsprechenden Getränken versorgen. Fast ein »eleganter« Markt wie es sich vor einer solchen Kulisse gehört.

Info und Öffnungszeiten: 21. Nov.–31. Dez. 2011, tgl. 11–22, Heiligabend 11–18, Silvester 11–01 Uhr, www.gendarmenmarktberlin.de, Eintritt 1 Euro (s. Punkt 44 in Karte)

Mit schöner Kulisse am Gendarmenmarkt

Weihnachtsmarkt in Spandau

Flächenmäßig ist dies der größte Weihnachtsmarkt. 250 bis 400 Stände verteilen sich über das Gebiet der Altstadt. Im Gegensatz zum Gendarmenmarkt wird hier auch viel für Kinder geboten, insbesondere um die Nikolai-Kirche. Eine Weihnachtskrippe mit lebenden Tieren und ein gutes Bühnenprogramm mit Engelchor und Weihnachtsmann sorgen für die entsprechende Stimmung. Mittwoch ist Familientag: Dann gibt es an den Ständen besonders günstige Angebote. Am Markplatz ist ein großer Weihnachtsbaum aufgebaut und die Feuerzangenbowlen-Pyramide erfreut die erwachsenen Besucher. Gute Stimmung, volkstümlich.
Info und Öffnungszeiten: 23. Nov.–23. Dez. 2011, tgl. 11–20/22 Uhr, www.weihnachtsmarkt-spandau.de, Hinkommen: U-Bahn U Altstadt Spandau: U7, Bus: U Altstadt Spandau: X33 (s. Punkt 6 in Karte)

Weihnachtsmarkt am Schloss Charlottenburg

Vor der herrlich beleuchteten Barockfassade des Schlosses Charlottenburg ist dies ein besonders gepflegter Weihnachtsmarkt. Die Angebote sind eher höherwertig, die Gastronomie ausgewählt, das Rahmenprogramm weihnachtlich. Offizielles Ziel ist es, »sich durch eine ausgesuchte Gestaltung deutlich von anderen Märkten in Berlin abzugrenzen und einem anspruchsvollen Publikum mit einer eleganten Darstellung gerecht zu werden.«
Info und Öffnungszeiten: 28. Nov.–26. Dez. 2011, Mo–Do 14–22, Fr–So 12–22 Uhr (25./26.12. bis 20 Uhr), Heiligabend bleibt der Weihnachtsmarkt geschlossen (s. Punkt 83 in Karte)

Chanukka-Markt im Jüdischen Museum

Mit dem Lichterfest Chanukka soll an die Reinigung und Wiedereinweihung des jüdischen Tempels in Jerusalem gedacht werden. Der sehr stimmungsvolle Markt im Glashof des Museums findet in der Weihnachtszeit statt, obwohl das Lichterfest selbst nur acht Tage dauert. Es werden jüdische traditionelle Spezialitäten und auch sehr extravagante Produkte angeboten. Die Geschenkideen stammen aus Israel, den USA und natürlich Deutschland. In einer Ausstellung kann man sich über das Chanukka-Fest informieren, im kleinen Café die Atmosphäre auf sich wirken lassen. Es ist in der Tat der etwa andere Weihnachtsmarkt... »Wer sich diesen wundervollen Markt entgehen lässt, lässt ein kulturell hochwertiges Ereignis auf höchstem Niveau vorbeiziehen.« (www.myheimat.de, Karolin Wochlik)
Info und Öffnungszeiten: Jüdisches Museum Berlin, Lindenstraße 9–14, 10969 Berlin, Tel. 030/259 93 300, www.jmberlin.de, ca. 28. Nov.–26. Dez. 2011, tgl. 10–18 Uhr. Hinkommen: U-Bahn: Hallesches Tor (mi)

20 Restaurants, in denen auch Promis speisen: die Auswahl für den besonderen Geschmack

Berlin ist Hauptstadt, und selbstverständlich lockt sie die Prominenz aus Kultur und Politik an. Sternchen und Stars, ehemalige Politprominenz, die aktuelle Führungsgarde und die, die bald dazu gehören möchten – sie alle tummeln sich hier. Und zu den beliebtesten Tummelplätzen gehören Restaurants, in denen man sich trifft, gesehen wird oder gesehen werden möchte. Hier eine kleine Zusammenstellung von *locations,* wo man als Besucher das eine oder andere bekannte Gesicht entdecken kann.

Borchard – zum Hauptgericht Promis
Französische Str. 47, 10117 Berlin, Tel. 030/81886262, tgl. 11–24 Uhr, Reservierung empfohlen. U-Bahn Französische Straße, Bus147.

Der Name »Borchard« knüpft an die Tradition von August Borchardt an, der in der wilhelminischen Zeit der Hoflieferant des Kaisers war. In der Nähe des Gendarmenmarkts entstand 1992 an dem Ort eines 1899 eröffneten Weinlokals dieses Restaurant, das innen durch hohe Decken, bunte Mosaiken und Säulen den Eindruck eines Lokals aus den 1920er Jahren macht. Im Sommer ist es auch im luftigen Innenhof gemütlich. Die Küche bewegt sich kulinarisch auf der deutschen und französischen/mediterranen Seite. Berühmt ist das Wiener Schnitzel mit Kartoffel-Gurken-Salat, es gibt aber auch Fischgerichte. Eng aneinander stehende Tische, recht laut zur Hauptbesuchszeit, leider etwas hektisch. Das alles aber tut keinen Abbruch: Das Haus ist mittlerweile eine Institution geworden, und Berühmtheiten wie Leonardo di Caprio, Tom Cruise, Jack Nickolson, und Michael Douglas wurden hier gesichtet… Und auch Barack Obama schneite herein! Und natürlich geht die Polit- und Wirtschaftsprominenz wegen der zentralen Lage gerne hierher.

Bocca di Bacco – Italien vom Feinsten, Friedrichstraße 167, 10117 Berlin, Tel. 030/20672828, www.boccadibacco.de, Mo–Sa 12–24 Uhr, So 18–24 Uhr. U-Bahn Französische Straße.

»Küchenchef Loriano Mura und sein Team bereiten mit Leidenschaft und Handwerkskunst klassische italienische Spezialitäten im zeitgemäßen Gewand zu« heißt es – und das trifft zu. Hervorragende Pasta, fantastische Fleisch- und Fischgerichte bestechen durch Frische und Klarheit im Geschmack. Eine Tageskarte bietet das aktuell Beste neben den klassischen Gerichten auf der Standardkarte wie

Bocca di Bacco

Lammcarré mit Kräuterkruste, Toskanischer Wildschweinschinken oder Dorade. Hervorragende Weine aus allen Regionen Italiens sind der passende Essensbegleiter. Das Ambiente ist klar und nicht überladen, typisch wilhelminischer Historismus wird mit italienischen Stilelementen lässig verbunden. Preise für Hauptgerichte zwischen 20 und 30 Euro, Service hervorragend.

Chez Maurice – das französische Restaurant mit Wein- und Spezialitätenhandlung

Bötzowstr. 39, 10407 Berlin (Prenzlauer Berg), Tel 030/4250506, www.chezmaurice.com, tgl. ab 18 Uhr, Mittagstisch: Di–Sa 12–16 Uhr (s. Punkt 5 auf der Karte).

Das kleine, rustikal wirkende Restaurant – 1997 eröffnet – wirkt gemütlich, die französisch inspirierte Küche bietet eine übersichtliche Auswahl z. T. klassischer französischer Gerichte wie Zwiebelsuppe, Weinbergschnecken, Fischsuppe, Blutwurst (Boudin Noir) oder Rinderfilet. Aber auch Fischgerichte ergänzen das Angebot, ebenso die Tageskarte, und begleitet werden die Köstlichkeiten von ausgewählten französischen Weinen (vor allem Burgunder und Bordeaux). Kein Wunder, dass Frankophile aus dem Kiez und der weiteren Umgebung hierher pilgern. Eher höherpreisig, Hauptgerichte um 20–25 Euro. Vielleicht treffen Sie einen Stammgast wie Angelika Merkel…

Chez Maurice

Lutter und Wegener am Gendarmenmarkt

Charlottenstr. 56, 10117 Berlin, Tel, 030/25294350, geöffnet Mo–So 11–3 Uhr, warme Küche bis 1 Uhr, U-Bahn Französische Straße, Bus 147.

Wirklich eine gutbürgerliche Stube im wörtlichsten Sinne. Und dann die Lage am Gendarmenmarkt! Hier kann man zuverlässig gut essen. Das Ambiente ist gemütlich. »Elvira Bach, Rainer Fetting und Salomé, die drei Ikonen der Heftigen Malerei, bestimmen mit »Wein, Weib und Gesang« auf den drei zentralen Stützsäulen des Saales die Atmosphäre« – so die Beschreibung.

Die Küche ist österreichisch geprägt, sodass ein Wiener Schnitzel mit warmem Kartoffelsalat nicht fehlen darf. Aber auch der Gulasch sowie der Sauerbraten (preisgekrönt) lassen das Herz eines jeden Deftiges liebenden Gastes höher schlagen. Die Weinauswahl ist gut, die gezapften Biere sind es ebenfalls – die Getränke passen zum eher rustikal geprägten Essen. Das Haus blickt auf 200 Jahre Geschichte zurück. Frühere Politiker wie Oscar Lafontaine, Richard von Weizsäcker und Helmut Kohl waren hier zu Gast. In der sehr gemütlichen Weinstube kann man in besonders intimer, gemütlicher Runde speisen. (mi)

21 Restaurants, in denen auch Promis speisen II

Café Einstein, Unter den Linden 42, 10117 Berlin, Tel. 030/2043632, Mo–So 7–22 Uhr (s. Punkt 14 auf der Karte).

1996 wurde das Kaffeehaus eröffnet, und nur 150 m zum Brandenburger Tor und wenig mehr zum Reichstaggebäude liegt das vom Künstler und Galeristen Gerald Uhlig eröffnete »begehbare Kunstwerk« (Der Spiegel). Lesungen und wechselnde Fotoausstellungen in der Galerie schaffen gemeinsam mit der Gastronomie ein Ambiente, das Führer aus Politik, Medien und Wirtschaft anzieht. Auf der »Sonnenseite« der Flaniermeile Unter den Linden sitzt man in der warmen Jahreszeit gerne draußen – ein toller Platz, um »Leute zu gucken«. Der Caféhaus-Besucher findet die Wienerschen Spezialitäten wie den Kleinen Braunen und Melange und natürlich köstlichen Kuchen wie Sachertorte, Käsekuchen und den Wiener Apfelstrudel. Natürlich gibt's auch Tee und Sandwiches, aber auch »mehr«: Köstlich ist das Saftgulasch mit Serviettenknödeln, das Wiener Schnitzel, der Kaiserschmarrn. Gute Weine runden das Erlebnis ab.

Paris Bar (21a), Kantstraße 152, 10623 Berlin, Tel. 030/3138052, www.parisbar.de, tgl. 12–02 Uhr. U-Bahnstation Uhlandstraße, U-Bahn/S-Bahn: Zoologischer Garten.

Im »alten Westen« gelegen, war früher die Paris Bar d e r Insidertreff für Künstler, Schauspieler und Medienleute. Und auch noch heute ist es während der Berlinale rappelvoll. Sonst ist es ruhiger geworden, das Publikum ist gemischt, die Kundschaft nicht mehr ganz so zahlreich – aber dafür zufrieden. Nach wie vor ein Klassiker! Das Lokal spiegelt Pariser Charme wieder, das durch die Wanddekoration bewirkte künstlerische Flair gibt das Gefühl von wohltuender Geborgenheit. Eine lange Holztheke und unzählige Bilder von Prominenten sind Hingucker.

»Das ganze Konzept entstammt vielleicht einer fernen Vergangenheit«, ist in Kommentaren zu lesen. Das Essen? Eher hochpreisig, sehr gute Steaks, wunderbare Lammkottelets, alles sehr geschmackvoll und frisch. Fast wie in Paris…

Französisches Flair

Speisezimmer (Sarah Wiener) (21b), Chausseestraße 8, 10115 Berlin, Tel. 030/814529430, www.sarahwiener.de, tgl. Mittagstisch 12–16, Abendkarte ab 18 Uhr, Küche: Mo–Fr 12–23 Uhr, Sa/So 18– 23 Uhr, U-Bahn Oranienburger Tor.

Das Speisezimmer liegt in einem Innenhof einer alten Lokfabrik versteckt und daher ist die Lage sehr ruhig, im Sommer kann man auf der Terrasse essen – sehr angenehm. Das Ambiente ist eher nüchtern-minimalistisch, die Küche eine Mischung aus Mittelmeer und Österreich, alle Gerichte sehr authentisch und schmackhaft. Am Tage werden immer knackige Salate der Saison, lecker leichte Pasta, vegetarische Alternativen und immer ein Fisch- oder Fleischgericht serviert. Abends gibt's eine abwechslungsreiche Küche, die Desserts folgen österreichischer Tradition. Knusprig gebratene Maischolle mit Petersilie, Pellkartoffeln, Wiener Schnitzel vom Linumer Weidekalb, Filet vom Seesaibling mit Krenkruste in Kartoffel-Petersiliencreme, Palatschinken mit frisch gekochten Kirschen und Bauernhof-Eis – kein Wunder, dass auch so mancher Vertreter aus der Politik-, Medien- und Wirtschaftsszene hier gerne ist und isst. Eher hochpreisig.

Ständige Vertretung (21c), Schiffbauerdamm 8, 10117 Berlin-Mitte, Tel. 030/282 3965, www.staev.de, tgl. ab 11, Mittagstisch Mo–Fr 12–15 Uhr.

Wem der Sinn nach etwas Rheinland steht

Eine zeitgeschichtliche Lage: Das Wein-ABC – so hieß zu DDR-Zeiten die heutige Ständige Vertretung, lag gegenüber dem »Tränenpalast«, wo sich DDR-Bürger und »Westler« vor Ablauf der mitternächtlichen Frist verabschiedeten. Nach der Wende erkannten die Bonner Gastronomen Drautzburg und Grunert die Chance: Jede Menge »Auswanderer« aus der politischen Szene Bonns mussten in der neuen preußischen Heimat zurechtkommen – und die Ständige Vertretung half mit Kölsch, Eifeler Kartoffelsuppe, Roastbeef mit selbstgemachter Remouladensauce, »Himmel un Ääd« als das rheinische Nationalgericht (gebratene Blutwurst auf Kartoffelpüree, dazu Apfelkompott und Zwiebeln). Aber auch Flammkuchen in vielen Variationen sind beliebt, und alles schnell auf dem Tisch. Der gastronomische Brückenschlag zwischen dem Rheinland und Berlin gelang perfekt, die Nähe zu den politischen Institutionen und den Fernsehstudios machte der Erfolg des Restaurants perfekt. Im Sommer kann man herrlich direkt am Wasser sitzen und »Schiffe gucken« – nach mehreren Glas Kölsch fühlt man sich dann fast wie am Rhein. Dazu tragen lange Tische und Bänke sowie der raue Ton so manchen Kellners bei – Prost! Drinnen? Viele Bilder und andere Dokumente aus dem politischen Leben der prominenten Besucher. (mi)

Geschichte erleben

East Side Gallery

22 Ursprung Berlins: Totentanz, Nikolaiviertel und mittelalterliche Stadtmauer

Überragt vom Fernsehturm, abgesenkt und scheinbar schräg platziert: Die **Marienkirche**, zweitälteste Pfarrkirche Berlins aus dem 13. Jh., war einst umringt vom eng bebauten Marienviertel. In der Turmhalle befindet sich auf einer Länge von 22 Metern der erhaltene Totentanz mit der ältesten Dichtung aus Berlin von 1484. Neben regelmäßigen Gottesdiensten finden herausragende Konzerte mit der barocken Wagnerorgel statt.

Auf der Suche nach dem Ursprung Berlins bietet sich als weithin sichtbarer Wegweiser der Turm des Roten Rathauses an. Zu seinen Füßen präsentiert sich der älteste Siedlungskern der Stadt: das neue, alte Nikolaiviertel.

Im Zweiten Weltkrieg nahezu restlos in Schutt und Trümmern versunken, schuf die DDR 1987 anlässlich der 750-Jahr-Feier der Stadt einen »prototypischen Historienpark«: Eine Collage aus aufwändig rekonstruierten Gebäuden sowie Neubauten mit Plattenelementen vermittelt während des Bummels durch die alten Gassen die Illusion einer Altstadt, die eigentlich keine echte ist. Den Architekturkritikern zum Trotz erfreut sich das Viertel mit seiner Vielfalt an kleinen Läden, Museen und gemütlichen Restaurants großer Beliebtheit bei Besuchern.

Die **Nikolaikirche** ist die älteste Kirche Berlins. Erstmals 1230 gebaut, später erweitert und umgebaut, wurde sie im Zweiten Weltkrieg bis auf die Außenmauern zerstört und bis 1987 vollständig wieder aufgebaut. Die ereignisreiche Geschichte der Kirche mit Einführung der Reformation und dem Wirken von Paul Gerhardt wird im Kirchenraum ausgestellt. Beim Abstieg in den ältesten Raum Berlins, die Beyersche Grabkapelle, hat man mittelalterliches Bodenniveau erreicht. Vor der Kirche befinden sich das erste bekanntes Stadtsiegel von 1253 sowie der Gründungsbrunnen mit Bär und Adler.

Nikolaikirche im gleichnamigen Viertel

Das stattliche **Knoblauchhaus** in der Poststraße 23 mit seinen »Historischen Weinstuben« wurde nicht zerstört. Hier lebte 170 Jahre die weit verzweigte Familie Knoblauch, deren ehemalige Wohnräume besichtigt werden können. Das Ephraim-Palais an der Ecke Poststraße/Mühlendamm gilt als »die schönste Ecke Berlins«. Aufgrund der Erweiterung des Mühlendamms wurde es 1935 abgetragen, die nummerierten 2493 Einzelteile eingelagert und erst 1983 um einige Meter versetzt wieder aufgebaut. Im Haus finden wechselnde Sonderausstellungen statt. Die beiden Gaststätten »Zum Nußbaum« und »Zur Ratswaage« sind jeweils Kopien von Gebäuden, die früher an anderer Stelle standen.

Bären für jeden Geschmack

Das Angebot in den zahlreichen Geschäften reicht von Teddybären, Meißner Porzellan und Antiquitäten bis zur Modeboutique. Ausgefallene Läden sind u.a. die Klöppelstube mit täglichem Schauklöppeln, Läden für Minibücher, Kugeln und Eier, eine Gedenkbibliothek zu Ehren der Opfer des Stalinismus sowie der ganzjährige Weihnachtsmarkt Erzgebirge. Besondere Museen sind das Zille Museum und das Hanf Museum. Zum Repertoire des kleinen Theaters im Nikolaiviertel gehört u.a. »Zille und sein Milljöh«, janz uff Berliner Mundart.

Wenn man die riesige Verkehrsschneise Mühlendamm/Grunerstraße überquert hat und links am monumentalen Stadthaus mit seinem 80 m hohen Turm vorbeigeht, gelangt man in die ruhige Klosterstraße. Dort befindet sich die **Klosterruine** des ehem. Franziskanerklosters, in der open-air Ausstellungen, Sommertheater und Lesungen stattfinden. Zwischen Waisen- und Littenstraße steht ein Rest der mittelalterlichen Stadtmauer. Daran lehnt sich seit dem 17. Jh. das älteste Gasthaus Berlins an: »Zur letzten Instanz«, benannt nach dem Gerichtsgebäude an der Littenstraße. Eine Oase der Ruhe findet man im Pfarrhof der Parochialkirche zwischen Kloster- und Waisenstraße. Der U-Bahnhof Klosterstraße von 1913 steht unter Denkmalschutz. (md)

INFO

Hinkommen: U- und S-Alexanderplatz, U-Klosterstraße
Essen & Trinken: Die 22 Gastronomen des Nikolaiviertels bieten Berliner Küche. Besonders schön gelegen sind Cafés und Lokale am Spreeufer.

Museen: **Heinrich Zille Museum**: www.heinrich-zille-museum.de, Propststraße 11, Tel. 030/24632500. **Hanfmuseum**: www.hanfmuseum.de, Mühlendamm 5, Tel. 030/2424827
Theater: www.theater-im-nikolai viertel.de, Tel. 030/2414635.

23 Pariser Platz und Brandenburger Tor: Salon der Republik, Symbol der Nation

Das berühmtestes Wahrzeichen Berlins, weltweit bekannt als Symbol der preußisch-deutschen Geschichte, der Macht, des Eisernen Vorhangs und der Wiedervereinigung, ist das Brandenburger Tor.

1791 von Carl Langhans erbaut, sollte das Brandenburger Tor zur Verschönerung der königlichen Residenz und als würdevoller Eingang dienen. Von Gottfried von Schadow stammt die **Quadriga** hoch oben auf dem Tor. Als Napoleon 1806 in Berlin einmarschierte, erdreistete er sich, die Quadriga per Schiff nach Paris mitzunehmen. Im Zuge der Befreiungskriege gelangte sie als »Retourkutsche« wieder auf ihren angestammten Platz, ergänzt mit eisernem Kreuz und preußischem Adler als Trophäe. Diese beiden Militärinsignien wurden später von DDR-Behörden entfernt und erst nach der Wiedervereinigung wieder angebracht. Während die Quadriga im Laufe der Geschichte mehrfach repariert und nach dem Zweiten Weltkrieg sogar völlig neu gebaut werden musste, blickte sie entgegen manch landläufiger Meinung immer nach Osten in Richtung Stadt.

Wahrzeichen Berlins: das Brandenburger Tor

Wo heute Touristenscharen, Leierkastenmänner, falsche sowjetische Soldaten und Pantomime-Künstler den Pariser Platz bevölkern, standen bis Ende 1989 DDR-Grenzsoldaten. Das Brandenburger Tor war für den normal Sterblichen unerreichbar und stand als Ausdruck einer tiefen Sehnsucht für West- und Ostberliner, die das Tor von der jeweils anderen Seite lediglich erblicken konnten. Unmittelbar dahinter, zum Großen Tiergarten hin, verlief 28 lange Jahre die Berliner Mauer. Der Pariser Platz war nichts außer einer kahlen und deprimierenden Fläche, **Teil des Todesstreifens** zwischen Ost- und Westberlin.

Nach der Wiedervereinigung fing man an, den Platz in seiner historischen Form wieder aufzubauen – als Quadrat. 1995 war das erste Haus am Platz wieder da: Das **Hotel Adlon**, welches an seine über 100-jährige Tradition als Luxushotel anknüpft (s. S. 62). Hier haben Europas Könige, amerikanische Präsidenten, Filmschauspieler und Diven logiert. Michael Jackson hat hier 2002 sein Baby aus dem Fenster gehalten; heute steht der King of Pop als Wachsfigur gleich schräg gegenüber bei Madame Tussauds.

Tipps

U-Bahnhof Brandenburger Tor: Im Zwischengeschoss informieren Filme und große Karten über die Zeit der Berliner Mauer. Ganz unten auf dem U-Bahnsteig wird auf großformatigen Bildern die wechselhafte Chronik von Pariser Platz und Brandenburger Tor gezeigt.

DZ-Bank: Das eher nüchtern erscheinende Gebäude der DZ-Bank zwischen Akademie der Künste und US-Botschaft bietet im Inneren eine faszinierende Architektur des Architekten Frank O.Gehry. Die Lobby ist tagsüber von Montag bis Freitag öffentlich zugänglich.

Die vielleicht schönste Foto-Perspektive auf das Brandenburger Tor mit Fontäne bietet sich vor der gläsernen Fassade der **Akademie der Künste** neben dem Hotel Adlon. In der Akademie gibt es wechselnde Ausstellungen, ein Café von Sarah Wiener sowie einen Durchgang zur Behrenstraße mit dem dahinter liegendem Holocaustdenkmal.

In historisch ähnlicher Form entstanden links und rechts vom Brandenburger Tor die Häuser Sommer und Liebermann. Rechts davon schließt sich das Palais am Pariser Platz mit einem Atrium als Durchgang in Richtung Reichstag an. Hier befindet sich auf zwei Etagen das Restaurant »Speisekabinett & Leselounge Theodor Tucher«, in dem gelegentlich Politiker, Diplomaten und Journalisten gesichtet werden.

An der nordöstlichen Ecke erinnert das Museum The Kennedys mit einer umfangreichen Sammlung an den US-Präsidenten John F. Kennedy, der in seiner berühmten Rede am 26. Juni 1963 vor dem Rathaus Schöneberg ein Berliner wurde (s. S. 60). (md)

INFO

Hinkommen: 2/S25/U55 Brandenburger Tor
Touristeninformation: im linken Torhaus, tgl. 10–19 Uhr
Essen & Trinken: Restaurant Tucher, www.theodortucher.de, Tel. 030/2248-9464
Ausstellung: Akademie der Künste, wechselnde Veranstaltungen, www.adk.de
In der Nähe: 24 The Kennedys (S. 60)

24 The Kennedys: »Ich bin ein Berliner«

Ein Museum für den amerikanischen Präsidenten

Willy Brandt, zum Zeitpunkt der Ermordung John F. Kennedys Regierender Bürgermeister von Berlin, versprach: »Berlin wird John F. Kennedy ein Denkmal setzen!« Und das ist – wenn auch über 40 Jahre nach Kennedys Ermordung – Wirklichkeit geworden. Welcher Ort als der Pariser Platz und das Brandenburger Tor könnte dafür symbolträchtiger sein? Die hier gezeigten Exponate wurden erstmals 2004 in Berlin und Rom ausgestellt und stießen auf großes Echo. In Zusammenarbeit mit der Berliner Uni sie sind nun zu einer einzigartigen Sammlung von Fotografien, schriftlichen Dokumenten und Gegenständen zusammengefasst, mit denen sich John F. Kennedy im politischen Alltag umgeben hatte.

Nur rund 1000 Tage währte die Amtszeit von John F. Kennedy, und doch ist er der Weltöffentlichkeit und besonders den Berlinern in bleibender Erinnerung geblieben.

Vor allem während des Wahlkampf von Barack Obama und nach seiner Wahl zum US-Präsidenten wurden Vergleiche mit dem charismatischen John F. Kennedy angestellt, jenem Präsidenten, der wohl als erster die mediale Wirkung seiner Worte bewusst erkannt und eingesetzt hat. So stammt von ihm das berühmte Zitat »Und deshalb, meine amerikanischen Mitbürger: Fragt nicht, was unser Land für Euch tun kann – fragt, was Ihr für unser Land tun könnt« und »Meine Mitbürger dieser Welt: Fragen Sie nicht, was Amerika für Sie tun wird, sondern was wir gemeinsam für die Freiheit des Menschen tun können«.

Die Kennedys symbolisierten damals so etwas wie die **Königsfamilie** der Amerikaner.

John F. Kennedy wusste durch sein sympathisches Auftreten die Herzen der Berliner zu erobern, als er am 26. Juni 1963 als erster amerikanischer Präsident nach dem Mauerbau seine Rede vor dem Schöneberger Rathaus

John F. Kennedy, Willy Brandt und Konrad Adenauer am Brandenburger Tor

Im Museum gibt es eine einzigartige Sammlung von Dokumenten zu JFK zu sehen

mit den Worten schloss **»Ich bin ein Berliner«**. Seine Frau Jackie sagte später einmal, dass der meistzitierte Satz ihres Mannes kurioserweise nicht auf Englisch, sondern auf Deutsch formuliert worden sei. Sein gewaltsamer Tod nur wenige Monate nach diesem Berliner Besuch verstärkte insbesondere bei den Deutschen die Erinnerung an ihn und seinen Appell an die Freiheit.

Die Kennedys und die Fitzgeralds zählten zu den Hundertausenden Iren, die im 19. Jh. aus Not nach Amerika ausgewandert sind. In wenigen Generationen gelang ihnen ein außergewöhnlicher finanzieller und gesellschaftlicher Aufstieg. Gekrönt wurde diese Entwicklung, als John F. Kennedy 1960 zum 35. Präsidenten der USA gewählt wurde. Damit stiegen die Kennedys zur »First Family« auf.

Neben den vielen Dokumenten, Fotografien und Exponaten steht vor allem alles, was mit John F. Kennedy persönlich zu tun hat, im Vordergrund der Ausstellung. So kann **Zeitgeschichte** lebendig werden. Beim Rundgang erfährt man, dass Jackie, selbst eine passionierte Fotografin, stets darum bemüht war, dass ausschließlich publikumswirksame Fotos publiziert wurden. Wer kennt nicht das Bild des kleinen Sohnes, der unter dem Präsidententisch krabbelt? Und John F. Kennedy, der selbst ein schweres Rückenleiden hatte, wurde stets als agiler, jugendlich wirkender Präsident vorgestellt. Die Bilder sind Teil des internationalen Gedächtnisses geworden und prägen das Bild des ehemaligen Präsidenten weit über seinen Tod hinaus. Verschwiegen werden natürlich die vielen Affären, die sich posthum um den Glamour-Präsidenten rankten. (mi)

INFO

Hinkommen: S2/S25/U55 Brandenburger Tor
Information: Museum The Kennedys, Pariser Platz 4A, 10117 Berlin, Tel. 030/20653570, geöffnet tgl. 10–18 Uhr, Eintritt 7 Euro, ermäßigt 3,50 Euro, www.thekennedys.de

25 Das Adlon: mehr als eine Hotellegende – ein Stück Geschichte!

Es ist wohl Deutschlands erste Adresse, es ist Deutschlands Premium-Lage direkt am Brandenburger Tor – historischer geht es nicht. Im Stil eines Grand Hotels vergangener Zeiten ist das Adlon bei einem Berlin-Besuch ein Muss. Pracht, lässige und selbstverständliche Eleganz, erstklassiger unaufdringlicher Service nach dem Motto **»Das Adlon verpflichtet«** lassen den Besucher in eine besondere Welt eintreten. In der Lobby des Hauses kann man es sich bei Kaffee, Tee oder Champagner gemütlich machen und die Gäste beobachten.

Ein Blick in die Geschichte: Um 1900 pflegte die europäische Oberschicht zunehmend, große Feste, Bälle, Abendessen und Empfänge in Grand Hotels zu veranstalten. Aus Amerika kam die Entwicklung, dass Hotels nicht nur zur Übernachtung dienten, sondern Möglichkeiten boten, Events jeder Art in einer besonderen Atmosphäre zu genießen und hochklassigen Service in Anspruch nehmen. In London und Paris gab es das vornehme Ritz, in Wien das Hotel Imperial. Doch das kaiserliche Berlin hatte nichts Ähnliches zu bieten.

Kaiser Wilhelm II. war vom Plan Lorenz Adlons angetan, Berlin endlich ein wirkliches Statushotel zu erbauen. Der Kaiser verhalf Adlon dazu, 1905 zwei geeignete Grundstücke in der Allee Unter den Linden zu kaufen. Adlon hatte sich durch Fleiß ein Vermögen aufgebaut, er besaß einige Restaurants und Kaffeehäuser. Er war bereit, mithilfe seines Geldes und Bankdarlehen den Bau zu finanzieren. Die Fassade war klassisch-schlicht und nahm die Grundzüge der Architektur des Brandenburger Tors auf. Doch im Inneren war es dann umso

Weithin bekannt: Berlins erste Adresse

aufwendiger: In allen Zimmern gab es Elektrizität und warmes Wasser. Eine große Lobby, ein wunderbares Restaurant, ein Rauchersalon, ein Musik- und Damenzimmer, ein Wintergarten zum Tee-Genießen, große wunderbare Ballsäle, Konferenzzimmer. Alles Interieur war edel gestaltet im Stile des Neobarock und der Epoche Louis XVI. Das kostete damals die unvorstellbare Summe von 15 Millionen Reichsmark.

Eröffnet wurde das Adlon 1907 und es wurde schnell zu einer Institution. Die Gäste vor dem Ausbruch des 1. Weltkriegs waren Adlige, die statt in ihrem Winterpalais in Suiten im Hotel wohnten. Wilhelm II. bevorzugte das Hotel, weil es hier wärmer und angenehmer war als in dem zugigen Schloss. Alles, was **Rang und Namen** hatte, kehrte hier ein: Der Zar von Russland, Maharadschas aus Indien, berühmte Industrielle, Thomas Edison, Henry Ford, John Rockefeller – eine illustre, feine Gesellschaft.

Nach dem 1. Weltkrieg änderte sich das Publikum. Es kamen vor allem vermögende Amerikaner. Die Goldenen Zwanziger bescherten dem Hotel einen ungeahnten Zuspruch, der mit der Machtergreifung der Nationalsozialisten 1933 endete. Ausländische Gäste, vor allem aus Amerika, wurden immer rarer, die NS-Bonzen mieden das Adlon, es war ihnen zu international und weltoffen. Sie bevorzugten den biederen Kaiserhof in der Wilhelmstraße. Das änderte sich erst 1943, als der Kaiserhof bombardiert wurde. Nun fanden die Nationalsozialisten im Adlon ihre letzte gesellschaftliche Heimat für Feste und Konferenzen. Das Adlon behauptete sich, bis durch einen Brand 1945 fast der gesamte Komplex bis auf einen Flügel zerstört wurde.

Nach dem Krieg gab es in dem erhaltenen Gebäudeteil bis in die 1980er Jahre ein Hotel und ein Restaurant, danach ein Internat. 1984 wurden auch diese Reste des Adlons abgerissen.

Nach der Wende begann der Neubau (1995–1997). Er entspricht nur in groben Zügen dem Vorgängerbau, ist zwei Stockwerke höher und sicher nach heutigen Maßstäben noch etwas luxuriöser. Beim Schlendern durch das Hotel – mittlerweile Mitglied der Leading Hotels of the World – mag man an die alten glorreichen Zeiten erinnert werden. Sie werden heute wieder gelebt. Hervorragende Restaurants, eine Weinhandlung und ein Spa sind Kennzeichen des Luxus. Im Restaurant Quarré genießt man in eleganter Atmosphäre einen fantastischen Blick auf das Brandenburger Tor. Und in der oberen Etage lockt das Gourmetrestaurant Loren Adlon zum Genuss auf allerhöchstem Niveau nach dem Motto: Klein, aber sehr fein! (mi)

INFO

Information: Hotel Adlon Kempinski Berlin, Unter den Linden 77, 10117 Berlin, Tel. 030/22610, www.kempinski.com
Buchtipp: Hedda Adlon schildert in einer wunderbar persönlichen Sprache die Geschichte und die Geschichten rund um das Hotel, garniert mit vielen Anekdoten und berühmten und zum Teil berüchtigten Gästen. Unbedingt lesenswert! Hedda Adlon: Hotel Adlon, das Berliner Hotel, in dem die große Welt zu Gast war, Kindler, München 1955. Als Taschenbuch beim Wilhelm Heyne Verlag, ISBN 978-3453009264

26 The Story of Berlin: Zeitreise zu einem Atomschutzbunker unter dem Ku'damm

Geschichte einmal anders! Das Museum ist geeignet für »museumsmüde« Kinder und Jugendliche, da es kurzweilig und lebensnah ist. Hier werden Einblicke gewährt in das historische Berlin. Gut gewählte, **authentische Szenerien** mit originalen Exponaten in 23 Themenräumen nehmen den Besucher mit auf eine Zeitreise durch Berlins 800-jährige Geschichte. Das Augenmerk wird auf die soziokulturellen Lebenssituationen in der jeweiligen Zeit gerichtet. Dadurch wird eine persönliche Betroffenheit erzeugt und dem Besucher gelingt es, sich in die unterschiedlichen Lebensumstände hineinzuversetzen – so unvorstellbar sie heute auch erscheinen mögen.

Blick in ein Berliner Wohnzimmer in den 1950er Jahren

Die eigentliche Gründung markiert die Doppelstadt Berlin-Cölln im 13. Jh. Das 18. Jh ist bestimmt durch den Gegensatz von Absolutismus und Aufklärung, das Militär spielt eine dominante Rolle in der Machtpolitik und im Ansehen in der Bevölkerung. In dieser Zeit erblüht Berlin erstmals auch zu einem künstlerischen Mittelpunkt. Das anschließend beginnende Industrie-Zeitalter im ausgehenden 19. Jh. prägt Menschen und Bauten: Es entstehen lärmende Fabrikhallen mit Tag- und Nachschicht. Die notwenigen Arbeitskräfte werden magisch angezogen. Ein Blick in die damaligen Hinterhöfe und Wohnungen bringt uns die sozialen Lebensverhältnisse nahe.

Mehr Menschen brauchen mehr Verkehrsverbindungen: U- und S-Bahn werden gebaut, Straßenbahnen beginnen das Stadtbild zu prägen und am Potsdamer Platz wird der Verkehr so heftig, dass hier die **erste Verkehrsampel der Welt** installiert wird. Das vielzitierte Berliner Tempo nimmt Fahrt auf.

In den vermeintlich Goldenen Zwanzigern läuft Berlin mit seinen Bars, Kabaretts, Hotels und Restaurants zur großen europäischen Metropole auf. Wer Rang und Namen hat, tritt hier auf die Bühne. Die 1930er Jahre gehören zweifelsohne zu den dunkelsten Kapiteln der Stadtgeschichte. Die Macht und der Prunk nationalsozialistischer »Herrenmenschen« bestimmen das Bild der einst lebensfrohen Stadt.

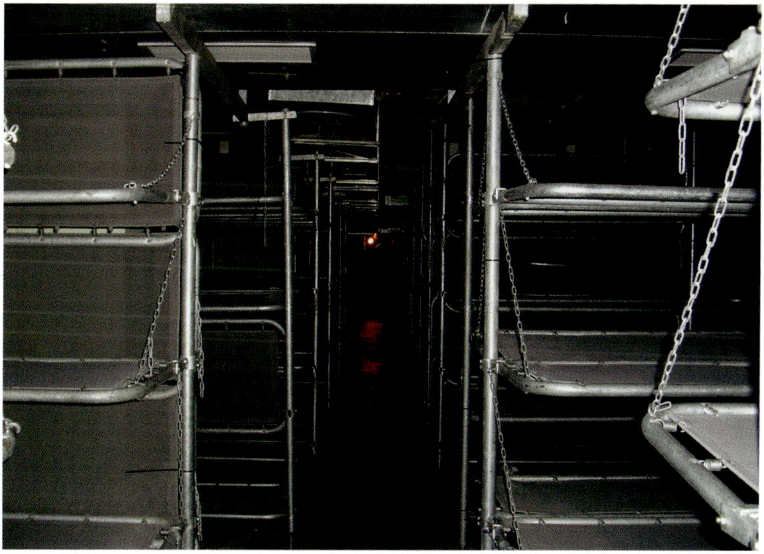

Der Abschluss der Ausstellung ist der etwas unbehagliche Gang durch den Atomschutzbunker

Die politische Entwicklung der Nachkriegszeit zerreißt Berlin in Ost und West, der »Eiserne Vorhang« wird durch den Mauerbau noch undurchlässiger, hüben wie drüben entwickeln sich unterschiedliche Lebenswelten – an zwei gegenübergestellten Wohnzimmern anschaulich dokumentiert. Der Mauerfall am 9. November 1989 besiegelt die Wiedervereinigung unseres Landes.

Damit endete der Ost-West-Konflikt und die atomare Bedrohung der Weltmächte. Wie ernst man diese genommen hatte, davon zeugt der noch heute begehbare **Atomschutzbunker** unter dem Kudamm. Er ist noch voll funktionstüchtig und bietet 3592 Menschen im Ernstfall Platz. In den Waschräumen fehlen Spiegel. Der Grund: Man wollte keine Gelegenheit geben, dass die eingebunkerten Menschen mit Glassplittern Selbstmord begehen. (mi)

INFO

Hinkommen: U1 Uhlandstr., S5, S9 Savignyplatz.
Information: The Story of Berlin, Ku'damm-Karree, Kurfürstendamm 207-208, 10 Euro, tgl. 10-20 Uhr, letzte Führung durch den Atomschutzbunker um 18 Uhr, www.story-of-berlin.de
Essen & Trinken: In der Nähe des Museums: Sehr schön gelegen und gestaltet ist das Café-Restaurant im Literaturhaus in der Fasanenstr. 23, Tel. 030/8825414, tgl. 9.30-1 Uhr. Im historischen Ambiente einer Villa aus der Gründerzeit gibt es in lockerer Atmosphäre kleine und größere Gerichte aus moderner Küche. Bereits zum Frühstück ist das Café sehr beliebt! Im Sommer kann man idyllisch im Garten oder im Wintergarten speisen - und das ganz in der Nähe des Kudamms! Montags gibt es ab 21 Uhr »literarische Wortservierungen«.
In der Nähe: 12 Zentrum der City West (S. 34)

27 Rund um den Checkpoint Charlie: Kalter Krieg, Touristensensation und Geschichtsmeile

»Kochstraße, letzter Bahnhof in Berlin-West«. Diese Ansage in der U-Bahnlinie 6 informierte die Westberliner Fahrgäste über die bevorstehende Fahrt durch den Ostsektor. Hier an der amerikanisch-sowjetischen Sektorengrenze hatten die westlichen Streitkräfte kurz nach dem Mauerbau 1961 einen Übergang für ihr Personal sowie für Ausländer eingerichtet.

> **Tipp**
>
> Die **»Topographie des Terrors«** dokumentiert in einer ausgezeichneten Ausstellung den Nazi-Terrorapparat mit Gestapo, SS und Reichssicherheitshauptamt am authentischen Ort (s. S. 76).

War **»Charlie«** ein Soldat? Schon möglich, aber der Name des berühmtesten Grenzübergang Berlins stammt aus der NATO-Buchstabiertafel und markiert das C. Die Buchstaben A und B waren bereits für andere Kontrollstellen mit den Titeln Alpha (bei Helmstedt) und Bravo (Dreilinden, Potsdam) vergeben.

Der Welt stockte der Atem, als sich am 25. Oktober 1961 amerikanische und sowjetische Panzer in Schussweite gegenüber standen. Vorausgegangen war der Versuch Ostberlins, die für ganz Berlin geltende Bewegungsfreiheit der Westalliierten mittels Kontrollen einzuschränken. Die Amerikaner zeigten sich entschlossen und nach drei Tagen Hochspannung zogen die Sowjets unvermittelt ihre Panzer zurück – für den Ausbruch eines Krieges war Westberlin dann doch nicht wichtig genug.

Mehreren Ostberlinern war 1962 die Flucht geglückt, indem sie verkleidet als amerikanische Soldaten oder auch einmal als sowjetischer Major den Check-

Touristenattraktion – der nachgebaute Checkpoint Charlie

point Charlie – unkontrolliert – einfach passierten.

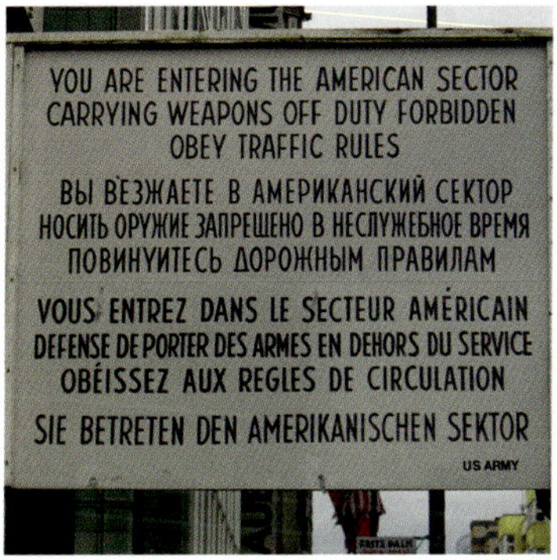

Heute ist Checkpoint Charlie ein touristisches Disneyland geworden. Vor der nachgebauten Kontrollbaracke und den mit Beton gefüllten Sandsäcken lassen sich unechte alliierte Soldaten gerne fotografieren – wer mit auf's Foto möchte, zahlt einen Euro. Neben Souvenirläden bieten fliegende Händler sowjetische Pelzmützen made in China, Gasmasken und garantiert »originale« Mauerstücke an. Wer möchte, erhält einen Visastempel aus irgendeinem Sektor in seinen Pass. Der »Kalte Krieg« um die Ecke verkauft tatsächlich gutes Eis…

Das privat geführte Mauermuseum am Checkpoint Charlie zeigt ein buntes Potpourri eindrucksvoller Objekte und Dokumente rund um das Thema Mauer, zuweilen recht plakativ und auf Schockwirkung ausgerichtet, aber hoch im Kurs insbesondere bei ausländischen Touristen. Die mit großen Fotowänden ausgestattete Open Air Ausstellung an der Friedrich- und Zimmerstraße erzählt von geglückten und misslungenen Fluchtversuchen, berichtet über die Geschichte des Checkpoints, zeigt Schauplätze des globalen Kalten Kriegs und gibt eine Übersicht über Gedenkorte und Mauerresten in Berlin.

Etwas abseits vom Touristenrummel an der Zimmerstraße/Ecke Markgrafenstraße erinnert eine Stele und eine Infotafel an den tragischen Fluchtversuch des 18-jährigen **Peter Fechter**, der im August 1962 von den DDR-Grenzern beschossen wurde und an dieser Stelle grausam verblutete.

Wer der Zimmerstraße entlang der Galeriewand folgt, entdeckt auf der linken Straßenseite die doppelreihige Pflasterlinie, welche den exakten Verlauf der Berliner Mauer markiert. An der nächsten Kreuzung taucht ein 200 Meter langes Stück **Restmauer** auf, welches seinerseits mit einem Zaun vor der endgültigen Abtragung durch Mauerspechte geschützt wird. Gegenüber steht das riesige ehemalige Naziministerium von Hermann Göring, in dem später DDR-Chef Walter Ulbricht zwei Monate vor dem Mauerbau behauptete: »Niemand hat die Absicht, eine Mauer zu bauen«. Nach der Wiedervereinigung als Zentrale der Treuhandanstalt genutzt, ist das nach Detlev Rohwedder genannte Gebäude heute Sitz des Bundesfinanzministeriums (s. S. 76). Von hier gelang 1965 die spektakuläre Flucht einer dreiköpfigen Familie, die sich tagsüber in einer Toilette eingeschlossen hatte, nachts auf das Dach geklettert war und sich mit einem präparierten Drahtseil über die Mauer abseilen konnte. (md)

INFO

Hinkommen: U6 sowie Bus M29 Kochstraße
Museum: Haus am Checkpoint Charlie / Mauermuseum, Friedrichstraße 43, 10969 Berlin, tgl. 9–22 Uhr, Eintritt 12,50 Euro, Tel. 030/253725-0, www.mauermuseum.de

28 Bernauer Straße, eingemauert und totenstill: Was die Mauer für die Berliner bedeutete

»Geisterbahnhof« Nordbahnhof: Zu Mauerzeiten durchfuhr die Westberliner S-Bahn den auf der Ostseite gelegenen unterirdischen Bahnhof, ohne dort zu halten. Die kostenfreie Ausstellung im Zwischengeschoss zeigt die absurde Geschichte der »Grenz- und Geisterbahnhöfe im geteilten Berlin«. Draußen, wo heute Beachvolleyball gespielt wird, führten einmal die Gleisanlagen des großen Stettiner Bahnhofs an die Ostseeküste und in Pommersche Städte, deren Namen zusammen mit den Gleisanlagen im Boden eingelassen sind.

Tipp

Im rostfarbenen zweigeschossigen **Infopavillon** mit Café und Buchladen läuft in ständiger Wiederholung der 10-minütige Einführungsfilm »Eingemauert«, im Wechsel Deutsch und Englisch.

An kaum einer anderen Stelle wie entlang der Bernauer Straße lässt sich heute noch die brutale **Auswirkung des Mauerbaus** auf das Leben der Anwohner nachvollziehen. Während in der mittlerweile zusammengewachsenen Stadt kaum mehr als die doppelte Pflasterlinie an die trennende Mauer erinnert, ist hier die breite Schneise des Grenzstreifens noch deutlich sichtbar. Sie wird als Gedenkstätte mit Objekten, Informationsorten sowie einem Stück Originalmauer mit Todesstreifen offen gehalten.

Auf der gegenüberliegenden Straßenseite des ehemaligen Grenzstreifens wird derzeit eine »Geschichtslandschaft«, bestehend aus einzelnen Mauersegmenten, rostigen Ausstellungsstelen und 132 Fensternischen zum Gedenken an 132 Mauertote aufgebaut. Dahinter folgt das **»Denkmal Berliner Mauer«** mit einem 60 Meter langen originalen Grenzstreifen, überhöht durch acht Meter hohe Stahlwände, die die trennende Wirkung noch einmal besonders betonen

Fensternische mit Blick auf den Grenzstreifen

sollen. Der Eingang zum Denkmal befindet sich an der Ackerstraße um die Ecke. Die Mauer hatte nicht nur aus der ca. vier Meter hohen »Vorderlandmauer« mit Rundrohraufsatz bestanden, sondern aus dem dahinter liegenden Todesstreifen mit Postenweg, Wachtürmen, Signalzaun, Hundeauslaufzonen und dem »hinteren Sperrelement«. Nachts tauchte die Lichtertrasse den »antifaschistischen Schutzwall« in ein gleißendes Licht, gespenstisch und totenstill.

Ehemaliger Todesstreifen

Das Dokumentationszentrum gegenüber enthält das Besucherarchiv mit Hör- und Lesestationen und informiert in einer Ausstellung über die ständige Veränderung und »Perfektionierung« des Todesstreifens im Laufe der Jahre. Von der Aussichtsplattform hat man den besten Blick auf den ehemaligen Mauerstreifen und auf das Berliner Stadtzentrum.

Als am 13. August 1961 die Sektorengrenze vollständig abgeriegelt wurde, kam es zu dramatischen **Fenstersprüngen** aus den Ostberliner Wohnhäusern, die nun plötzlich im Grenzgebiet lagen. Die Galeriewand an der Acker- und Bernauer Straße zeigt bewegende Fotos von zugemauerten Häusern und deren Abriss sowie die rücksichtslosen Umbettungen von Gräbern auf dem Sophienfriedhof zugunsten der allmählich unüberwindbaren Grenzanlagen. Noch 1986 wurde ein »störender« Kirchenbau gesprengt.

Tipp

In der **Kapelle der Versöhnung**, die nach dem Mauerfall anstelle der 1986 gesprengten Versöhnungskirche errichtet wurde, findet Di–Fr 12–12.15 Uhr eine Gedenkandacht für die Mauertoten statt.

Im weiteren Verlauf der Bernauer Straße in Richtung Mauerpark markieren Informationstafeln die Orte, an denen Fluchtversuche stattgefunden haben. Dazu gehören der spektakuläre Sprung des DDR-Grenzpostens Conrad Schumann über den Stacheldraht sowie die Flucht von 57 Menschen durch einen 140 Meter langen Tunnel, aber auch der tödlich endende Sprung der 77-jährigen Frieda Schulze aus dem Fenster im 2. Stock, nachdem bereits Volkspolizisten und Stasi-Mitarbeiter in die Wohnung eingedrungen waren. (md)

INFO

Hinkommen: S-Bahn Nordbahnhof sowie U-Bahn U8 Bernauer Straße. Die Tram M10 fährt die gesamte Bernauer Straße entlang: Nordbahnhof, Gedenkstätte Bernauer Straße, Wolliner Straße.
Information: Infozentrum Bernauer Straße 119 (beim Nordbahnhof), Dokumentationszentrum Bernauer Straße 111, Di–So 9.30–18/19 Uhr, freier Eintritt, www.berliner-mauer-gedenkstaette.de, Tel. 030/4679866-66.

29 Berliner Unterwelten: Spannendes unter der Stadt

Berlin ist die größte Stadt Deutschlands, ein Häusermeer, ein Straßen- und Schienengewirr. Und es ist die deutsche Stadt mit der bewegtesten Geschichte, sichtbar an monumentalen Bauwerken und dargestellt und dokumentiert in vielen Museen. Doch im Untergrund schlummert ein anderes Berlin, still, geheimnisvoll und dunkel. U-Bahn-Schächte, Abwasserkanäle, Fluchttunnel, Nazibunker: Eine **verborgene Welt**, die der Verein Berliner Unterwelten auf verschiedenen Touren zugänglich macht. Die Führungen des Vereins sind erstklassig. Jeder Mitarbeiter ist umfangreich vorgebildet und bettet das Gesehene in einen größeren zeithistorischen Kontext ein.

Literatur-Tipp

Die Fluchttunnel von Berlin, Dietmar Arnold und Sven-Felix Kellerhoff, Propyläen 2008, ISBN: 978-3-549-07321-4, Euro 19,90. Extrem gut dokumentiert und spannend zu lesen!

Eine der interessantesten Touren ist die Tour M. Je nach Gruppe und Fragestellungen dauert diese Führung mit dem Titel **»Mauerdurchbrüche«** zwischen 2 und 2 1/2 Stunden. Während dieser Unterwelterkundung wird die Zeit nach dem Mauerbau im August 1961 lebendig. Davor war eine Flucht relativ einfach: Man konnte mit der S- und U-Bahn vom Ostteil in den Westteil der Stadt fahren und einfach aussteigen. Eine Anmeldung im sog. Notaufnahmelager in Berlin-Marienfelde war notwendig, und kurze Zeit später ging es nach Aufnahme aller Personalien auf dem Luftweg in die Bundesrepublik.

Auf der Tour erfahren Sie sozusagen vor Ort, wie sich alles über Nacht änderte. Die DDR-Bürger waren nun eingesperrt, eine offizielle Ausreisegenehmigung gab es nicht. Berlin lag an der Nahtstelle Ost-West. Je länger die Abriegelung dauerte, desto raffinierter wurden die DDR-Behörden in der Verhin-

Spannend: Tour durch den Untergrund

derung von Fluchversuchen. Unterirdisch ist Berlin wie ein Schweizer Käse durchlöchert, und nach wie vor waren beide Teile der Stadt über U-Bahn-Tunnel und Abwasserkanäle verbunden. Hier spielte sich eine verborgene Schlacht ab: Fluchthelfer in Ost und West sowie Stasi und DDR-Grenzbehörden lieferten sich einen unerbittlichen Kampf.

Der perfiden »Kreativität« der DDR-»Grenzschützer« stand der unbändige Wille gegenüber, Fluchten zu realisieren. Nachdem die U-Bahn-Schächte sowie die Abwassersysteme unüberwindbar gesichert wurden, gab es zwischen 1961 und 1985 eine Menge gelungener und vergeblicher Versuche, Tunnel von West nach Ost zu graben. Etwa **60 Tunnel** wurden angelegt, über 300 Fluchtwillige aus der DDR gelangten nach West-Berlin.

Man stelle sich vor: Gegraben wurde stets von Westen aus. Besonders im Bereich der Bernauer Straße galt es, 350 m Richtung Ostberlin im Untergrund zu wühlen. Der lockere märkische Sand neigte zum Einbrechen, z. T. musste man die Stollen abstützen, die Länge der Tunnel erforderte Sauerstoffversorgung und Wegtransport des lockeren Materials. Nichts durfte bemerkt werden. Denn die Grenzer hatten auch auf der Westseite alles im Visier. Erschwerend kam hinzu, dass die Tunnelgräber nicht genau wussten, wo sie herauskamen, man wurde so manches Mal überrascht, dass man als »Maulwurf« nicht in einem Keller landete, sondern in einem Hof. Zudem wurden mit der Zeit alle Häuser an der grenznahen Ostseite von Linientreuen besetzt.

Die Fluchthelfer auf der Ostseite mussten entsprechend sehr genau prüfen, wem sie die Flucht ermöglichten – auch hier gab es Misstrauen und manchmal Verrat. Unerkannt mussten sich Fluchtwillige bei Nacht und Nebel zu den verborgenen Tunneleinstiegen durchschlagen, konspirative Treffs wurden arrangiert, nie mit echten Namen gearbeitet, alles musste extrem leise, unauffällig geschehen. Meist konnte ein Tunnel, der monatelange Arbeit in Anspruch genommen hatte, nur einmal benutzt werden. Und wenn man entdeckt wurde, nie...

Dokumentationen, verborgene U-Bahn-Schächte, Schutzbunker-Anlagen, stillgelegte U-Bahnstollen, raffinierte Aktionen zur Fluchtverhinderung seitens der DDR, ein anschaulicher »Muster-Fluchttunnel« – Sie werden diese spannenden, lebendigen Geschichtsstunden nicht vergessen! (mi)

Tipp

Die Touren im Voraus buchen

INFO

Hinkommen: U-Bahn: Gesundbrunnen
Information: Brunnenstraße 105, 13355 Berlin, Tel. 030/4991-0517, www.berliner-unterwelten.de
Touren: Dunkle Welten: ganzjährig tgl. außer Di 12/14/16 Uhr
Tour 2 Vom Flakturm zum Trümmerberg: April-Okt. Do-So 11/13/15 Uhr
Tour 3 U-Bahn, Bunker, Kalter Krieg: ganzjährig Di-So 12/14/16 Uhr
Tour M Mauerdurchbrüche: ganzjährig Sa/So 11/14.30 Uhr
Tour F »Gasometer-Bunker« Fichtestraße: ganzjährig Sa/So 11/13/15 Uhr, zusätzlich Do 16 Uhr
Tour D Auf den Spuren der U-Bahnlinie D: ganzjährig Sa/So 11/14.30 Uhr
Tour K Kindl-Areal Neukölln: bis voraussichtlich Ende 2011, Sa 16 Uhr

30 Stasi-Museum: Zeitzeugnis des DDR-Überwachungsstaats

Tipp

Gesetzlich ist eine Akteneinsicht in Stasi-Dokumentationen möglich beim Bundesbeauftragten für die Unterlagen des Staatssicherheitsdienstes der DDR. Man kann nachprüfen lassen, ob es und in welcher Form über einen selbst Mitteilungen gab. Mehr Infos unter www.bstu.bund.de.

Wer auf den Gedanken kommen sollte, die DDR sei ansatzweise ein Rechtsstaat gewesen, wird durch den Besuch der ehemaligen **Zentrale des Ministeriums für Staatssicherheit** (MfS) eines besseren belehrt. Ehemalige Staatsgegner stürmten am 15. Januar 1990 das abweisend wirkende Haus in Berlin Lichtenberg und begannen mit ihrer Arbeit, dieses Überwachungs-Monster aufzulösen. Man entschloss sich am Runden Tisch, diese Behörde zu einer »Gedenk- und Forschungsstätte zum DDR-Stalinismus« umzuwandeln.

Und so kann man heute eintreten in das Allerheiligste der ehemaligen Staatsüberwachung. Mit der oft zitierten deutschen Gründlichkeit gingen die DDR-Genossen mit ihren Mitbürgern um. Die Bespitzlung fing unten an, keiner war vor ihr gefeit, wem konnte man schon trauen, dem Nachbarn, dem Arbeitskollegen, dem »Freund«? Nur im Kokon des engsten Familienkreises konnte man sich sicher sein.

Die personelle Ausstattung der Zentrale für Staatssicherheit war enorm: Sie beschäftigte 90.000 Menschen, dazu noch 180.000 »inoffizielle Mitarbeiter«, sogenannte IMs. Schon 1950 gegründet, war das MfS der Inlands- und Auslandsgeheimdienst der DDR. Für die SED war es das bedeutendste Überwachungsinstrument, das vor Einschüchterung und Terror nicht Halt machte. Entsprechend streng war die Auswahl der Mitarbeiter. Der politische und gesellschaftliche Hintergrund musste lupenrein sein. Deshalb nahm man mit Vorliebe Kinder von Mitarbeitern in den Dienst, davon ausgehend dass sie eine »sozialistische Persönlichkeit« mit einem »klaren Klassenstandpunkt« präsentierten.

Als Besucher kann man sich in fünf Hauptabteilungen des Stasimuseums umschauen. Besonders eindrucksvoll und im Original erhalten sind die Büro- und Privaträume des letzten Staatssicherheits-Ministers Erich Mielke. Sie wirken heute eher bieder und bescheiden, doch waren sie zur damaligen Zeit ungewöhnlich gut ausgestattet. Die neueste Technik ließ man sich damals aus dem Westen kommen.

Mit moderner Technik ausgestattet: Büro der Stasi

In einer besonderen Ausstellung über die **Operativtechnik** des MfS gibt es allerlei raffinierte Beobachtungs- und Bewachungsgeräte zu sehen: kleine Wanzen, Schießkoffer, Infrarotstrahler für Nachtaufnahmen. In einer anderen Abteilung wird die Pflege der Traditionsarbeit im MfS gezeigt. Die engen Beziehungen zum sowjetischen KGB werden deutlich, ebenso die Verknüpfung mit der Volkspartei.

Spionieren à la James Bond: Knopflochkamera

Das Rahmenthema »Widerstand und Opposition« wird ebenso eindrucksvoll dokumentiert. Die SED, so wird deutlich, war eine absolut totalitäre Partei, die sich zur Durchsetzung ihrer Ziele des Parteiapparates, der Gewerkschaft, des MfS sowie der Polizei bediente. Schon kleine Abweichungen eines Bürgers wurden mit Strenge geahndet.

Von außen unscheinbar: Stasi-Zentrale

Nicht nur die in der DDR lebenden Bürger wurden bespitzelt, sondern auch DDR-Flüchtlinge im Westen, Überläufer des Militärs und des MfS. Auch Mitarbeiter westlicher Parteien und westliche Journalisten, die sich in der DDR aufhielten, wurden überwacht. Das MfS rückte insbesondere in den 1950er Jahren durch Entführungen unliebsamer Kritiker in mehreren hundert Fällen ins Bewusstsein der Öffentlichkeit. Opfer des MfS waren DDR-Flüchtlinge, unbequeme SED-Mitglieder, Überläufer aus dem Militär und des MfS, Mitarbeiter westlicher Parteien auf dem Gebiet der DDR, Journalisten und westliche Mitarbeiter von Firmen. Natürlich arbeiteten Agenten der DDR im Westen. Am bekanntesten wurde der Spion Günter Guillaume im Kanzleramt von Willy Brandt, der deshalb 1974 zurücktreten musste. Unbequeme und überführte »Verräter« wurden in berüchtigte Gefängnisse verschleppt, so z.B. nach Berlin-Hohenschönhausen. (mi)

INFO

Hinkommen: Bahnhof Magdalenenstraße, U5
Information: Stasimuseum Berlin, Ruschestraße 103, Haus 1, 10365 Berlin, Tel. 030/553 68 54, www.stasimuseum.de, Mo–Fr 11–18, Sa/So 14–18 Uhr, Eintritt 4 Euro.
Hinweis: Bis Ende 2011 wird Haus 1, in dem sich das Stasimuseum befindet, saniert. Die Ausstellung ist so lange direkt gegenüber in Haus 22 zu sehen.
Buchtipp: Peter Pragal, Der geduldete Klassenfeind – Als West-Korrespondent in der DDR, Osburg Verlag, ISBN 978-3-940731-09-8. 1974–1979 war Pragal DDR-Korrespondent der SZ in Ost-Berlin, dann erneut für den Stern von 1983–1990, auch zuständig für die Tschechoslowakei, Ungarn, Rumänien und Bulgarien. Von der Stasi wurde er bespitzelt, nach der Wende las er seine Akten. Ein unglaublich interessantes Buch über die Bespitzelung in der DDR, mit viel Gefühl geschrieben.

31 Der Reichstag – Deutscher Bundestag: vom Reichsaffenhaus zum Triumph der Demokratie

Kaum ein anderes Gebäude spiegelt die Geschichte der jungen deutschen Nation so wieder wie das Reichstagsgebäude. Nach Gründung des Deutschen Reiches 1871 sollte ein neues Parlamentsgebäude die bisherigen Provisorien ersetzen. Von 1884–1894 schuf Paul Wallot im Stile der Neorenaissance einen wuchtig erscheinenden Quader mit vier kräftigen Ecktürmen und einer damals hochmodernen Kuppel aus Stahl und Glas. Der Institution als solche skeptisch gegenüberstehend, verfolgte Kaiser Wilhelm II. argwöhnisch den entstehenden Bau und bezeichnete ihn als **»Gipfel der Geschmacklosigkeit«** und »Reichsaffenhaus«. So gab er seine Zustimmung für die Aufschrift »Dem Deutschen Volke« erst im 1. Weltkrieg. Nach der Novemberrevolution von 1918 dankte er ab und der neu gewählte Reichstag verabschiedete die Weimarer Verfassung.

Die noch junge Demokratie wurde mit der Machtübernahme Adolf Hitlers und dem Reichstagsbrand vom Februar 1933 zu Grabe getragen. An die 96 ermordeten Abgeordneten der Weimarer Republik erinnern die gusseisernen Gedenktafeln vor dem Gebäude. Nach zwölf Jahren Naziterror und dem schlimmsten Krieg seit Menschengedenken war das »Tausendjährige Reich« in einer Trümmerwüste untergegangen. Am 30. April 1945 hisste die Rote Armee die Sowjetfahne als »Banner des Sieges« auf dem Dach. Einige Soldatengraffiti in kyrillischer Schrift sind konserviert worden, wie »Hitler kaputt«. Doch schon bald sollte der Kalte Krieg einsetzen. Im September 1948 hielt der Berliner Oberbürgermeister Ernst Reuter anlässlich der Berlin-Blockade und der Luftbrücke eine flammende Rede vor dem ausgebrannten Reichstag: »Ihr Völker der Welt, schaut auf diese Stadt…!«

Der Reichstag in seiner ganzen Pracht

Gegenüber liegen Kanzleramt und Regierungsgebäude

Von 1961 bis 1989 verlief die Berliner Mauer direkt hinter der Ostseite des Gebäudes. Von Paul Baumgarten im nüchternen Stil ohne Kuppel saniert, diente der funktionslos gewordene Parlamentsbau als Kulisse für Fußball spielende Berliner und Open Air Rockkonzerte. 100.000e Fans jubelten Barclay James Harvest (»Berlin«), Pink Floyd (»The Wall«) oder David Bowie (»Heroes«) zu, deren Klänge auch nach Ostberlin wehten. Inzwischen von der Mauer befreit, sollte der Reichstag mit der Verhüllung von Christo nun selbst die glanzvolle Hauptrolle in einem einmaligen Kunstspektakel spielen. Zwei Wochen lang verzauberte er im Sommer 1995 die ganze Stadt. Da war der Regierungsumzug von Bonn nach Berlin längst beschlossene Sache und Stararchitekt Norman Foster fing an, den düsteren Bau für den Deutschen Bundestag komplett umzubauen – nur die Außenmauern blieben. Die wunderschöne **Hightech-Glaskuppel**, bis oben hin öffentlich begehbar (zzt. wegen erhöhter Terrorgefahr geschlossen) und nachts hell erleuchtet, ist zum Wahrzeichen des neuen Regierungsviertels geworden. Mit einer Zahl von jährlich zwei Millionen Besuchern ist das Haus (offiziell: Deutscher Bundestag im Reichstagsgebäude) das wohl weltweit beliebteste Parlamentsgebäude.

Die Dachterrasse bietet eine tolle Aussicht auf das neue Regierungsviertel, das Brandenburger Tor, das neue Berlin am Potsdamer Platz und den Großen Tiergarten. Im nördlichen Lichthof ist ein Kunstwerk von Hans Haacke zu sehen. Es besteht aus dem Schriftzug »Der Bevölkerung«, der in Erde aus allen Wahlkreisen eingebettet ist. Höhepunkt ist der Gang über die 230 m langen spiralförmigen Rampen, die bis zur Spitze der Kuppel führen und eine ständig wechselnde Perspektive auf die Umgebung erlauben. Innerhalb des Kegels mit seinen insgesamt 360 Spiegeln, die Sonnenlicht in den Plenarsaal reflektieren, ist die gesamte Haustechnik integriert. (md)

INFO

Hinkommen: S/U-Bahn Brandenburger Tor, U-Bundestag, Bus 100, M85 Reichstag/Bundestag.

Information und Öffnungszeiten: Restaurant »Käfer« auf der Dachterrasse, schickes Ambiente, tolle Aussicht: www.feinkost-kaefer.de, Tel. 030/2262990 (separater Eingang).

Wichtiger Hinweis: Bis auf Weiteres sind Kuppel und Dachterrasse des Reichstagsgebäudes für Besucher gesperrt. Die Kuppel in Eigenregie besichtigen können lediglich angemeldete Besucher des Dachgartenrestaurants mit reserviertem Platz und Besucher, die zu einer Plenarsitzung, einem Informationsvortrag oder einer Hausführung im Reichstagsgebäude angemeldet sind. Aktuelle Infos unter **www.bundestag.de/besuche/index.jsp**.

32 Wilhelmstraße und Prinz-Albrecht-Gelände: Schaltzentrale der Nationalsozialisten

Die Wilhelmstraße, die ehemalige Downing Street Preußens und des Deutschen Reiches, wurde nach der Machtergreifung Adolf Hitlers am 30. Januar 1933 zur Schaltzentrale der Nationalsozialisten. Die von Albert Speer mit gigantischen Ausmaßen errichtete **Neue Reichskanzlei** nahm die gesamte Nordseite der Voßstraße ein. 1945 in ein Ruinenfeld verwandelt, entstanden in den 1980er Jahren gleichförmige Luxus-Plattenbauten, bevorzugt von DDR-Spitzenfunktionären bewohnt. Eine Infotafel auf der Gertrud-Kolmar-Straße weist auf den Standort des abgetragenen »Führerbunkers« hin. Im U-Bahnhof Mohrenstraße sind Wände und Einrichtungen mit roten Marmorplatten verkleidet, mit denen auch die Reichskanzlei ausgestattet war.

Während die sowjetische Militärverwaltung nach Kriegsende die Neue Reichskanzlei sprengte, bezog sie eine Ecke weiter nun selbst Quartier im kaum beschädigten Imperium von Hermann Göring, dem ehem. Reichsluftfahrtministerium. Mit 2100 Zimmern, 4000 Fenstern, 17 Treppenhäusern und 6,8 km Korridoren war 1936 der erste Monumentalbau der Nazis entstanden. Er umfasst den gesamten Block entlang der Wilhelmstraße Nr. 97 und dient heute auch als **authentische Filmkulisse**, wie in »Operation Walküre« mit Tom Cruise oder »Mein Führer« von Daniel Levy.

Nach sowjetischer Nutzung wurde am 7.Oktober 1949 im großen Festsaal die DDR gegründet. Hinter den Pfeilern an der Ecke Wilhelm-/Leipziger Straße kann man das 3 x 24 Meter große Wandbild »Aufbau der Republik« bestaunen. Die auf Meißner Porzellan gemalten freudestrahlenden Arbeiter und Bauern verkörpern das Idealbild einer glücklichen sozialistischen Gesellschaft. Ganz und gar nicht fröhlich zeigten sich die real existierenden Werktätigen, die im Kontext der Ereignisse vom 17. Juni 1953 als Protestierende von der Stalinallee hierher gezogen waren (s. S. 147). Ihre wütenden Gesichter sind auf einer umrahmten Glasplatte im Boden festgehalten. Während bis 1989 im »Haus der Ministerien« verschiedene Fachbehörden die DDR-Planwirtschaft lenkten, zerstückelte die ungeliebte Treuhandanstalt nach der Wende die ehemaligen volkseigenen Betriebe. Benannt nach dem 1991 ermordeten Chef der Treuhand, Detlev Carsten Rohwedder, hat seit 1999 der Bundesfinanzminister hier seinen Hauptsitz.

Ausschnitt des Wandbilds von Max Linger

Steinwüste vor dem Rohwedder-Haus

Das **Detlev-Rohwedder-Haus** zieht sich bis zur ehemaligen Prinz-Albrecht-Straße, die heutige Niederkirchnerstraße. Wo heute an der Wilhelmstraße ein Stück umzäunte Restmauer beginnt, hatte sich 1830 Prinz Albrecht sein Palais eingerichtet. Daneben entstanden das Hotel Prinz Albrecht sowie die Kunstgewerbeschule. Nach 1933 übernahmen die Nationalsozialisten dieses Gelände und installierten hier ihre Terrorzentralen. Dazu gehörten der Sicherheitsdienst der SS unter Reinhard Heydrich, die Gestapo sowie das Reichssicherheitshauptamt unter SS Reichsführer Heinrich Himmler. Die Nazibande bespitzelte von hier aus die Bevölkerung, schüchterte sie ein und organisierte im Verlauf des Eroberungs- und Rassenkriegs die Verfolgungs- und Vernichtungspolitik inklusive der Massenexekutionen von Juden. Das kriegszerstörte und später abgetragene Gelände geriet im Schatten der Mauer fast in Vergessenheit.

Das seit 1987 öffentlich zugängliche Gelände wurde am 7. Mai 2010 feierlich neu eröffnet. In dem bewusst nüchtern gehaltenen grauen Flachbau, der über der großen leeren Fläche zu schweben scheint, befinden sich neben der sehr guten Ausstellung der **»Topographie des Terrors«** eine Bibliothek, Seminarräume und eine Cafeteria. Im Außenbereich führt ein aus 15 Stationen angelegter Rundweg u.a. zu den Kelleranlagen, in denen die Gestapo ihr »Hausgefängnis« mit Einzelzellen betrieben hatte. Interessante Ein- und Durchblicke ergeben sich auf dem schmalen Weg entlang der Mauer. In Anbetracht des Robinienwäldchens auf der Südseite des Geländes lässt die mit grauen Schottersteinen aufgefüllte Freifläche folgende Interpretation zu: Über diesen Ort des Schreckens darf kein Gras wachsen! (md)

INFO

Hinkommen: U2 Mohrenstraße oder U2 und S-Bahn Potsdamer Platz.
Information: Topographie des Terrors, Niederkirchnerstraße 8, 10963 Berlin, tgl. 10–20 Uhr, Eintritt frei, www.topographie.de.
Sehr informativ ist auch das Portal **„Orte der Erinnerung“** (www.orte-der-erinnerung.de), das einen Überblick über 15 NS-Gedenkstätten, Dokumentationszentren und Museen gibt sowie über Dauer-, Sonder- und Wanderausstellungen informiert. Besuch und Veranstaltungen sind in der Regel kostenlos.

33 Der Schwerbelastungskörper: das wahnsinnige Experiment des Albert Speer

Die etwas schwer zu merkende, befremdliche Bezeichnung dieses Baudenkmals verdeutlicht an der Grenze zwischen Tempelhof und Schönefeld den architektonischen Größenwahn des Dritten Reiches. Im Zuge der Erbauung der **»Welthauptstadt Germania«** – so sollte Berlin nach einer umfassenden Umgestaltung heißen – übertrug Hitler seinem Chefarchitekten Albert Speer weitreichende Kompetenzen: Speer durfte übergeordnet agieren und musste auf die Berliner Stadtverwaltung keine Rücksicht nehmen. Nicht nur gigantische Gebäude sollten entstehen, sondern auch zwei sehr markante Prachtalleen: die Ost-West-Achse und die Nord-Süd-Achse.

Ein paar Daten

Verbaut wurden für 400.000 Reichsmark knapp 12.500 Tonnen Beton. Der Betonzylinder reicht 14 m in die Höhe und 18 m in die Tiefe. Der Durchmesser beträgt 21 m. Der so aufgebaute Belastungsdruck beträgt auf 100 m² Grund 1,65 kg pro cm².

Am Ende letzterer war ein monumentaler **Triumphbogen** geplant: 117 Meter hoch, 170 Meter breit, versehen mit den Namen aller im Ersten Weltkrieg gefallenen deutschen Soldaten (1,8 Millionen). Wie monumental man plante, verdeutlicht ein Vergleich: Das Bauwerk sollte 50 mal mehr Raum beanspruchen als der Pariser Arc de Triomphe.

Bevor man mit der Umsetzung eines solchen überdimensionierten Baus begann, waren Experimente zur Tragfähigkeit des Untergrunds notwendig, denn Speer traute dem märkischen Boden nicht: Man trifft hier auf weiche Ton-Sand-Schichten (Mergel).

Die Belastbarkeitsprüfungen machte den Bau des Schwerbelastungskörpers erforderlich, der 1941–1942 erstellt wurde – ein fensterloser, runder Betonklotz, der einzig Versuchszwecken diente. Federführend war dabei die Deutsche Gesellschaft für Bodenmechanik

Nicht schön, aber schwer: der Schwerbelastungskörper

(deren Nachfolge-Gesellschaft übrigens bis 1983 das Betonmonster für Untersuchungen nutzte).

Im Inneren des Betonzylinders wurden Messinstrumente angebracht. Ergebnis war: Nach 2 ½ Jahren sank der Belastungskörper um 19,3 cm ein und schon beim Betonieren neigte er sich um 3,5 cm – dagegen lag die Toleranzgrenze des Sinkens bei nur 6 cm. Fazit: Der Triumphbogen wäre ohne zusätzliche Bodenverdichtungen in großer Tiefe nach spätestens 10 Jahren in sich zusammengefallen. Das Ende des Zweiten Weltkriegs machte die Folgepläne zunichte. Übrigens: Man plante damals, den Schwerbelastungskörper bis oben zuzuschütten: Er wäre damit unter der 120 Meter breiten Nord-Süd-Achse verschwunden.

Infotafel am Denkmal

Eine **Sprengung** des heute unnützen und hässlichen Betonklotzes war aufgrund der Nachbarschaft zu Wohnhäusern nicht möglich. So verwilderte das Gelände, und so manche Idee, wie die der Nutzung des Dachs als Café oder der Wände zum Klettern wurden verworfen. Schließlich stellte man 1995 das Monster unter Denkmalschutz. Politisch war das etwas brisant, da man dadurch einem nationalsozialistischen Erbe öffentliches Interesse gewährte. Im Jahre 2007 begann man mit der Sanierung des Baudenkmals.

Seit September 2009 ist der Baukörper zugänglich. Man baute einen 16 m hohen Besichtigungsturm, damit man das Gelände überblicken kann. Ein neu errichteter Pavillon sowie Informationstafeln veranschaulichen die Historie. Man legte auch Wert darauf, historische Spuren beizubehalten. An der Versuchsgrube entstanden Sitzstufen. (mi)

INFO

Hinkommen: Berlin-Tempelhof/Schöneberg, Infopavillon General-Pape-Straße, U-Bahnhof Platz der Luftbrücke U6, dann Bus 104 bis Kolonnenbrücke
Information: Führung mit »Berliner Unterwelten« (s. S. 70) April-Okt. So 12 Uhr, 6 Euro Eintritt, www.berliner-unterwelten.de. Außerhalb der Führungen ist das Gelände April-Okt. Mi 10-18, Do 10-14, So 13-16 Uhr für die Öffentlichkeit kostenlos zugänglich.

34 Denkmal für die ermordeten Juden Europas: Ort des Gedenkens, Ort der Information, Ort der Selbsterfahrung

Bereits in den 1980er Jahren gründete sich auf Anregung von Lea Rosh und Eberhard Jäckel eine Initiative, eine zentrale Gedenkstätte für die von den Nazis ermordeten Juden Europas zu errichten. In der langen Planungsphase wurde über die Gestaltung eines solchen Denkmals leidenschaftlich diskutiert. Die zunächst favorisierte Idee einer gigantischen schiefen Betonebene mit den eingemeißelten Namen jüdischer Opfer wurde vom damaligen Bundeskanzler Helmut Kohl abgelehnt. Einen völlig neuen Umgang zum Thema Gedenken schuf der US-amerikanische Architekt **Peter Eisenman**, nach dessen Entwurf das Mahnmal am 10. Mai 2005 feierlich eingeweiht wurde.

Das Stelenfeld: Auf 19.000 Quadratmetern entstanden **2.711 Betonquader** (die Anzahl hat keine symbolische Bedeutung) mit jeweils gleichem Grundriss, aber unterschiedlichen Neigungswinkeln und Höhen. Die grauen und namenlosen Stelen sind angelehnt an die Sarkophaggräber jüdischer Friedhöfe. Nach außen eher ungewohnt erscheinend, führt erst die Begehung des Denkmals zu einem berührenden Erlebnis. Auf der wellenförmigen Oberfläche »taucht« man hinab in das bis zu 4,70 Meter tiefe Meer aus Stille und Dunkelheit. Nach einer Weile stellt sich je nach eigenem Empfinden ein Gefühl der Verunsicherung, der tiefen Einsamkeit oder zumindest einer undefinierbaren Beklemmung ein. Der nächtliche Besuch ist noch wirkungsvoller.

Gang durch die Stelen

Die Stelen, die symbolisch an Opfer des Holocaust erinnern

Das Gelände: Der Standort des Denkmals ist kein authentischer Ort des Holocausts. Hier lagen die Gärten der früheren Ministerien an der Wilhelmstraße und später der Ost-West-Todesstreifen. Zwar befanden sich in unmittelbarer Nähe Hitlers Reichskanzlei, der »Führerbunker« sowie der Luftschutzbunker von Joseph Goebbels. Die exponierte Lage im Zentrum der Hauptstadt untermauert aber das Bestreben, die Erinnerung an den Holocaust als einen wichtigen Bestandteil der deutschen Identität wachzuhalten. Das Brandenburger Tor ist nah, ebenso das Neue Berlin am Potsdamer Platz. Von der westlichen Hannah-Ahrendt-Straße aus kann man hinter dem Stelenfeld die neue Reichstagskuppel sehen, Symbol des demokratischen Rechtsstaats.

Ort der Information: Die unterirdisch gelegene Ausstellung versteht sich als Ergänzung zum abstrakten Stelenfeld und informiert in vier Themen-Räumen über die historische Dimension des Holocausts. In einem Raum werden die Namen der Opfer auf die Wände projiziert. Mit der Darstellung von Einzelschicksalen aus jedem europäischen Land fühlt man sich im Raum der Familien diesen Menschen tatsächlich sehr nahe. Die Schlichtheit der teilweise von Tageslicht beleuchteten Räume verstärkt noch die Wirkung. Der Eingang befindet sich an der Cora-Berliner-Straße (in Richtung der Pavillonbauten). Es führt eine Treppe sowie ein Aufzug hinunter.

Pavillonbauten: Da das Holocaustdenkmal seit seinem Bestehen äußerst gut besucht wird, entstand an der Cora-Berliner-Straße ein provisorischer Pavillonbau aus einer Holzkonstruktion, in dem Restaurants, Bäcker, Souvenirläden und Toiletten eingezogen sind. (md)

Tipp

Etwa in der Mitte dieses Pavillons führt eine Treppe auf eine Terrasse, von der man einen Überblick über das gesamte Holocaust-Denkmal hat.

INFO

Hinkommen: S-/U-Bahn Brandenburger Tor, S-/U-Bahn Potsdamer Platz, U-Bahn Mohrenstraße, Bus M85 Ebertstraße. Vom Pariser Platz führt ein Gang durch die Akademie der Künste auf die Behrenstraße.

Information: Im Quadrat von Ebert-, Behren-, Cora-Berliner- und Hannah-Arendt-Straße gelegen, 10117 Berlin

Stelenfeld: 24 Stunden geöffnet, von allen Seiten begehbar. Das Gelände wird ständig bewacht und nachts durch Lichtstreifen beleuchtet. Für Rollstuhlfahrer sind spezielle Passagen durch das Stelenfeld markiert.

Ort der Information: Eingang Cora-Berliner-Straße, täglich außer Montags 10-19 Uhr, im Sommer bis 20 Uhr. Eintritt frei. Führungen www.stiftung-denkmal.de, Tel. 030/26394336 und 2007660

35 Der verlassene Raum: das unbekannte Holocaust-Denkmal

Wer kennt ihn schon, den **Koppenplatz**? Versteckt und umgeben von Häusern, die um 1850 erbaut wurden, liegt hier ein kleiner Park in der Nähe der belebten Hackeschen Höfe und der Oranienburger Straße. Ein kleines und stilles Idyll mitten in Berlin.

Ursprünglich befand sich hier ab 1704 ein Armenfriedhof des Scheunenviertels (Spandauer Vorstadt), der benannt wurde nach dem Stadthauptmann Christian Koppe. Er kaufte das Areal 1696, um es später der Städtischen Armenverwaltung Berlins zu schenken. Die letzte Beisetzung fand 1838 statt. Um 1900 wandelte man das Gebiet in eine Grünanlage um, 1927 schließlich wurde daraus ein Park. 1940/41 bauten die Nazis unter dem Park einen besonders soliden Bunker, dessen Eingänge 1950/51 zugeschüttet wurden.

Am Zugang von der Linienstraße liegt das Denkmal »Der verlassene Raum«. Fast könnte man sagen, es ist das kleine Pendant zum großen Holocaust-Denkmal nahe dem Brandenburger Tor. 1988 beschloss die Ostberliner Stadtverwaltung, anlässlich des 50. Jahrestages der Reichspogrom-Nacht einen Künstlerwettbewerb auszuschreiben. Gewinner wurde **Karl Biedermann**, doch erst 1996 konnte seine Bronzeskulptur aufgestellt werden.

Das Denkmal »Der verlassene Raum«: täuschend echt umgesetzt

Man steht etwas ratlos vor dem überdimensionierten Tisch, an dem ein übergroßer Stuhl steht, ein anderer ist umgekippt. Der Boden ist parkettähnlich gestaltet. Alles sieht so aus, als ob ein Raum nach einer Auseinandersetzung unfreiwillig verlassen wurde. Und so war es damals auch, als jüdische Mitbürger von der Gestapo aus ihren Wohnungen geholt wurden. Um den Boden herum zieht sich ein Band mit Versen von Nobelpreisträgerin **Nelly Sachs**:

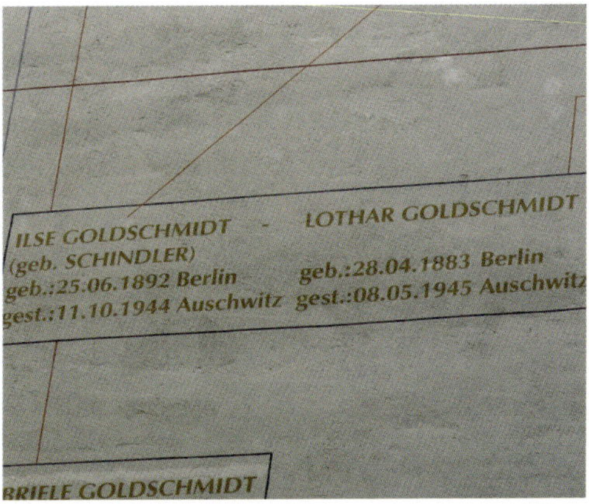

Teil des Stammbaums im Innenhof von Koppenplatz Nr. 6

»... *O die Wohnungen des Todes,/Einladend hergerichtet/Für den Wirt des Hauses, der sonst Gast war-/O ihr Finger,/Die Eingangsschwelle legend/Wie ein Messer zwischen Leben und Tod-//= ihr Schornsteine,/O ihr Finger,/Und Israels Leib im Rauch durch die Luft!*

Nelly Sachs (10. Dezember 1891 Berlin–12. Mai 1970 Stockholm).

Die bronzene Ausführung der Skulptur vermittelt etwas sehr Wirkliches: Das »Holz« sieht täuschend echt aus, ebenso das glänzende »Leder« der Stühle. Im Gegensatz zu Peter Eisenmans abstraktem, intepretations-offenen Holocaust-Denkmal ist »Der verlassene Raum« sehr konkret.

Im Innenhof des Hauses Koppenplatz Nr. 6 wird das Schicksal jüdischer Hauseigentümer veranschaulicht. Die Haustür ist zwar meist verschlossen, aber wenn man unten klingelt, wird man eingelassen (Galerie Hermann&Wagner). An der rechten Hauswand lässt sich anhand eines Stammbaums das Schicksal der jüdischen Hausbesitzerin und ihrer Familie nachvollziehen. Und plötzlich wird Geschichte sehr persönlich und macht betroffen. (mi)

INFO

Hinkommen: Koppenplatz, 10115 Berlin; U8 Rosenthaler Platz, Bus 340
Buchtipp: Irina Liebmann, Wo Gras wuchs bis zu Tischen hoch. Ein Spaziergang im Scheunenviertel. Gedichte und Texte, Europäische Verlagsanstalt, 1995, 17,50 Euro
Essen & Trinken: **Altes Europa**, Gipsstr. 11, 10119 Berlin-Mitte, Tel. 030/28093840, tgl. ab 11 Uhr. In ungezwungener Kiez-Atmosphäre genießt man – im Sommer auch an der Straße – kleine und größere Gerichte des »Alten Europa«, manchmal besonders raffiniert kreiert – und das zu günstigen Preisen, dazu preiswerte Biere und Weine. Drinnen ein Sammelsurium alter zusammengewürfelter Möbel, nostalgisch-gemütlich. Gut für Besucher, die es gerne »lockerer« haben – kaum Touristen, dafür viele Kreative (in der Nähe gibt es jede Menge Galerien).

36 Sowjetische Ehrenmäler: Monumente des Sieges und der Trauer

Nach dem Ende des Zweiten Weltkriegs entstanden in Berlin drei monumentale Sowjetische Ehrenmäler, um die 22.000 Soldaten der Roten Armee zu ehren, die in der Schlacht um Berlin gefallen waren. Nicht nur Millionenfache Trauer, sondern auch ruhmreicher Sieg und die Befreiung vom Faschismus sollten in überdimensionaler Form manifestiert werden. Heute wirken die wuchtigen Denkmäler etwas aus der Zeit gefallen und erzeugen mit der Verherrlichung des Sowjetischen Heldentums insbesondere angesichts der Stalinistischen Ära zwiespältige Gefühle. Gleichwohl stellen sie ein einmaliges historisches Zeugnis der ehemaligen UdSSR dar. Als Bedingung zur deutschen Einheit verpflichtete sich die Bundesrepublik, die Ehrenmäler unverändert zu erhalten und zu pflegen. Noch heute wird alljährlich das Kriegsende am 8. Mai mit dem Tag der Befreiung feierlich begangen.

Zentral: Sowjetisches Ehrenmal im Tiergarten (36a)

Acht Meter erhebt sich die Bronzestatue des Rotarmisten. Das an seiner Schulter hängende Gewehr zeigt das Kriegsende an, die linke Hand hebt er über seine gefallenen Kriegskameraden. Noch im Mai 1945 wurde mit dem Bau begonnen, den man bewusst auf die von Hitler geplante Nord-Süd-Achse platzier-

Ehrendenkmal im Tiergarten

te. Die Granitquader der zentralen Kolonnade stammen aus der zerstörten Reichskanzlei. Dahinter befinden sich Gräber von 2.500 sowjetischen Soldaten sowie Unterkünfte der ehem. Ehrengarde. Gelegen im damaligen Britischen Sektor bildete das Ehrenmal eine exotische Enklave in Westberlin. Der Eingang wird flankiert von zwei sowjetischen Panzern, die als erste 1945 Berlin erreicht haben sollen. Sie stehen unmittelbar an der Straße des 17. Juni, die wiederum an den DDR-Aufstand von 1953 erinnert, welcher auch von sowjetischen Panzern – wenig ruhmreich – niedergeschlagen wurde.

Monumental: Zentrale Gedenkstätte im Treptower Park (36b)

Die 1949 eingeweihte Anlage ist mit 100.000 m² der größte Denkmalkomplex und Ruhestätte für 7.000 gefallene Sowjetsoldaten. In ihrer Monumentalität dominiert jedoch das Bewusstsein des ruhmreichen Sieges. Nach Passieren des 15 Meter hohen Portals erreicht man die Sitzfigur Mutter Heimat. Während des nun folgenden Anstiegs wird die gewaltigen Dimension der Anlage allmählich sichtbar. Die zwei schanzenartigen Gebilde aus rotem Granit sollen Sowjetfahnen stilisieren. Im streng symmetrisch gestalteten Ehrenhain stehen 16 Sarkophage als Symbol der ehemaligen 16 Sowjetrepubliken. Sie enthalten Reliefdarstellungen vom »Großen Vaterländischen Krieg« sowie Zitate von Stalin. Der 70 Tonnen schwere Sowjetsoldat auf dem Mausoleumshügel hält in der einen Hand ein gerettetes deutsches Kind, in der anderen ein gesenktes Schwert mit zerschmettertem Hakenkreuz. Vor dieser Kulisse verabschiedete sich feierlich die Rote Armee am 31. August 1994 von Berlin.

Ort der Trauer: Schönholzer Heide in Pankow (36c)

Auf dem Gelände eines ehemaligen Vergnügungsparks richteten die Nazis 1940 das »Luna-Lager« für Tausende ausländische Zwangsarbeiter ein. Die Sowjetische Armee weihte hier 1949 auf einer Fläche von 30.000 m² den größten Soldatenfriedhof mit 13.200 Toten ein. In ihrer Großräumigkeit ähnelt sie der monumentalen Anlage im Treptower Park, jedoch steht hier die Trauer eindeutig im Vordergrund. Eine Lindenalle führt direkt zu den beiden mächtigen Ecktürmen aus rotem Granit. Auf den bronzenen Großreliefs ist das kämpfende und trauernde Sowjetvolk dargestellt. Das Innere des rechten Turmbaus erinnert mit seinem bunten Oberlicht an eine ägyptische Grabkammer. Im Zentrum des Ehrenhains mit 16 Grabkammern steht das Hauptdenkmal der russischen Mutter Heimat, die um ihren gefallenen Sohn trauert. Hinter dem weithin sichtbaren, 33,5 m hohen Obelisken erinnert ein Gedenkstein an die sowjetischen Opfer während der Kriegsgefangenenschaft. (md)

INFO

Hinkommen: Ehrenmal im Tiergarten: Straße des 17. Juni, 400 Meter vom Brandenburger Tor entfernt. S2/S25/U55 Brandenburger Tor
Gedenkstätte im Treptower Park: Hinkommen: S-Bahn Treptower Park + 500 m Fußweg oder Bus 166/167/265 Herkomerstraße oder Sowjetisches Ehrenmal.
Schönholzer Heide: Germanenstraße, Hinkommen: S-Bahn Pankow+Bus 155 Ehrenmal Schönholz oder S-Bahn Schönholz + 1 km Fußweg.

37 Villa Schöningen: ein »deutsch-deutsches Museum«

Schöner kann die Lage kaum sein: Direkt an der Havel, auf der Potsdamer Seite des Schlosses Glienicke. Ein traumhafter Blick! Und bedeutend: Geschichtsträchtiger sind wenige Orte im Umkreis von Berlin. Unmittelbar an der Glienicker Brücke verlief der **»Eiserne Vorhang«**. Ab 1952 war die Brücke für den Verkehr gesperrt, die Durchfahrt war nur den vier Siegermächten erlaubt. Hier fanden bis 1989 spektakuläre Austauschaktionen von Spionen statt.

Die Villa Schöningen hat viel Geschichte erlebt. 1826 errichtete an dieser Stelle der Schiffbauer Martin Friedrich Nüssoll ein Wohnhaus, das allerdings nicht in die Umgebung passte: Carl von Preußen, Sohn von Friedrich Wilhelm III., baute in jener Zeit das Landhaus Glienicke zu einem Sommerschloss um. Der Blick auf das einfache Haus störte. Das Königshaus erstand schließlich 1843 das Grundstück, auf dem Hofmarschall Kurt Wolfgang

Info: Glienicker Brücke

Die Glienicker Brücke – direkt vor der Villa gelegen – verbindet seit dem 17. Jh. das östliche Havelufer mit Potsdam. Von hier aus bietet sich ein herrlicher Blick auf die Havellandschaft. Ursprünglich dem Adel vorbehalten, der von seinen Potsdamer Schlössern Richtung Grunewald zur Jagd gehen konnte, wurde dieser Brückenkopf immer wieder ausgebaut. Nach dem Zweiten Weltkrieg markierte die Brücke die Trennung von der DDR zu West-Berlin, und ihr Übergang war nur Alliierten erlaubt. In der Folgezeit wurden an dieser Brücke **Agenten ausgetauscht** – das hätte an normalen Grenzübergängen für zu viel Aufmerksamkeit gesorgt. Besonders berühmt war der Agententausch (1962) des sowjetischen Spions Rudolf Abel gegen den US-Piloten Francis Garry Powers, der bei einem Aufklärungsflug über der Sowjetunion abgeschossen worden war. 23 politische Häftlinge wurden 1985 gegen vier kommunistische Spione ausgetauscht, der letzte Austausch fand 1986 statt.

Geschichtsträchtig: die Glienicker Brücke

von Schöning wohnen sollte. Das Haus wurde im **italienischen Stil** umgestaltet und passte sich fortan würdig dem vornehmen Gegenüber an. Wechselnde Besitzer wohnten hier, u. a. der jüdische Bankier Hermann Wallich, einer der ersten Direktoren der Deutschen Bank. Sein Sohn brachte sich später aus Angst vor Verfolgung durch die Nationalsozialisten nach der Reichskristallnacht 1938 um, die Villa stand leer. 1945 zog die Rote Armee ein, ab 1950 diente das mittlerweile heruntergekommene Gebäude dem Freien Deutschen Gewerkschaftsbund. Ab 1961 lag das Haus nur 15 m von der Berliner Mauer entfernt und wurde fortan als Kinderheim genutzt. Nach der Wende gelangte der Besitz 1992 an die Wallich-Erben zurück, die es 1997 an einen Berliner Bauunternehmer verkauften. Dessen Pläne zur Sanierung und der Bebauung des Grundstücks mit mehreren Häusern wurden von den Potsdamer Stadtvätern abgelehnt.

Villa Schöningen mit echtem Mauerstück

Das inzwischen zur Ruine gewordene Haus, das dem Abriss preisgegeben werden sollte, animierte Dr. Mathias Döpfner (Vorstandsvorsitzender der Axel Springer AG) sowie den Bankier Leonhard Fischer im Jahre 2007 zum Kauf. Die Villa wurde restauriert und glänzt heute wieder in alter Pracht. Sie soll den Initiatoren zufolge ein »Ort der Geschichte, der Kunst und der Freiheit« werden. Das Ende 2009 anlässlich des 20. Jahrestages des Mauerfalls eröffnete Museum widmet sich der Thematik der Trennung der beiden deutschen Staaten. Bereits am Eingang in die Villa steht ein besonderes Stück der **Berliner Mauer** mit originalen Unterschriften von Helmut Kohl, Georg W. Bush senior und Michail Gorbatschow.

Die Dauerausstellung trägt den Titel »Spione, Mauer, Kinderheim – an der Brücke zwischen den Welten«. Film-Dokumentationen berichten über die Agentenübergaben, Bilder veranschaulichen die Zeitgeschichte, man sieht Originale wie Absperrungen und eine Ausgehuniform eines DDR-Offiziers. Das obere Stockwerk dient wechselnden Kunstausstellungen, wobei die Rahmenthematik stets Freiheit und Unterdrückung sein soll. (mi)

INFO

Hinkommen: Vom Hauptbahnhof: Potsdam Tram 93, aus Berlin kommend S1 oder S7 bis S-Bahnhof Wannsee, von hier aus Bus 316 bis Glienicker Brücke.
Information: Museum Villa Schöningen, Berliner Straße 86, 14467 Potsdam, Tel. 0331/2001741, Öffnungszeiten: Di–Fr 11–18, Sa/So 10–18 Uhr, Eintritt 8 Euro, www.villa-schoeningen.de, www.glienicker-bruecke.de (Agententausch)
Essen & Trinken: Im Frühling (ab 1.Mai) ist das Gartencafé geöffnet, man kann umgeben von Kunst (Skulpturengarten) bei Kaffee, Bier und anderen Drinks Kleinigkeiten genießen.
In der Nähe: 97 und 98: Fahrradtour am Wannsee, Glienicker Brücke und Neue Gärten Potsdam (S. 218f)

38 Mit dem Sonderzug nach Pankow: ein »politischer« Spaziergang durch den Majakowski-Ring

Tipp

Die Ausstellung in den Torhäusern von Schloss Schönhausen **»Die Pankower Machthaber«** dokumentiert die Geschichte des Areals und zeigt Filme von Wochenschauen und Staatsempfängen. Ossietzkystr. 44–45, tgl. 10–18 Uhr, freier Eintritt.

Am besten nähert man sich über die ehemalige Protokollstrecke. Nur noch wenige der Fahnenhalter, mit denen die **Ossietzkystraße** beim Durchbrausen der schwarzen Staatskarossen beflaggt wurde, sind übrig. Direkt hinter der Brücke über die Panke verwehrte ein Schlagbaum und ein russisch-deutscher Doppelposten den weiteren Zugang. Dahinter wurden zwar keine offiziellen Regierungsgeschäfte getätigt, jedoch weitreichende Entscheidungen im engen Zirkel besprochen. Dazu gehören die stalinistischen Säuberungen in der SED nach dem Volksaufstand 1953 und der Bau der Berliner Mauer. Die Ossietzkystraße führt zum Schloss Schönhausen, dem damaligen DDR-Gästehaus (s. S. 196).

Nach links zweigt der Majakowski-Ring ab. Hier wohnte nahezu die gesamte **Führungsriege** der DDR. Nachdem die Rote Armee 1945 das gutbürgerliche Wohnviertel zum Sperrgebiet erklärt hatte, zogen in die geräumten Häuser zunächst sowjetische Offiziere, die aus dem Moskauer Exil zurückgekehrte Gruppe Ulbricht und später sämtliche Repräsentanten der DDR. Aufgrund der Erfahrungen in der NS-Zeit hegten die Kommunisten ein tiefes Misstrauen gegen die eigene Bevölkerung. Mit Zaun und Stacheldraht abgeschottet von der Außenwelt und mit eigenen Läden gut versorgt, verloren sie allmählich den Sinn für die Realität. Gesteigerte Bedrohungsängste führten schließlich 1961 zum Umzug der Führungskader in die Waldsiedlung Wandlitz, 20 km nördlich von Berlin.

Wer jedoch auf dem Majakowski-Ring Luxusvillen erwartet, wird enttäuscht sein. Eher kleinere Häuser früherer mittlerer Beamte und Geschäftsleute bestimmen den Charakter des »Städtchens«. Eine Ausnahme bildet gleich zu Beginn (Nr. 2) eine prächtige Villa, genutzt als sowjetisches Kasino, dann als Gästehaus und später als Vorzeige-Wahllokal für die Aktuelle Kamera. Wir umrunden den ovalen Ring im Uhrzeigersinn. Der ehemalige Regierungskindergarten (Nr. 13) ist heute eine Waldorf-Kita. Die nach dem Tod ihres Mannes in die Nr. 12 gezogene Lotte Ulbricht starb dort 2002 als 99-jährige. Ein Abstecher links in den Rudolf-Ditzen-Weg

Einstmals Vorzeige-Wahllokal

führt zum ehemaligen Domizil des letzten **SED-Chefs Egon Krenz**, der das Haus 9–11 im Jahre 2003 räumen musste. Schräg gegenüber (Nr. 14) hatten bis zum Umzug nach Wandlitz Erich und Margot Honecker gewohnt. Das Haus wurde abgerissen. Bis 1970 bewohnte Chefspion Markus Wolf das Haus Nr. 18–20. Unmittelbar nach dem Krieg fand der Schriftsteller Hans Fallada in der Nr. 19 ein Zuhause, fühlte sich aber inmitten des bewachten Gebiets höchst unwohl. Im Majakowski-Ring Nr. 29 lebte der erste und einzige DDR-Präsident Wilhelm Pieck, der noch im hohen Alter Staatsgäste empfing. Direkt gegenüber (Nr. 28) wohnte Walter Ulbricht. Allerdings ließ sein Nachfolger Erich Honecker nach dessen Tod 1973 das Haus abreißen und ein Gästehaus für das Zentralkomitee der SED bauen.

In der Nr. 34 lebte der Schriftsteller und Kulturminister Johannes R. Becher, der den später nicht mehr gesungenen Text der DDR-Nationalhymne verfasste. Das Haus Nr. 46/48 wurde zunächst vom sowjetischen Stadtkommandanten, dann von Ministerpräsident Otto Grotewohl – und heute von der Schauspielerin Jasmin Tabatabai bewohnt. In Haus Nr. 50 lebte die Richterin und Justizministerin Hilde Benjamin, gefürchtet als »Rote Guillotine« wegen ihrer Todesurteile. Kurzzeitig bewohnte **Erich Honecker** 1953/54 das Eckgrundstück Nr. 58, heute genutzt als »Kulti«-Freizeithaus für Kinder. Der einstige Wohnort des Stasi-Chefs Erich Mielke in der Stillen Straße Nr. 10 ist heute ein Seniorentreff. (md)

Hier wird man noch heute gut versorgt

Hinkommen: Tram M1 Pankow Kirche, von dort noch 500 m Fußweg Ossietzkystraße

Essen & Trinken: Wo in der schönen Fachwerkvilla (Nr. 63) die »Betreuung der Nomenklatur-Kader« organisiert wurde, sorgt heute das **Gasthaus Majakowski** (www.majakowski-gasthaus.de) für das leibliche Wohl sämtlicher Besucher.

INFO

39 Jüdischer Friedhof in Weißensee: wo Denkmäler still erzählen

Nachdem man das nicht sonderlich ansprechende Weißensee, ein Ortteil im Bezirk Pankow im Nordosten der Stadt, erreicht hat, mag man sich die Frage stellen, weshalb gerade hier der größte jüdische Friedhof mit fast 120.000 Grabstellen liegt.

Berühmte jüdische Persönlichkeiten, die hier begraben sind:

Hermann Tietz – Gründer der ersten großen Warenhäuser (Hertie)
Louis Lewandowski – Komponist
Samuel Fischer – Verleger
Adolf Jandorf – Gründer des KaDeWe
Rudolf Mosse – Zeitungsverleger
Lesser Ury – Maler
Stefan Heym – Schriftsteller

In der zweiten Hälfte des 19. Jh. wurde der alte jüdische Friedhof an der Schönhauser Allee allmählich zu klein, da die Gemeinde in Berlin stark gewachsen war. Deshalb beschloss man, ein 42 Hektar großes Areal im damaligen Vorort Weißensee zu kaufen. Im Gegensatz zu anderen Friedhöfen bleiben die jüdischen Gräber stets belegt. Sie gelten für Juden bis zum Jüngsten Tag als geheiligte Erde und bleiben unangetastet.

Ein **Architektenwettbewerb**, der 1876 ausgeschrieben wurde, sollte eine würdige Gestaltung des neuen Friedhofs sicherstellen. Hugo Licht erhielt den Auftrag zur Gesamtplanung, auch zum Entwurf der meisten angrenzenden Gebäude. Die Fläche wurde streng geometrisch in 120 Grabfelder eingeteilt: Rechtecke, Dreiecke und Trapeze vermitteln den Eindruck »preußischer Ordnung«, was an sich untypisch für jüdische Friedhöfe ist. Die Einweihung fand Anfang September 1880 statt, und der erste jüdische Bürger, der kurz darauf am 22. September dort beerdigt wurde, hieß Louis Grünbaum.

Der imposante Eingangsbereich mit seinen Gebäuden im italienischen Neo-Renaissance-Stil sowie große Teile der Friedhofsmauer sind aus gelben Ziegeln

Der Eingangsbereich mit Arkadengang

gebaut. Hier befindet sich zur Linken das Leichenhaus, zur rechten die Friedhofsverwaltung, durch einen Arkaden-Gang miteinander verbunden.

Davor steht in einem Rondell ein Gedenkstein der jüdischen Gemeinde. Kreisförmig wird er von Steinen umgeben, die die Namen der Konzentrationslager tragen.

Friedliche Stille

Wenn man danach das Friedhofsgelände betritt, umgibt den Besucher eine eigentümliche Stimmung. Alter **Baumbestand**, von Efeu umrankte Grabstätten, schattige Wege auf dem etwas hügligen Gelände, die stumme Sprache der Grabinschriften: Ein Ort der Besinnung und der Stille, die den Besucher umhüllt und andächtig werden lässt. Normalerweise sind Grabsteine auf jüdischen Friedhöfen einfach und schlicht, um die Gleichheit der Verstorbenen zu symbolisieren. Hier aber gibt es teilweise sehr pompöse Grabmäler und Gruften, wie sie in der wilhelminischen Zeit für Wohlhabende üblich waren.

In der Pogromnacht am 9. November 1938 wurden zahlreiche Gräber geschändet. Und in der Zeit der Deportationen versteckten sich auf dem Gelände so manche Juden vor der Verfolgung.

Die Erhaltung des Friedhofs ist eine nicht zu unterschätzende Aufgabe. In den 1920er Jahren gab es 200 Arbeiter, denen die Pflege anvertraut war, heute sind es etwa 20–30. Alle Gräber sind registriert und können, wenn der Besucher den Namen der Verstorbenen weiß, leicht gefunden werden. Die jüdische Gemeinde setzt sich dafür ein, dass dieser Friedhof in die UNESCO-Welterbeliste aufgenommen wird. (mi)

INFO

Hinkommen: Tram M4 bis Antonplatz, dann etwa 350 m Fußweg
Information: Jüdischer Friedhof Weißensee, Herbert-Baum-Straße 4, 13088 Berlin-Weißensee, Tel. 030/925 33 30, April–Sept. So–Fr 8–17, Okt.–März So–Fr 8–16 Uhr (Fr bis 14.30 Uhr); Sa und an jüdischen Feiertagen geschlossen, www.jg-berlin.org, www.berlin-juedisch.de
Kleiderordnung: Männer ab 14 Jahren müssen eine Kopfbedeckung tragen.

40 Stahnsdorf: Berlins größter Waldfriedhof

Weit draußen am Rande Berlins liegt der Südwestfriedhof Stahnsdorf. Etwa 260 ha groß ist das Waldgebiet des Friedhofs der evangelischen Gemeinden Berlins. Die große Fläche sollte für lange Zeit das räumliche Bestattungsproblem der Kirchengemeinden lösen, denn innerhalb der Stadtgrenzen wurden schon in der zweiten Hälfte des 19. Jh. Begräbnisstätten knapp. Noch heute finden hier Begräbnisse und Urnenbeisetzungen statt. In der Friedhofsordnung heißt es, dass er offen ist für alle Menschen, unabhängig von Religion oder Herkunft.

Die Friedhofskapelle im Stil einer norwegischen Stabkirche

Sie wurde 1911 fertig gestellt, und zwar nicht wie in Norwegen in senkrechter Stabbauweise, sondern die Balken wurden waagerecht gesetzt. Sie bietet im wilhelminisch geprägten Inneren 250 Trauernden Sitzplätze. Das dunkle Holz des Baus fügt sich in stiller Harmonie in die Umgebung ein.

1907 wurde ein Wettbewerb ausgeschrieben. Doch statt die Preisträger zu beauftragen, übertrug man die Gestaltung dem Gartenbauingenieur Louis Meyer, der in Diensten der städtischen Synode stand. Die ersten Beisetzungen fanden 1909 statt. Ab 1912 brachte eine Friedhofsbahn nachts die Toten, tagsüber fuhren mit ihr die Besucher. Im Zuge der Mauererrichtung wurde der Bahnbetrieb 1961 eingestellt.

Tipp: Auf der Karte direkt am Eingang findet man die Grabstätten berühmter Personen verzeichnet.

Wenn man den Friedhof am Haupteingang von der Bahnhofstraße betritt, so hat man das Gefühl, in einen Wald zu schreiten. Meyer wollte die Anlage sehr natürlich belassen, was nicht nur romantisch-idyllisch, sondern auch praktisch gedacht war: Man wollte dadurch Kosten sparen. Und so entdeckt man manche Gräber, versteckt unter den Bäumen, im **Dickicht der Natur** erst auf den zweiten Blick. Auch neue Gräber werden auf Wunsch unter Bäumen angelegt.

Die Einteilung der Friedhofsfläche erfolgte nach Gemeinden, die zur Stadtsynode gehörten, aber auch nach Anlässen. So gibt es z. B. den Teil des Englischen Soldatenfriedhofs: 1.172 englische und zum Commonwealth gehörende Soldaten, die während der Kriegsgefangen-

Die norwegische Stabkirche als Friedhofskapelle

schaft starben, wurden hier nach 1920 beigesetzt. Auf dem Italienischen Soldatenfriedhof liegen 1.650 Soldaten.

Grabstätte in einem Mausoleum

Im Zuge der Planung der »Welthauptstadt Germania« durch Generalbauinspektor Albert Speer mussten Friedhöfe im Berliner Stadtgebiet aufgelöst werden, die an der geplanten Nord-Südachse lagen. Deshalb wurden über 30.000 Tote nach Stahnsdorf verlegt.

Der Besucher wandelt teils auf breiten, teils auf pfadähnlichen Wegen durch die weitläufige Anlage. Ohne eine Karte kann man sich leicht verirren. Neben alten Gräbern findet man auch junge, denn auch heute noch finden konventionelle Begräbnisse und Urnen-Beisetzungen statt. Da die Anlage alt ist, kann man auch den Wandel der Bestattungskultur im Lauf der Geschichte verfolgen: Aufwendig verzierte Grabsteine, **pompöse Mausoleen** mit barocken, klassizistischen oder expressionistischen Stilelementen legen davon Zeugnis ab. Und so wundert es nicht, dass hier im märkischen Wald, der zum Teil parkähnlich gestaltet wurde, viele Berühmtheiten ihre letzte Ruhe fanden: Werner von Siemens, Heinrich Zille, Elisabeth von Ardenne, Rudolf Breitscheidt oder Angehörige der Wörterbuch-Dynastie Langenscheidt.

So sind nach ihrem Tode bekannte Wirtschaftsvertreter, Dichter, Politiker, Wissenschaftler und Widerstandskämpfer »vereint«. Besonders rührend ist das Schicksal von Hanno Günther, der als 21jähriger Widerstandskämpfer 1942 hingerichtet wurde. Bekannt ist sein Abschiedsbrief aus der Todeszelle an seine Mutter, der mit den ergreifenden Sätzen beginnt:

»Liebe Mutter, wenn Du diesen Brief erhältst, lebe ich nicht mehr. Ich hoffe und wünsche von ganzem Herzen, dass Du diese Nachricht ebenso ruhig und gefasst aufnimmst, wie ich heute die Mitteilung von meiner heute Abend zu vollziehenden Hinrichtung entgegennahm…« (mi)

INFO

Hinkommen: Bahnhofstraße, 14532 Stahnsdorf, leider gibt es keinen eigenen Bahnanschluss, ab Berlin z. B. mit Regio 1 und 7 sowie S1 bis Wannsee, dann mit dem Bus 601/620.

Informationen: geöffnet April-September 7-20 Uhr und Oktober-März 8-17 Uhr, www.suedwestkirchhof.de.

41 Friedhof der Gemeinden Dorotheenstadt und Friedrichswerder: Ruhestätte berühmter Persönlichkeiten mitten in Berlin

Wer ruht hier ?

Georg Wilhelm Friedrich Hegel (1770-1831), Philosoph
Ernst Litfaß (1816-1871), Vater der Litfaß-Säule
August Borsig (1804-1854) und Louise Borsig (gest. 1889), Gründer der Borsigwerke
Bertold Brecht (1898-1956), Schriftsteller
Heinrich Mann (1871-1950), Schriftsteller
Rudolf Bahro (1935-1997), Journalist und Politiker
Günter Gaus (1929-2004), Politiker und Journalist
Johannes Rau (1931-2006), 8. Bundespräsident

Wenn man nicht weiß, dass es hier im quirligen Bereich der Chausseestraße einen Friedhof gibt – man bemerkt ihn kaum. Hohe Mauern versperren den Blick, auch das eher unscheinbare Eingangstor ist leicht zu übersehen.

Mitte des 18. Jh. fehlte es innerhalb der Berliner Stadtmauern zunehmend an **Friedhofsflächen**, denn verbleibende offene Areale benötigte man für den Wohnungsbau der vielen Neubürger. Nur außerhalb gab es Freiflächen, und so vergab König Friedrich II. (Friedrich der Große) freies Land außerhalb der Stadtmauern. Damals wollte man durch die abseitige Lage der Friedhöfen verhindern, dass sich eventuell Seuchen auf die Nachbarschaft ausbreiten.

1762 wurde der jetzige Friedhof für die Dorotheenstädtische und Friedrichswerdersche Kirche sozusagen auf dem Acker unmittelbar hinter dem Oranienburger Tor angelegt. Ab 1770 fanden hier Beisetzungen statt. Zunächst wurden arme Bürger beerdigt, doch im Laufe der nächsten Jahrzehnte änderte sich allmählich die soziologische Herkunft der hier Bestatteten.

Mitten in Berlin: Friedhof berühmter Berliner Persönlichkeiten aus Politik und Geschichte

Auf dem Gebiet der benachbarten Kirchengemeinden Dorotheenstadt und Friedrichswerder entstanden wichtige Berliner Institutionen: Die Akademie der Wissenschaften, die Bauakademie, die Akademie der Künste, die Universität und die Charité. Zusätzlich erwarb die Dorotheenstädtische Gemeinde neues Land für Friedhöfe in der Liesenstraße (Wedding, 1834) sowie die Friedrichswerdische Gemeinde in der Bergmannstraße (Kreuzberg).

Grabstätte des Vaters der Litfaß-Säule

Um 1860 wurde der Friedhof an der Chausseestraße für einige Zeit geschlossen, da kein Platz mehr vorhanden war, aber man hatte Ausweichmöglichkeiten nach Wedding und Kreuzberg. Später reichte der Platz wieder aus, da es mehr Feuerbestattungen gab. Im Verlauf des Zweiten Weltkriegs wurde der Friedhof stark in Mitleidenschaft gezogen. In Ostberlin liegend, wurden ab 1950 im Rahmen der Denkmalpflege nur besonders erhaltenswerte Gräber restauriert. Später erwog man sogar, das Gelände zu einem Park umzugestalten. 1983 stellte Ostberlin die Anlage endlich unter **Denkmalschutz**, doch erst nach der Wende – besonders zwischen 2000 und 2008 – wurden mit erheblichem Aufwand Restaurierungsarbeiten durchgeführt. So ist z. B. das größte Mausoleum des Schinkel-Schülers Friedrich Hitzig erneuert worden. Und für die nächsten Jahre stehen Arbeiten im Wert von 6 Mio. Euro an – finanziert u. a. von der Stiftung Deutsche Klassenlotterie Berlin.

Besucht man heute diesen Friedhof, entdeckt man die Gräber bekannte Persönlichkeiten aus der jüngeren Vergangenheit. Auf dem schattigen und relativ eng angelegten Friedhof gelangt man auf kurzen Wegen zu den teils besonders markanten Grabstätten. Eine Tafel gleich am Eingang ermöglicht die Orientierung.

Der Wandel in der Gestaltung der Grabstätten wird deutlich in den verarbeiteten Materialien: Bis ca. 1870 verwendete man viel Gusseisen, aus dem Kreuze, Umfriedungen und Figuren gegossen wurden. Es wurden aber auch Stelen und Obelisken aus Marmor und Granit aufgestellt. Bildhauer wie Johann Gottfried Schadow, später auch sein Konkurrent Christian Daniel Rauch, schufen Statuen und Porträtmedaillons, so z. B. an der Grabstelle von August Borsig. (mi)

INFO

Hinkommen: S1, S2, S25 Nordbahnhof, U6 Zinnowitzer Straße, Oranienburger Tor, Tram 12 Zinnowitzer Str., Oranienburger Tor, Bus 240 Phillipstraße, Bus 245 Zinnowitzer Str.
Information: Chausseestraße 126, 10155 Berlin, geöffnet Jan-Dez 8-16, Feb. u. Nov. 8-17, März u. Okt. 8-18 Uhr, Apr. u. Sept. 8-19 Uhr, Mai-Aug. 8-20 Uhr, www.stiftung-historische-friedhoefe.de
In der Nähe: 56 Brecht-Weigel-Gedenkstätte (S. 128)

Plätze & Parks

Rüdesheimer Platz

42 Potsdamer Platz: die »neue Mitte« Berlins

Aus dem Rausch der Gründerzeit Ende des 19. Jh. entstanden, galt der Potsdamer Platz in den 1920er Jahren als Inbegriff des hektischen **Großstadtlebens** mit seinen Hotels, Restaurants und Amüsiertempeln, eingehüllt im Verkehrslärm, Menschengewühl und Lichterglanz der nie schlafenden Stadt. Markantes Symbol des damals verkehrsreichsten Platzes ist die Nachbildung des ersten Ampelturms Europas, 1924 importiert aus New York. Oben auf der Kanzel regelte ein Polizist per Hand die fünfseitige Lichtanlage.

Im Bombeninferno des Zweiten Weltkriegs vollkommen zerstört und als große Brache an der Sektorengrenze zwischen Ost und West zurückgelassen, war jegliches Leben abgestorben. Einziger »Neubau« war 1961 die Errichtung der Berliner Mauer mit Todesstreifen, Panzersperren, Signalzaun und greller Beleuchtung in der Nacht. Über diese menschenleere Mondlandschaft hatte sich eine gespenstische Ruhe gelegt, die fast drei Jahrzehnte lang anhalten sollte.

Die nach dem Fall der Mauer einsetzende neue Gründerzeit bescherte der Stadt einen ungeahnten **Bauboom**. 1995 zählte man alleine in der Innenstadt über 900 Baustellen. Am Potsdamer Platz als Nahtstelle zwischen Ost und West sollte mit Hilfe großer Konzerne (Daimler, Sony) ein ganz neues Stadtzentrum entstehen. Gigantische Betonfundamente und ein Meer von Kränen für die zukünftigen Hochbauten, Tunnelanlagen und Bahnhöfe wurden für wenige Jahre zur Touristenattraktion.

Die drei Hochhäuser am Potsdamer Platz markieren den Auftakt der neuen City. Eine tolle Aussicht bietet sich von der Aussichtsplattform des mittleren, tonfarbenen Hochhauses. Der »Panorama-Point« wird erreicht mit dem schnellsten Aufzug Europas. In dem einzigen nicht zerstörten Gebäude, dem Weinhaus Huth an

Futuristisch: Sony-Center

der Alten Potsdamer Straße 5, befindet sich u.a. die kostenfreie Daimler Contemporary Kunstsammlung. Dahinter gelangt man in die Potsdamer Platz Arkaden, eine Shopping Mall auf drei Etagen mit über 140 Geschäften.

Nachbildung des ersten Ampelturms Europas

Der Marlene-Dietrich-Platz mit Musical Theater, Spielcasino, Grand Hyatt und dem nahegelegenen Kinokomplex mit 19 Sälen verwandelt sich jedes Jahr im Februar zum glamourösen Laufsteg der Stars und Sternchen. Das Theater wird dann zum **Berlinale Filmpalast**, in dem die begehrten silbernen und goldenen Bären überreicht werden. In der blauen Kugel »Blue Max« präsentiert die Blue Man Group ihre Shows.

Alleiniger Mieter des halbkreisförmigen Glasturms ist die Deutsche Bahn AG mit ihrer Konzernzentrale, wie das Logo ganz oben verrät. Dahinter kann man die Reste des ehemaligen Grand Hotel Esplanade entdecken. Kaum vorstellbar, dass zu Mauerzeiten die Hotelruine vom letzten Hotelbutler und einigen Schafen bewohnt wurde. Heute präsentiert sich wie in einer großen Glasvitrine der einstige Frühstückssaal. Der Kaisersaal daneben wurde sogar um 75 Meter verschoben.

Der Kernbereich des futuristisch anmutenden Sony Centers wird überspannt von einer riesigen Dachkonstruktion, bestehend aus Stahl, Textil und Glas. Nachts illuminiert von einer Abfolge verschiedener Farben soll es den heiligen japanischen Berg Fujiyama symbolisieren. Neben der Europazentrale von Sony, weiteren Büros und Wohnungen befinden sich hier die Berliner Filmhochschule, das Berliner Film- und Fernsehmuseum, acht Kinosäle und ein 3D-Imax-Kino sowie zahlreiche Restaurants. Vor dem »Legoland Discovery Center« steht eine zehn Meter hohe Giraffe – aus Tausenden von Legosteinen zusammengebaut. (md)

Tipp

Eine der besten Eiscremes Berlins gibt's bei »Caffé e Gelato« im Obergeschoss.

INFO

Hinkommen: U+S Potsdamer Platz, U-Bahn U2, S- und Regionalbahn, Bus M41, M48, 200.

Aussicht: Aussichtsplattform Panoramapunkt: zzt. tgl. 11–17.30, Sa bis 19.30 Uhr, 5,50 Euro, www.panoramapunkt.de, Tel. 030/25294372. Oben gibt es ein Café.

Shopping: Potsdamer Platz Arkaden: Geschäfte sind Mo–Sa 10–21 Uhr geöffnet.

Museen: Berliner Film- und Fernsehmuseum: Di–So 10–18 Uhr, Do bis 20 Uhr, 6 Euro, www.filmmuseum-berlin.de, Tel. 030/300903-0.

Ausruhen bei schönem Wetter: Liegewiese auf dem grünen Deich an der Linkstraße.

43 Alexanderplatz: Ochsenmarkt, Nuttenbrosche und Flachbildschirme

Eine bessere Orientierungshilfe als den Fernsehturm gibt es nicht. Dieser steht zwar auf einer namenlosen Fläche, aber unmittelbar dahinter auf der anderen Seite des Stadtbahnviadukts beginnt der Alexanderplatz. Nicht gerade harmonisch und doch aufgrund seiner Ausmaße und der vielen Menschen ein äußerst lebhafter und faszinierender Ort. Berlins größter **Nahverkehrsknotenpunkt** spuckt täglich über 200.000 Menschen aus, die auf insgesamt fünf Verkehrsebenen umsteigen oder den Platz bevölkern.

Im Laufe der Geschichte sollte der Alexanderplatz ständigen, bis heute andauernden Umgestaltungen unterworfen werden. Außerhalb der mittelalterlichen Stadttore gelegen, erhielt der »Ochsenmarkt« anlässlich des Besuchs des russischen Zaren Alexander I. seinen heutigen Namen. In den 1870er Jahren wurde der Festungswall zugeschüttet und darüber die Stadtbahn angelegt. In den Goldenen Zwanzigern erlebte der »Alex« seine Blütezeit als Inbegriff der lebhaft pulsierenden Metropole. Einige Zitate des berühmten Döblin-Romans »Berlin Alexanderplatz« sind auf der Fassade des ehemaligen Hauses der Elektroindustrie hinter dem Park Inn Hotel verewigt.

Im Krieg stark zerstört, veränderte der Alexanderplatz im Rahmen der Ostberliner Wiederaufbauplanungen sein Aussehen grundlegend. Einzig die Häuser Alexander und Berolina, heute genutzt durch die Zentrale der Berliner Sparkasse sowie C&A, stammen aus Vorkriegszeiten. Auf dem für Großveranstaltungen konzipierten »sozialistischen« Platz fand am 4.11.1989 die größte nicht staatlich gelenkte Demonstration mit ½ Mio. Menschen statt, ein Höhepunkt der friedlichen DDR-Revolution. Inzwischen hat der Alex eine neue Pflasterung sowie durch An- und Neubauten eine räumliche Fassung erhalten. Die seit den 1990er Jahren geplante Hochhauskulisse entlang der Alexanderstraße wurde bislang nicht verwirklicht.

Früher wie heute sind die wichtigsten Treffpunkte die **Weltzeituhr** und der **Brunnen der Völkerfreundschaft** von 1970, in dem das Wasser spiralförmig auf 17 kupfernen Schalen abwärts fließt. Von den Berlinern wird der Brunnen aufgrund seiner

Weltzeituhr

Panorama mit Blick auf Park Inn Hotel, Galeria Kaufhof, Bahnhof und Fernsehturm

bunten Glassteine als »Nuttenbrosche« bezeichnet. Hier trifft eine bunte Mischung zusammen: Ehemals Verdiente der DDR aus den unmittelbar angrenzenden Plattenbauten, junge solariumgebräunte Mädels aus Lichtenberg oder Marzahn, szenige Trendsetter und Künstler aus dem benachbarten Scheunenviertel, Familien vom Prenzlauer Berg, Studenten aus Friedrichshain, Obdachlose und Punks sowie Straßenmusiker und fliegende Händler.

Das ehemalige Centrum Warenhaus der DDR mit seiner typischen Wabenfassade wurde vergrößert und mit einem schicken Lichthof versehen. Heute gehört die Galeria Kaufhof zu einem der größten und attraktivsten Kaufhäuser Berlins.

Höchstes Berliner Hotel ist das Park Inn mit 39. Etagen. Die 37. Etage des ehemaligen DDR-Interhotels bietet Cocktails und eine tolle Aussicht. Ganz oben auf der **Panorama-Terrasse** kann man im Liegestuhl bei Lounge-Musik gedanklich abheben. Ein handfester Sprung vom Dach ist auch möglich, kostet 109 Euro und muss vorher (!) bezahlt werden.

Das riesige rosarote Einkaufszentrum »Alexa« mit seinen fünf Ebenen zeigt im Inneren mehr Eleganz als nach außen. Als am 11.9.2007 um Mitternacht ein bekannter Elektromarkt seine Pforten mit Angeboten wie Flachbildschirme für einen Euro öffnete, brachen Tumulte aus, die zu hohen Sachschäden und Verletzten führten. Daraufhin musste erstmal renoviert werden. (md)

INFO

Hinkommen: Bahnhof Alexanderplatz, 4 S-Bahn-, 3 U-Bahn-, 4 Tramlinien.
Shopping: Mo–Sa 10–21 Uhr, Kaufhof hat Do–Sa bis 22 Uhr geöffnet.
Essen & Trinken: Nichts Gemütliches, aber viele Imbissmöglichkeiten. Der mobile »Grillwalker« verkauft bei jedem Wetter die Bratwurst aus dem Bauchladen heraus.
Ausgehen: Weekend: cooler Club im ehem. Haus des Reisens, Am Alexanderplatz 5, 12./15.Stock mit 360°-Weitblick, ganz oben Dachterrasse, Do–Sa ab 23 Uhr, www.week-end-berlin.de.

44 Gendarmenmarkt: Dombauten, Konzerthaus und Café Achteck

Von zwei Dombauten eingerahmt und beherrscht vom prächtigen Schauspielhaus: der Gendarmenmarkt ist der schönster Platz Berlins. Sein Name geht auf das Regiment der »Gens d'Armes« zurück, die hier unter dem Soldatenkönig ihre Stallungen hatten. Friedrich II. ließ die Stallungen abreißen und ab 1781 einen besonders festlichen Schmuckplatz anlegen. Die beiden bereits bestehenden Kirchen wurden mit 70 m hohen **identischen Kuppeln**, den »Dombauten«, erweitert. Sie waren ohne kirchliche Nutzung und sollten der reinen Außenwirkung dienen. Entsprechend der Epoche der Aufklärung steht nicht das christliche Kreuz auf den Kuppelspitzen, sondern die Figuren »triumphierende Religion« und »siegende Tugend«.

Allerdings fand die Toleranz Friedrichs II. ihre Grenzen bei deutschsprachigen Bühnenstücken: »Lieber lasse ich mir etwas von meinem Pferd vorwiehern als von einer deutschen Opernsängerin«. So musste sogar das bürgerliche Schauspiel von Lessing »Minna von Barnhelm« in französischer Übersetzung aufgeführt werden.

Der **Französische Dom** hat seinen Ursprung in der Französischen Kirche, die 1705 von den aus Frankreich geflohenen Hugenotten eingeweiht wurde. Darüber informiert das Hugenottenmuseum im Kuppelbau. Wäh-

Süße Tipps

In der bunten »**SchokoWelt**« von Ritter Sport in der Französischen Straße 24 kann man sich von einem Chocolatier seine ganz persönliche Schokolade kreieren lassen (Mo–Sa 10–20, So 11–18 Uhr).
Der größte Schokoladenladen Berlins, **Fassbender & Rausch**, befindet sich in der Charlottenstraße 60, Ecke Mohrenstraße. Das hauseigenen Café darüber bietet auch heiße Schokolade in flüssiger Form an und noch weiter oben gibt es mehrere Zahnärzte sowie eine Praxis, in der man sich das Fett absaugen lassen kann... Mo–Sa 10–20, So 11–20 Uhr.

Prunkvolle Fassaden

rend noch heute im Kirchenraum Gottesdienste auf französisch stattfinden, bietet das Restaurant »Refugium« in den Gewölben darunter internationale und regionale Küche.

Identische Kuppeln

Im **Deutschen Dom**, ursprünglich die »Neue Kirche« für die deutsche protestantische Gemeinde, finden heute keine Gottesdienste mehr statt. Der im Krieg zerstörte Bau bietet in seinem modernen Inneren eine Reise durch das Labyrinth der Geschichte. Auf fünf Etagen zeigt die kostenfreie Ausstellung »Wege, Irrwege, Umwege« die Entwicklung der deutschen Demokratie.

Das **Schauspielhaus** im Zentrum des Platzes ist ein Meisterwerk der klassizistischen Architektur. 1821 von Schinkel errichtet, ersetzte es das Königliche Theater, das kurz zuvor während des Schiller-Stücks »Die Räuber« abgebrannt war. Ganz oben steht der Schutzherr der Künste, Apollo mit dem Greifengespann, während unten auf der weiten Freitreppe die wilden Tiere Löwe und Panther von der Macht der Töne besänftigt werden. Hier dirigierten v. Weber die Uraufführung »Der Freischütz« und Wagner seinen »Fliegenden Holländer«. Im Krieg zerstört, 1984 als Konzerthaus wieder eröffnet, werden heute jährlich 550 Veranstaltungen im Haus durchgeführt. Hochgenuss unter dem Sternenhimmel garantiert das open air Klassikfestival im Juli jeden Jahres. Vor der großen Freitreppe steht das Schillerdenkmal mit den auf dem Brunnenrand sitzenden Allegorien Lyrik, Drama, Philosophie und Geschichte.

Wer inmitten der würdevollen Atmosphäre des Gendarmenmarktes ein sehr irdisches Bedürfnis verspürt, findet hinter dem Französischen Dom Abhilfe. Ein gusseisernes Männerpissoir, aufgrund seiner acht Ecken im Volksmund Café Achteck genannt, wurde mustergültig renoviert und ist nun auch für Damen nutzbar. (md)

Panorama-Blick

Von der Aussichtsplattform des Französischen Doms hat man nach 284 Stufen eine herrliche Rundsicht (tgl. 10–19 Uhr, 2,50 Euro).

INFO

Hinkommen: U-Bahnhof Stadtmitte (U2+U6), Hausvogteiplatz (U2).

Besichtigungen und Informationen:
Konzerthaus, Tickets Tel. 030/20309-2101 und Führungen Tel. 030/20309-2343, www.konzerthaus.de.
Französischer Dom, Tel. 030/2291760, www.franzoesischer-dom.de, Museum: Di–So 12–17.
Kirche: Di–So, 12–17, Tel. 030/20649922/23, Gottesdienste So 9.30 und 11 Uhr.
Deutscher Dom, Tel. 030/22730431, Di–So 10–19 Uhr, freier Eintritt.

45 Rüdesheimer Platz: Paradebeispiel für menschliche Stadtarchitektur

Wenn man mit der U-Bahn am Rüdesheimer Platz ankommt empfängt den Besucher ein besonders schön gestalteter Bahnhof, mit herrlichen Decken- und Wandbildern. Kommt man ans Tageslicht, ist man freudig überrascht: Ein Bilderbuchplatz, wohl einer der schönsten der Stadt! Eine **grüne Oase** mitten im Stadtteil Wilmersdorf. Hier wird gelebt: Bewohner der umliegenden Häuser lesen auf den Parkbänken Zeitung, ein Spielplatz erfreut die Kleinen und das Auge mag sich nicht sattsehen an schön bepflanzten Blumenbeeten. Bei der Planung dieses Platzes war ein Ästhet am Werk, was sich u. a. in der sehr naturnahen Gestaltung der Gartenanlagen ausdrückt.

Im Café Achteck gibt's keinen Kaffee

Ab 1900 gab es in Berlin viele Herren-Pissoirs aus grün lackiertem Metall, stets achteckig angelegt. Ein rekonstruiertes Exemplar steht am Rüdesheimer Platz - auch für Damen. Die Bezeichnung »Café Achteck« ist eines der schönen Beispiele für den Berliner Humor!

Die Grünanlage liegt tiefer als die umliegenden Häuser. Der alte Baumbestand sorgt für wohltuenden Schatten während heißer Sommertage. Im nahegelegenen Gartenrestaurant kann man sein mitgebrachtes Essen zu sich nehmen – man kauft nur die Getränke. Das Angebot wird von den hier wohnenden Berlinern gerne angenommen – das ist Nachbarschaftskommunikation pur.

Zu einem so schönen Platz gehört natürlich auch eine Brunnenanlage. Sie wurde 1911 von Emil Cauer entworfen und stellt »Siegfried, den Rosslenker« dar. Die beiden Skulpturen rechts und links symbolisieren die Mosel bzw. den Rhein.

Der Rüdesheimer Platz ist eine denkmalgeschützte Anlage

Die Fassadengestaltung: ein schönes Beispiel für bürgerliche Stadtarchitektur

Angenehm anzuschauen ist die Bebauung um den Platz herum, sie strahlt Gemütlichkeit aus. Einheitlichkeit wird durch die Gestaltung der Fassaden erzeugt, die der Architekt Paul Jatzow entwarf. Individuelle Nuancierungen erhielten die Häuser durch weitere Architekten. Das Ganze erinnert an den englischen Landhausstil. Schon um 1910, als die »Terrain-Gesellschaft Berlin Südwesten« die Entwicklung übernahm, schaffte man ein noch heute gültiges Muster für Stadtarchitektur. Selbst an hübsche Vorgärten wurde damals gedacht. Kein Wunder also, dass die Umgebung seit 1988 als »Geschützter Baubereich mit Gartendenkmal« bezeichnet wird.

Der Rüdesheimer Platz liegt im **Rheingau-Zentrum** und wird ostwärts von der Ahrweiler Straße, westwärts von der Rüdesheimer Straße begrenzt. Auch die benachbarten Straßen sind nach Orten des Rheingaus benannt. Seit 1972 gibt es eine Patenschaft zwischen Wilmersdorf und dem Landkreis Rhein-Taunus. Die enge Beziehung wird noch durch den »Weinberg« am Wilmersdorfer Stadion unterstrichen. Hier gedeihen Rebstöcke aus dem Rheingau und Winzer keltern die Riesling-Ehrenfelser Trauben zur »Wilmersdorfer Rheinperle«. (mi)

INFO

Hinkommen: U3 Rüdesheimer Platz (Nollendorfplatz–Krumme Lanke)
Information: www.ruedi-net.de
Essen & Trinken: Landauer Restaurant, am U-Bahnhof Rüdesheimer Platz, Tel. 030/82709277, www.landauer-restaurant.de, Mo–Sa ab 16, So ab 11 Uhr geöffnet. Hier erwartet Sie eine im wahrsten Sinne des Wortes gutbürgerliche Küche und ein gepflegtes Ambiente mit einer gemütlichen Terrasse. Wunderbar geschmackvolle Gerichte, österreichisch angehaucht, sind Balsam für die hungrige Seele. Eine wohlüberlegte, übersichtliche Weinkarte sowie gute Biere vom Fass runden das Angebot ab.

46 Körnerpark: ein überraschendes Kleinod in Neukölln

Führt der Weg nach Neukölln, sind die Erwartungen meist nicht besonders hoch. Dieser Kiez gilt nicht unbedingt als feine Adresse. Aber dass sich hier etwas entwickelt, das spürt man. »Kreuzkölln« – eine Mischung aus Kreuzberg und Neukölln im Übergangsgebiet der beiden Stadtteile – wird seit ein paar Jahren als neuer trendiger Stadtteil gehandelt. Aber im eher südlichen Zentrum Neuköllns?

Umso überraschter empfängt mich der Körnerpark im Straßenkarree der Jonasstraße, Schierker Straße, Selkestraße und Wittmannsdorfer Straße: eine gepflegte **Parkanlage**. Hier befand sich um die Jahrhundertwende eine Kiesgrube, deren Besitzer Franz Körner war. Nach der Auskiesung schenkte er 1912 das Gebiet der Gemeinde Rixdorf, allerdings war Bedingung, dass der anzulegende Park seinen Namen tragen sollte.

Zwischen 1912 und 1916 wurde der Park gartenarchitektonisch anspruchsvoll geplant und gebaut, wobei Stilelemente des Neobarocks eingesetzt wurden – ähnlich wie bei dem Märchenbrunnen im Volkspark Friedrichshain oder bei den Kaskaden am Lietzensee in Charlottenburg.

Wie der Rüdesheimer Platz (s. S. 104) liegt der Körnerpark naturgemäß (Kiesgrube) 5–7 Meter tiefer als die ihn umgebenden Wohnhäuser, die damals einem gehobenen Wohnstandard entsprachen. Die Aufteilung folgt klaren Ach-

Blick auf den Körnerpark

sen. An der Nord- und Südseite des Parks begrenzen **Arkadenwände** das 2,4 ha große Gebiet. An der westlichen Seite wurde eine stilvolle Orangerie eingeplant, gegenüberliegend – jenseits der großen Rasenfläche – plätschert Wasser über eine imposante Kaskadenanlage. Von allen Seiten führen Treppenabgänge zum Park. An der nördlichen Seite liegt etwas abgeteilt ein idyllischer Blumengarten, eingefasst von niedrigen Hecken – *very british!*

Schön restaurierter Park

Was so schön begann, wurde zwar im Zweiten Weltkrieg kaum beschädigt, verfiel aber allmählich, da das Wohngebiet in der Einflugschneise des mittlerweile geschlossenen Flughafens Tempelhof immer weniger attraktiv wurde. Aus Sicherheitsgründen wurden dann nach und nach Teile des Parks gesperrt. 1977 wurde der Park sehr fachgerecht restauriert, und die Orangerie mit der davor liegenden Terrasse, die Kaskade und die Umfassungsmauern instand gesetzt. Seit 2002 fließt in der sanierten Anlage wieder Wasser über die Kaskaden, in das Fontainebecken und durch Kanäle, die die Rasenfläche einfassen.

Die Gesamtanlage präsentiert sich heute in einem sehr gepflegten Zustand, 2004 wurde der Körnerpark als erstes denkmalgeschütztes Projekt in Neukölln mit dem renommierten Gustav-Meyer-Preis gewürdigt. (mi)

INFO

Hinkommen: U7 Karl-Marx-Str., S4 Neukölln, Bus 45, 46, 86 Neukölln
Information: Schierker Straße 8, 12051 Berlin, Tel. 030/68092876, geöffnet Di–So 10–18 Uhr, www.körnerpark.de, www.soundcorner-koernerkiez.de (Geschichten und Klänge aus dem Kiez), www.neukoelln-online.de.
Essen & Trinken: Im Cafe am Körnerpark (geöffnet Mo 15–20, sonst 11–20 Uhr) genießt man gute Kaffees, Kuchen und kleine Speisen. In der warmen Jahreszeit sitzt man mit einem sehr schönen Blick auf den Park auf der Terrasse vor der Orangerie, in der es wechselnde Kunstausstellungen gibt. An Sommer-Sonntagen kann man hier kostenlos Konzerten zuhören. Aktuellen Infos unter www.cafe-im-koernerpark.de.
In der Nähe: 8 Rixdorf (S. 26)

47 Kollwitzplatz: Schickeria und Geschichte am Prenzlauer Berg

Das Gelände um den Platz – früher als Wörther Platz bezeichnet – wurde vom Deutsch-Holländischen Actien-Bauverein bis 1875 mit Wohnhäusern bebaut. Der heutige Kollwitzplatz wurde 1885–1887 als sog. **Gründerzeit-Schmuckplatz** angelegt. Im Verlauf des Zweiten Weltkriegs blieb das Viertel von großen Zerstörungen verschont, sodass zu DDR-Zeiten kein Bedarf an einer notwendigen Sanierung bestand. Erst vor der 750-Jahr-Feier Berlins besannen sich die DDR-Bosse der historischen Substanz dieses Stückchens Berlin und sanierten einige Straßen im Kollwitz-Kiez.

Nach der Wende nahmen sich Stadtsanierer und Bauinvestoren der Gegend an. Die Häuserfassaden sind heute Schmuckstücke, die Wohnungen zumeist groß, mit hohen Decken. Dadurch wurde die Bevölkerungsstruktur verändert: Billiger Wohnraum verschwand, es wurde aufwändig saniert, die Mieten explodierten. Ein Großteil der Wohnungen gehört daher »zugereisten« Nicht-Berlinern. Viele gut verdienende Singles, Medienleute und Kreative sind nun hier zu Hause, die Geschäfte und die Gastronomie haben sich auf dieses Publikum eingestellt. Fast nirgendwo in Berlin ist die Dichte an Restaurants so hoch wie

Käthe Kollwitz

»Ich will wirken in dieser Zeit, in der die Menschen so ratlos und hilfsbedürftig sind.« Käthe Kollwitz, 1922

Die Namensgeberin lebte an der Ecke Knackstraße ganze 52 Jahre - von 1891-1943! Die berühmte Künstlerin schaut heute von ihrem Denkmal »Mutterliebe« (1950 vom Bildhauer Gustav Seitz geschaffen) hinab zum immer belebten Kinderspielplatz. Käthe Kollwitz wurde 1867 in Königsberg geboren. Ihre ersten Radierungen fertigte sie 1890 an. 1891 heiratete sie den Arzt Karl Kollwitz, der seine Praxis am heutigen Kollwitzplatz eröffnete. Sie wird Mutter von zwei Söhnen, von denen der jüngste 1914 fällt - ein Generationsschicksal. 1893 beeindruckt sie die Aufführung des Hauptmann-Dramas »Die Weber«, und sie fertigt in den Folgejahren bis 1898 die grafische Folge »Ein Weberaufstand«. Ab 1904 widmet sie sich Plastiken, erlernt die Techniken in Paris und wird 1919 zur Professorin an der Akademie der Künste ernannt. Immer wieder wird ihr künstlerisches Credo gegen Krieg und Gewalt deutlich,1923 fertigt sie die Holzschnittfolge »Krieg« an, 1932 wird ihr Kriegsmahnmal »Die Eltern« auf einem Militärfriedhof in Flandern eingeweiht. Doch auch die heiteren, hellen Seiten des Lebens drückt sie künstlerisch aus. Ihre Ausdruckskraft wird als genial und äußerst eigen gewürdigt und über die Zeiten hinweg als »sprachlos-mitteilend« empfunden. 1933 wird sie durch die Nazis gezwungen, die Akademie der Künste zu verlassen, ab 1936 kann sie nicht mehr ausstellen. Ihr Mann stirbt 1940, und als die Luftangriffe auf Berlin starten, verlässt sie 1943 Berlin. 1945 wird ihr Haus in Berlin zerstört, Käthe Kollwitz stirbt kurz danach.
Tipp: Unweit des Kurfürstendamms gibt es ein Käthe-Kollwitz-Museum: Fasanenstr. 24, 10719 Berlin-Charlottenburg, Tel. 030/8825210, www.kaethe-kollwitz.de, tgl. 11-18 Uhr.

Einkehrmöglichkeiten rund um den Platz

hier. Ein Stückchen Pariser Montmartre in Berlin, und da ist es kein Wunder, dass man hier auch viele Gesichter aus Funk und Fernsehen sieht.

Doch auch für eher wohlbetuchte Familien ist das ein guter städtischer Lebensraum, fast in keiner deutsche Großstadt ist die Geburtenrate so hoch wie um den Prenzlauer Berg. Und daher ist der Kinderspielplatz vor dem Kollwitz-Denkmal ein beliebter Treffpunkt von Kindern, Vätern und Müttern. Rundherum pulsiert das Leben, besonders am Samstag ab 10 Uhr, wenn ein **Bio-Markt** mit vielen alternativen Angeboten für jeden Geschmack und Geldbeutel Besucher anzieht: Zwischen Fisch und Biofleisch, französischen Crèpes und Champagner und Produkten des Berliner Umlands kann man auswählen. (mi)

INFO

Hinkommen: U-Bahnstation Senefelderplatz oder Ebersfelder Straße, U2
Essen & Trinken: **Gugelhof**, Kollwitzplatz/Ecke Knaackstraße 37, www.gugelhof.de, 10435 Berlin , Tel. 030/4429229, Mo-Fr ab 16, Sa/So ab 10 Uhr (Frühstück bis 16 Uhr). Beste elsässische Küche in rustikal geprägtem Ambiente, auch Terrasse. Ob Zwiebelsuppe, Weinbergschnecken oder hausgemachter Fleischkäse aus dem Backofen mit grobem Dijonsenf - alles ist lecker, die Preise sind angemessen.
1900, Husemannstr., 10435 Berlin, Tel. 030/4422494, www.restauration-1900.de, Mo-So 10-24 Uhr. Das Eck-Restaurant ist drinnen eine Mischung aus Jugendstil und modernem Interieur. Man kann Fotos aus den Jahren 1989 bis 2001 betrachten und so den Wandel der Umgebung nachvollziehen. Die Küche versucht, Traditionen gerecht zu werden und bietet Leckeres aus der Region Speisen von »Damals und Heute« tragen dem Rechnung: Eisbein, Kohlrouladen, Holsteiner Schnitzel, Zanderfilet. Auch das Frühstück lohnt: Der »Kleine« und »Große Kiezwecker« lockt mit allerlei Leckereien wie spanischer Salami, Landschinken, Bergkäse, Räucherlachs, Eiern und frischem Obst. Alles ist etwas teurer, qualitativ aber tiptop. Im Sommer sitzt man mitten im Geschehen an Tischen entlang des Bürgersteigs - eine wunderbare Atmosphäre.
In der Nähe: 16 Anna Blume (S. 42)

48 Die Bären im Köllnischen Park: Wildlife in der Stadt

Wer kennt ihn nicht, den Berliner Bären? Sein berühmter Nachfahre, der putzige Eisbär Knut, eroberte 2007 die Herzen nicht nur der Berliner, sondern der ganzen Republik – wenn nicht gar der Welt. Politiker wurden neidisch, denn Knut verdrängte für einige Zeit die große Politik aus den Medien: Die Menschen zeigten mehr Interesse an dem tollpatschigen Bären. Hier geht jedoch um den Berliner Stadt-Bären, einen europäischen Braunbären.

Das **Berliner Wappentier** zierte erstmalig 1280 ein Siegel, das man auf einem Gildebrief der Berliner Kürschner fand. Auf diesem wenden sich zwei gepanzerte Bären auf ihren Tatzen stehend ab, blicken den Betrachter jedoch an. Knapp 730 Jahre später begrüßt der Bär den Berlin-Besucher bereits an den Autobahnausfahrten oder von anderen Stellen in der Stadt. Diesem Wappentier fühlte man sich stets verbunden, sodass am 17.08.1939 am Köllnischen Park – ganz in der Nähe des Märkischen Museums – ein Bärenzwinger eingeweiht wurde. Hier unmittelbar an der Spree liegt die Wiege Berlins: Der Fischerkietz und das Nikolaiviertel gelten als die Keimzelle der von der Doppelstadt Berlin/Cölln ausgehenden Besiedlung. Manche Forscher vermuten, dass es hier eine Bären-Furt über die Spree gab.

Der **Bärenzwinger** im Köllnischen Park ist symmetrisch angelegt. Über eine relativ niedrige Brüstung und den Wassergraben blickt man zu den Bären hinab. In der Mitte liegt das Bärenhaus, das bei Hitze, Kälte oder einfach, wenn

Die Spielweise für die Bärinnen Schnute und Maxi

die Bären ihre Ruhe haben möchten, als Rückzugsmöglichkeit dient. Von hier aus gibt es Durchgänge zu einer kleinen Bären-Spielwiese. Bei der Einweihung lebten hier vier Bären: Urs (1939–1945) mit seinen drei Bärendamen Lotte, Jule und Vreni. Leider kamen am Ende des Krieges bis auf Lotte alle Bären um.

Päuschen nach den Anstrengungen des Tages

1949 wurde der Bärenzwinger wiedereröffnet. Anwohner wie Besucher erfreuen sich zurzeit an der Bärin Schnute und ihrer Tochter Maxi. Und was fressen die Bären? Natürlich lieben sie alles, was süß und saftig ist. Die Schleckermäuler laben sich an Mandarinen, Apfelsinen, Birnen, Weintrauben, aber auch Eisberg- oder Kopfsalate werden nicht verachtet. Für die Fettversorgung lieben sie Wal-, Hasel- und Erdnüsse und besonders beliebt ist natürlich Honig. (mi)

Kunst am Berliner Bär

Im Juni 2001 eröffnete das KaDeWe eine »Buddy Bär Berlin Show«. Die bemalten Bärenskulpturen stießen auf große Begeisterung bei Groß und Klein. Besonders die Skulpturen der aufrecht stehenden Buddies mit hochgestreckten Tatzen verbreiten eine positive Stimmung und strahlen Optimismus und Aufbruchstimmung aus. Mittlerweile sind die Buddy-Bären weltberühmt. Als freundliche Vertreter Berlins sind sie als Botschafter in die ganze Welt – u. a. nach Buenos Aires und Shanghai – »ausgeschwärmt« und zieren auch das Cover dieses Buches. Wer eine Großskulptur von 1-2 m Größe erwirbt, kann dies zu einem Vorzugspreis tun. Voraussetzung dafür ist, das der Käufer eine Spende leistet, die vor allem UNICEF zugute kommt. Und wer sich selbst künstlerisch betätigen möchte, Rohlinge zum Bemalen gibt es auch.

INFO

Hinkommen: U2 Märkisches Museum, U8 Heinrich-Heine-Str. oder S5, S7, S9 Jannowitzbrücke
Information: Wallstr. 51, 10179 Berlin; geöffnet Mai-Sept. 7.30-17.30 Uhr, www.berliner-baerenfreunde.de.
Fütterung: Ab 7.30 / 8 Uhr können die Bären auf die Freianlage. Feste Futterzeiten gibt es nicht, die Bären bekommen mehrere Portionen (Obst, Gemüse) über den Tag verteilt. Das Futter wird zum Beispiel in Astlöchern, im Wasserbassin oder im Holzspielzeug der Bären versteckt.
Und wer den Bären etwas Gutes tun möchte, gibt geeignete Nahrung hier ab. Selbst füttern geht leider nicht.
Mitbringsel: Buddy-Bären in diversen Größen, nähere Informationen unter www.buddy-baer.com

49 Viktoriapark: Berliner Riesengebirge, Napoleon und Kreuzberger Wein

Gibt es einen Wasserfall mit **Mittelgebirge** und Aussichtsplattform mitten im flachen Berlin? Aber selbstverständlich. Das schönste Bild über die bevorstehende Gipfelbesteigung ergibt sich am Fuße des 66 Meter hohen Kreuzbergs von der Kreuzbergstraße/Großbeerenstraße. Ein bronzener Fischer zieht überrascht eine Nixe aus dem hier endenden und sehr natürlich wirkenden Wasserfall. Allerdings wird im Winter die Natur abgestellt und das Wasserbett mit seinen Natursteinen und Findlingen bleibt trocken. Den Wasserumlauf von 13.000 Liter pro Minute bewältigt ein Pumpwerk im ehemaligen Gärtnerhaus, der heutigen Kreuzberg Villa.

Tipp

Das mächtige Gewölbe unter dem Nationaldenkmal mit Fledermauskolonie, Teile der Quadriga vom Brandenburger Tor und weiteren Skulpturen kann zum Ende jeden Monats besichtigt werden. Genaue Termine und Anmeldung im Bezirksamt, Herr Langkat, Tel. 030/90298-2624.

Inspiriert von der imposanten Natur des damals viel besuchten Riesengebirges schuf der Berliner Stadtgartendirektor Hermann Mächtig ab 1888 eine gebirgsähnliche Landschaft mit engen Wegen, Schluchten, kleinen Bächen und Wasserfall. Der interessanteste Teil des Berliner Minigebirges mit wildromantischer Wolfsschlucht, steilen Wegen, hohen Bäumen und Felssteinen befindet sich auf der östlichen Seite, links vom Wasserfall. Der westliche Teil des Viktoriaparks in Richtung Katzbachstraße wird von großen Wiesen, breiten Wegen und lauschigen Plätzen bestimmt, sehr beliebt bei den Kreuzbergern jeden Alters zum Spazierengehen, Picknicken, Sonnenbaden oder Herumtollen.

Oben auf der Bergspitze führen weitere Stufen auf die Plattform des Nationaldenkmals von Karl Friedrich Schinkel, 1821 eingeweiht zum Gedenken an die Befreiungskriege gegen Napoleon. Wie die Spitze einer gotischen Kathedrale ragt das gusseiserne Denkmal 20 Meter empor, an dessen Hauptfronten vier Kriegsschauplätze verzeichnet und in zwölf Nischen weitere Schlachten als Allegorien zu sehen sind. Erst mit dem Denkmal erhielt der »Berg« seinen Namen, der später auf den Berliner Bezirk übertragen wurde. Ganz oben sieht man das erstmals als Tapferkeitsorden für diesen Krieg verliehene Eiserne Kreuz.

Mitten in Berlin: Wasserfall mit Berg

Kreuzberg mit Aussicht

Von hier aus bietet sich ein **grandioser Ausblick** zu jeder Tages- und Nachtzeit auf das Berliner Stadtzentrum. Der Linie des Wasserfalls folgend entdeckt man die beiden Domkuppeln vom Gendarmenmarkt, links davon die Neubauten vom Potsdamer Platz und ganz links die City West mit dem Mercedesstern auf dem Europacenter. Viele Kreuzberger genießen hier den Sonnenuntergang und sitzen auf den Treppenstufen bis tief in die Nacht. Auf der Rückseite schließt sich das ehemalige Schultheiss-Brauereigelände mit seinen denkmalgeschützten Industriebauten in Backsteingotik an, integriert in das neue Viktoria Wohnquartier. Für Architekturliebhaber: das Gelände kann zu Fuß von der Methfesselstraße aus besichtigt werden.

Auf dem Kreuzberg zur Methfesselstraße hin wird auch Wein angebaut. Aufgrund der hiesigen Breitengrade besticht der Kreuz-Neroberger Wein nicht gerade durch seine herausragende Qualität. So wird er auch nicht kommerziell vertrieben, sondern nur vom Bezirksamt verschenkt – an honorige Kreuzberger Bürger oder hochrangige Gäste aus der Partnerstadt Wiesbaden. Ein denkwürdiges Ereignis fand 1941 in der Methfesselstraße Nr. 7 statt. Konrad Zuse stellte hier den ersten Computer der Welt (Z3) vor, woran eine Tafel an der Hausfassade des kriegszerstörten Gebäudes erinnert. (md)

INFO

HInkommen: U 6+7 Mehringdamm, 600 m Fußweg, Yorckstraße/Großbeerenstraße, U 6 Platz der Luftbrücke, 300 m Fußweg, Dudenstraße/Methfesselstr., Bus 140, Kreuzberg-Wasserfall.
Essen & Trinken: **Golgatha**:Mitten im Park gelegen in Richtung Sportplatz Dudenstraße/Katzbachstraße befindet sich das »Golgatha«, die Kreuzberger Biergarten-Institution. Selbstbedienung am Grill, einfache Küche, Cocktailbar, entspannte Kreuzberger Kiez-Szene, nächtliche Tanzbar. Geöffnet April-September, 10-6 Uhr, Tel. 030/7852453, www.golgatha-berlin.de, am besten abends hingehen.
Maestro Gelaterie: Beliebter Eisladen am Fuße des Kreuzbergs, Kreuzbergstraße 13.
In der Nähe: 2 Bergmannstraße (S. 14)

50 Großer Tiergarten: Spaziergang durch die grüne Mitte – auf den Spuren 300jähriger Gartengeschichte

Die historische Grenze zwischen Stadt und Land ist gleich hinter dem Brandenburger Tor zu spüren. Das mitten im Stadtzentrum gelegene ehemalige kurfürstliche **Jagdrevier** ist mit seinen Spiel- und Liegewiesen, Grillflächen, Biergärten und Partymeilen nicht nur geliebte Erholungs- und Freizeitanlage. Das größte Berliner Gartendenkmal bietet auf 3 km Länge und 1 km Breite eine einzigartige Mischung gartenkünstlerischer Gestaltung der letzten drei Jahrhunderte bis heute.

Dem Preußenkönig Friedrich II. war die höfische Jagd zuwider und er ließ das Wildgehege von seinem Architekten von Knobelsdorff grundlegend zu einem öffentlichen Lustpark mit barocken Achsen, Alleen und eingestreuten Schmuckgärten umgestalten. Die am Ort der heutigen Siegessäule aufgestellten Standbilder antiker Götter nannten die Berliner »Puppen«. Aufgrund der Entfernung vom alten Berlin kam es zur Redewendung »bis in die Puppen«, was zunächst bedeutete, weit laufen zu müssen.

Das Brandenburger Tor im Rücken, führt der Weg links über die Straße zum streng eingefassten Halbrund mit drei Lindenreihen. Der Ahornsteig in der Mitte führt direkt auf die bronzene Löwengruppe zu. Dahinter tauchen auf der linken Seite fünf riesige Steine auf. Sie stammen aus allen Kontinenten und gehören zum privat finanzierten »Global Stone« Friedensprojekt des Künstlers Schwarzenfeld. Der Ahornsteig führt jetzt in ein Waldstück. Kurz vor der nächsten Lichtung zweigt ein Weg rechts ab zum zehn Meter hohen Musikerdenkmal mit Beethoven, Mozart und Haydn aus Marmor und goldenen Putten. Dahinter lädt der Goldfischteich zum Verweilen ein und gegenüber reitet die »Amazone zu Pferd«. Zu Westberliner Zeiten durchfuhren Autos dieses Gebiet, die Mauer war nicht weit und der gesamte östliche Teil des Tiergartens verwahrloste.

Blick von der Siegessäule auf den Tiergarten

Zurück auf dem Ahornsteig, kreuzt dieser die Bellevue Allee (Vorsicht Radwege) und führt auf die Luiseninsel mit prachtvoll leuchtenden Teppichbeeten und dem Marmordenkmal der vom Volk verehrten Königin. Sie blickt in Richtung ihres Ehemannes Friedrich Wil-

Beliebter Grilltreff

helm III. auf der anderen Wasserseite. Der Abzweig bei der Königin führt von der Insel und trifft auf einen weiteren Weg, den wir nun links einschlagen. Hier beginnt der landschaftlich schönste Abschnitt der Wegstrecke mit Gewässern und mehreren Inseln, 1792 von Hofgärtner Sello geschaffen. Dieser romantische Weg führt an der Stufenbrücke vorbei, von der man am besten die scheinbar unendlichen Tiefen der Wasserlandschaft nachempfinden kann. Peter Joseph Lenné verwandelte den Tiergarten ab 1833 in einen klassischen Landschaftspark mit Waldgruppen im Wechsel mit großen Lichtungen, Einzelbäumen und ästhetisch geschwungenen Wegen. Nicht vorstellbar, dass nach 1945 der abgeholzte Tiergarten als Gemüse- und Kartoffelacker diente.

Hinter dem Lortzing-Denkmal folgt eine Kreuzung und unmittelbar rechts dahinter der umzäunte **Rosengarten** mit tausenden Rosen und Stauden, steinernen Pergolen und Tierfiguren aus Bronze. Zurück zur Kreuzung und weiter über die Reiterbrücke kreuzt der Weg die zur Siegessäule führenden Achsen Große Sternallee, die Autotrasse Hofjägerallee und die Fasanerie-Allee, auf der wir nach links abbiegen. Der Abstecher auf die Löwenbrücke ein Stückchen weiter geradeaus bietet einen idyllischen Blick auf das umliegende Gewässer.

Kurz hinter der dramatischen »Fuchsjagd« aus Bronze ist das Ende der breiten Fasanerie-Allee mit dem Café am Neuen See erreicht, wo auch Ruderboote ausgeliehen werden können. Die Lichtensteinbrücke führt über den Landwehrkanal an die Stelle, an der die ermordete Rosa Luxemburg 1919 ins Wasser geworfen wurde. Mit kostenlosem Blick in den Zoo führt der Weg entlang den Tiergehegen bis zur Tiergartenschleuse. Nach links geht's zum U- und S-Bahnhof Zoo. Und wer bis in die Puppen im Schleusenkrug bleibt, braucht nur noch dem gemütlichen Schein der 90 historischen Gaslaternen zum nahegelegenen S-Bahnhof Tiergarten zu folgen. (md)

INFO

Hinkommen: U- und S-Bahnhof Brandenburger Tor.
Essen & Trinken: **Café am Neuen See**: Restaurant, Café und großer Biergarten, tgl. 10–23 Uhr, Lichtensteinallee 2, Tel. 030/25449300.
Schleusenkrug: Szenerestaurant und Biergarten direkt an der Schleuse, tgl. ab 10 Uhr bis open end, Müller-Breslau-Str. 8, Tel. 030/3139909.

51 Flughafen Tempelhof: Nichts bleibt, wie es war

Ein Wiesenmeer wohin das Auge reicht. Die breiten Asphaltstreifen der Startbahnen verlieren sich im Nichts. Eigentlich ist nichts besonderes zu sehen, aber wenn man sich erst mal an die **Weite** gewöhnt hat, ist die Wirkung grandios. Tatsächlich ist die Landschaft ganz leicht gewellt. Rundherum taucht die Stadtsilhouette mit Kirchtürmen, Industrieschloten, dem Fernsehturm, dem Schöneberger Gasometer und den Minaretten der Moschee am Columbiadamm auf. Der 71 Meter hohe weiße Radarturm sieht von Weitem aus wie ein aufgeständerter Golfball. Daneben beginnt das Flughafengebäude, das in einem 1,2 Kilometer langen Bogen das nordwestliche Ende des ehemaligen Flugfeldes abschließt. Was ist geschehen? Die Berliner haben eine bisher unbetretbare Fläche zurückerobert, die sie bisher nur vom Landeanflug aus sehen konnten. Am 8. Mai 2010 ist mit über 300 ha der größte Park Berlins eröffnet worden.

Die Geschichte des Tempelhofer Felds begann im 18. Jh., als der Soldatenkönig auf ehemaligen Ackerflächen einen Exerzierplatz anlegen ließ, auf dem noch bis in die Kaiserzeit hinein Militärparaden abgehalten wurden. Gleichzeitig erstürmten nach den Paraden Tausende von Berlinern mit Sonnenschirmen, Liegestühlen und Picknickkörben das Feld oder amüsierten sich beim Pferderennen oder in Zirkusvorstellungen. Anfang des 20. Jh. begann die Geschichte der Luftfahrt mit Ballonflügen, Zeppelinen und der Flugschau von Orwill Wright. Der 1923 eröffnete Flughafen, der später zum Heimatflughafen der Deutschen Lufthansa A.G. werden sollte, erwies sich bald als zu klein für den rasant wachsenden Flugverkehr. Der in den 1930er Jahren von Ernst Sagebiel gebaute damals größte Gebäudekomplex Europas entsprach einerseits dem Herrschaftsausdruck der Nazis, gilt aber aufgrund seiner zukunftsweisenden Funktionalität als Mutter aller Flughäfen. Während der Luftbrücke 1948/49 kamen die »Rosinenbomber«

Der einstige Luftbrückenflughafen ist heute der größte Park Berlins

im 90-Sekunden-Takt und machten den Flughafen weltweit berühmt. Daran erinnert das Denkmal der »Hungerharke« auf dem Platz der Luftbrücke. Zunächst von der US-Air-Force, dann vom zivilen Luftverkehr genutzt, hob am 30. Oktober 2008 zum letzten Mal eine Maschine in den Tempelhofer Himmel ab. In Zusammenhang mit dem Bau des neuen Großflughafens in Berlin Schönefeld war das Kapitel der Luftfahrt geschlossen worden.

Heute sind die Startbahnen und sonstige Asphaltwege ein **Eldorado für Skater**, Radfahrer, Jogger und Fußgänger. Picknicker und Drachenlenker bevorzugen das Wiesenmeer, Pärchen und Sonnenanbeter verschwinden zwischen den Löwenzahnblüten. Hunde tollen auf den riesigen abgezäunten Auslaufflächen. Der kleine Aussichtsturm am südlichen Rand an der Ringbahn (S41, S42) bietet einen tollen Rundumblick und setzt Fantasien über zukünftige Nutzungen frei. Es gibt vage Pläne einer IGA 2017 und einer Bebauung der Randbereiche, aber bis dahin verkörpert dieser Ort genau das, was Berlins Reiz im Vergleich zu anderen Städten so unschlagbar macht: seine ewige Unfertigkeit. (md)

Wo es Gras gibt, wird gegrillt

Rollbahnnutzung mal anders

INFO

Info Tempelhofer Feld: Orientierungshilfe leisten die Infostellen an mehreren Eingängen (Tempelhofer Damm, Columbiadamm, Oderstraße). Das Gelände ist nachts geschlossen und täglich je nach Jahreszeit geöffnet (im Sommer 6–22.30 Uhr), Eintritt frei. Radausleihe ist möglich: www.fahrradstation.com, Tel. 0180-5108000. Am Wochenende werden Bus-, Rad- und Wandertouren über das Gelände angeboten: www.gruen-berlin.de, Tel. 030/28018162, 030/700906-88.
Hinkommen: Eingang Tempelhofer Damm (ist auch Treffpunkt für Führungen): U6+S-Bahnhof Tempelhof. Eingang Columbiadamm: Bus 104 Friedhöfe Columbiadamm. Der Zugang über das Flughafengebäude ist leider nicht möglich.

Info Flughafengebäude: tgl. spannende Führungen durch den denkmalgeschützten gigantischen Komplex inkl. Eingangshalle, Abfertigungshalle, Dachterrasse, Eisenbahntunnel, Luftschutzbunker und Filmbunker. Treffpunkt BIM, Tempelhofer Damm 1–7, 12101 Berlin, Tel. 030/901661500, www.flughafen-berlin-tempelhof.com.
Hinkommen: U6+Bus 104 Platz der Luftbrücke oder U6 Paradestraße.

Kunst & Kultur

Altes Museum, Museumsinsel

52 Museumsinsel: die preußische Akropolis

1841 verfügte König Friedrich Wilhelm IV., gegenüber dem Schloss eine »Freistätte für Kunst und Wissenschaften« zu schaffen. Innerhalb der nächsten 90 Jahre entstand auf der Spreeinsel ein einzigartiges Gesamtkunstwerk und eines der größten Schatzhäuser der Welt. Die fünf Museumsbauten repräsentieren 6.000 Jahre Menschheitsgeschichte. Sie beginnt bei den Ursprüngen der Kunst in Ägypten und im Zweistromland, führt über die klassische Antike, Mittelalter und Renaissance bis zum Barock und endet im 19. Jh.. Die durch Krieg und Teilung getrennten Sammlungen konnten nach der Wiedervereinigung wieder zusammengeführt werden. Bei laufendem Betrieb werden die Gebäude aufwändig saniert und auf den technisch neuesten Stand gebracht. Der Masterplan Museumsinsel 2015 sieht vor, die Besucher in einem repräsentativen Empfangsgebäude zu begrüßen und die Häuser mit einer »Archäologischen Promenade« unterirdisch miteinander zu verbinden. Die Museumsinsel ist Weltkulturerbe der UNESCO.

Das **Alte Museum** wurde 1830 von Schinkel erbaut und ist sein Meisterwerk. Es steht auf 3.053 Holzpfählen im sumpfigen Boden und seine Hauptfront gleicht einem griechischem Tempel mit 18 Säulen. Im Inneren zeigen der doppelte Treppenaufgang und die Rotundenkuppel die wahre Schönheit des Gebäudes. Gezeigt werden Kunst und Skulpturen der Griechen und Römer, zukünftig auch wieder die Kunst der Etrusker.

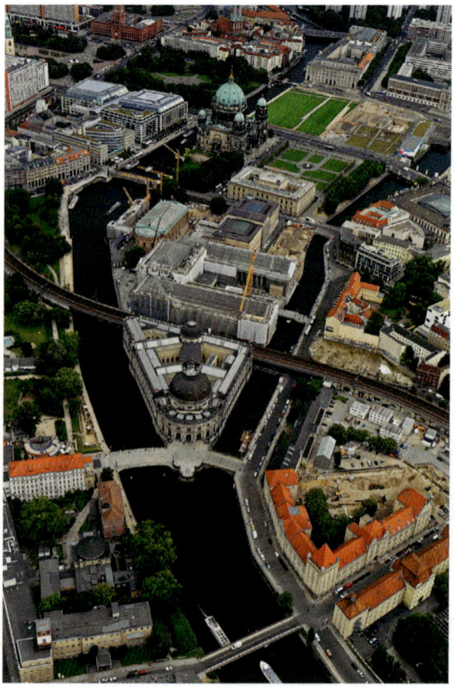

Der auf einem zwölf Meter hohen Sockel thronende klassizistische Tempelbau der **Alten Nationalgalerie** beherbergt 440 Gemälde zeitgenössischer Kunstsammlungen des 19. Jh., darunter Werke von Caspar David Friedrich, Adolph Menzel und Sezessionisten. Im Kuppelsaal finden sich französische Impressionisten, in der Galerie 80 Skulpturen, u.a. von Schadow. Den komplett sanierten Bau erreicht man durch den arkadischen Kolonnadenhof. Hier fanden bis zur derzeitigen Renovierung Tangonächte unter dem Sternenhimmel statt.

Nach über 60 Jahren ist das **Neue Museum** mit der einzigartigen ägyptischen Sammlung wieder für die Öffentlichkeit zugänglich. Auch die be-

Museumsinsel aus der Luft

Die Alte Nationalgalerie

rühmte Büste der 3.400 Jahre alten Nofretete ist an ihren angestammten Ort zurückgekehrt. Der im Krieg stark beschädigte Bau ist vom Architekten David Chipperfield aufwändig saniert und ohne Imitationen rekonstruiert worden. Daneben entsteht derzeit die James-Simon-Galerie mit zukünftigem Besucherzentrum und dem Haupteingang der Museumsinsel.

Für die außergewöhnlichen Architektur-Rekonstruktionen aus dem Altertum ist 1930 das erste maßgeschneiderte Museum eröffnet worden: das **Pergamonmuseum**. Dort findet man die griechische Großplastik des Pergamonaltars, das römische Markttor von Milet, die Prozessionsstraße von Babylon sowie Sammlungen der Islamischen Kunst. Der Dreiflügelbau wird schrittweise saniert. Ein vierter Flügel soll Platz für weitere Großplastiken wie das altägyptische Kalabscha-Tor oder die Säulenhalle des Sahure-Tempels bieten.

Wie ein runder Schiffsbug mit mächtiger Kuppel bildet das **Bodemuseum** den nördlichen Abschluss der Spreeinsel. Es enthält in der Mitte eine florentinische Basilika. Nach der glanzvollen Sanierung zeigt es seit 2006 Skulpturen, wie u. a. von Tilman Riemenschneider und Donatello sowie Byzantinische Kunst. (md)

INFO

Hinkommen: Lustgarten: Bus 100/200, Hackescher Markt: S-Bahn/Tram

Information: Museumsinsel: tgl. 10-18 Uhr, Do bis 20/22 Uhr. Im Neuen Museum wegen hohen Andrangs nur mit Zeitfenster, www.smb.museum, Tel. 030/20905577. Preise: je Haus 8-10 Euro, für alle Häuser 14 Euro

Tipp: donnerstagabends freier Eintritt, aber auch hier Zeitfenster im Neuen Museum nötig.

Essen & Trinken: **Cafés** im Bodemuseum, Pergamonmuseum, Altem Museum und Alter Nationalgalerie sind frei zugänglich.

Tipp: Café im Bodemuseum.

Restaurants: Mehrere Restaurants und Cafés in den Stadtbahnbögen entlang der Georgenstraße, direkt gegenüber dem Pergamonmuseum auf anderer Spreeuferseite, z.B. Corroboree Museumsinsel (Stadtbahnbogen 181) und Zwölf Apostel (Georgenstraße).

53 Dalí ist Berliner

Christ de San Juan

Salvador Dalí ist einer der genialsten Künstler der Moderne, der seine Werke und sich selbst auf spektakulärste Weise inszenierte. **»Surrealismus für alle«** – in diesem seinem Sinne sind über 450 Exponate des großen Surrealisten dauerhaft am Potsdamer Platz zu sehen. Dieses privat initiierte und getragene Museum bereichert als Kulturhighlight die hochkarätige Museumslandschaft Berlins und ermöglicht dem Besucher den wohl umfangreichsten Einblick in Dalís experimentierfreudige Meisterschaft in nahezu allen Techniken der Kunst direkt in Berlins pulsierender Mitte.

Dalí – Die Ausstellung am Potsdamer Platz zeigt aus einem Pool von fast 3.000 Werken privater Sammlungen aus der ganzen Welt u. a. Zeichnungen, Lithographien, Radierungen, Holzschnitte, illustrierte Bücher, dreidimensionale Arbeiten und Skulpturen sowie zeitbegleitende Berichte, Texte und einen Film. Der Kurator des Hauses ermöglicht in Zusammenarbeit mit den Sammlern eine Ausstellung, die man durch regelmäßigen Wechsel der Exponate gerne ein zweites Mal besucht.

Um dem Besucher den Weg in die faszinierende Welt Dalís zu erleichtern, stehen täglich sog. Dalí-Scouts bereit, die den Besucher in fast stündlich stattfindenden öffentlichen Führungen durch die Ausstellung geleiten oder auch als Ansprechpartner jedem Besucher gerne im Gespräch Fragen beantworten oder Anregungen zur Herangehensweise an Dalís Kunst geben. Auf eigene Faust lässt es sich auch mit dem praktischen Kurzführer (Pocketguide) zur Ausstellung in die surreale Welt Dalís eintauchen.

Konferenzraum

Im Museum

Mit Salvador Dalís erstem lithographischem Werk »Don Quichotte«, bei dem er durch das Schießen mit historischen Musketen auf Lithosteine den »Bulletismus« begründete, über seine schönsten Kaltnadelradierungen wie »Tristan und Isolde« oder dem »Faust« und dem Zyklus zu Dantes »Göttliche Komödie«, den er ursprünglich im Auftrag der italienischen Regierung initialisierte, bis hin zu spektakulären Skulpturen, wie dem »Surrealistischen Engel« und seinem ersten Film »Ein Andalusischer Hund« bietet die Ausstellung eine einzigartige Möglichkeit, Dalí neu zu entdecken.

Auch die berühmten und vom Papst gesegneten Werke Dalís zur »Apokalypse des Heiligen Johannes«, bei deren Entstehung Dalí ganz nach seiner paranoisch-kritischen Methode mit Nägel gefüllte Bomben explodieren ließ und Nähmaschinen mit einer Dampfwalze überfuhr, sind hier zu bestaunen.

»Come into my brain« lud Dalí einst selbst ein. Lassen Sie sich in seine Welt entführen. (cm)

INFO

Hinkommen: U- und S-Bahn Potsdamer Platz

Information: Dalí – Die Ausstellung am Potsdamer Platz, Leipziger Platz 7, 10117 Berlin, Mo–Sa 12–20 Uhr, So/Feiertag 10–20 Uhr. Eintritt 11 Euro, Familie 29 Euro (2 Erw. + Kinder bis 16 J.), Hotline 0700/32546873, www.DaliBerlin.de.

Führungen: öffentl. Führungen (zzgl. Eintritt, nach Verfügbarkeit innerhalb der Öffnungszeiten bis 18 Uhr stündlich) 6 Euro, gebuchte Führungen (zzgl. Eintritt, max. 25 Pers. je Dalí-Scout) 75 Euro. Führungen auch außerhalb der Öffnungszeiten ab 15 Personen buchbar. Infos unter fuehrungen@DaliBerlin.de

In der Nähe: 42 Potsdamer Platz (S. 98)

54 Liebermann-Villa am Wannsee: traumhafte Symbiose von Landhaus und Gartenanlage

Eine besondere Atmosphäre, ein besonderes Haus, der Szene-Treff des 19. Jahrhunderts mit illustren Nachbarn – treten Sie ein!

1909 erwarb Max Liebermann das ca. 7.000 m² große Grundstück direkt am Wannsee in der vornehmen **Villenkolonie Alsen**. Zur linken Seite wohnte der Verleger Carl Langenscheidt, rechts residierte AEG-Direktor Johann Hamspohn, gegenüber lebten Verleger Ferdinand Springer und der Mediziner Ferdinand Sauerbruch – eine vornehme Gesellschaft.

1910 war das Haus bezugsfertig, geplant von Paul Otto Baumgarten, der auch das Haus von Hamspohn nebenan erbaut hatte. Max Liebermann brachte sich voll in die Planung ein. Haus und Gartenanlage wurden als eine korrespondierende Einheit aufgefasst. Dabei wurde auf Prunk verzichtet. Eine schnörkellose Fassade, innen feiner Putz, unterbrochen von Sandstein- und Muschelkalkelementen – fast schon minimalistisch, ein bisschen vorweggenommener Bauhaustil von innen. Die als Sommerresidenz gedachte Villa ist Licht durchflutet und integriert in die Natur.

Hinter dem Eingangshäuschen, in dem man nach Postern und Kunstdrucken rund um Max Liebermann stöbern kann, betritt man den vorderen Teil des Gartens. Vom späten Frühjahr bis zum Herbst wird man hier von einer einzigartigen **Farbenpracht** von Blumen und dazwischen gepflanztem Gemüse begrüßt. Eine gepflegte, ländliche Idylle, so, wie sie Liebermann gerne auf seinen Bildern festhielt. Auf symmetrisch angelegten kiesigen Wegen schlendert man durch den Garten.

Von Blumen umgeben: die Liebermann-Villa

Max Liebermann

- geboren am 20. Juli 1847 als Sohn eines wohlhabenden jüdischen Textilfabrikanten in Berlin.
- 1868 Studium an der Kunstakademie Weimar, später in Paris und Barbizon
- Inspirationen durch Jean Francois Millet und die altniederländische Kunst, wobei Motive einfacher Menschen wie Handwerker und Bauern im Vordergrund stehen.
- Ab 1878 in München, ab 1884 wieder in Berlin, zwischendurch viel in Holland, wohin ihn 1885 seine Hochzeitsreise mit Martha Marckward führte. Im gleichen Jahr wird die einzige Tochter Käthe geboren.
- 1894 erbt er nach dem Tode seines Vaters das Haus direkt am Pariser Platz, hier baut er 1899 sein neues Atelier. Die Motive wechseln nun: nicht arme, einfache Leute, sondern das gehobene Bürgertum wird dargestellt.
- Zum Höhepunkt seiner Karriere wird er 1920 zum Präsidenten der Akademie der Künste berufen. 1933 legt er aus Protest gegen die Nazis alle Ämter nieder. Er stirbt im Februar 1935 in Berlin.

Hinter der Villa schließt sich der zum See gewandte Teil an. Eine weite Rasenfläche liegt vor dem Seeufer. Die Terrasse ist von Blumenbeeten umgeben, die Fläche von Blumenrabatten unterbrochen, die jeden Sommer in anderen Farben blühen. Ein kleiner Birkenbestand unterbricht die große Fläche in wohltuender Weise.

Im Haus, das seit April 2006 als Museum geöffnet ist, sind Dokumentationen zur Familie Max Liebermanns zu sehen, ebenso kann man die wechselnde Geschichte der Villa an Exponaten teilweise nachvollziehen. Im oberen Stockwerk erwarten die Besucher viele Gemälde, Pastelle und Grafiken des Künstlers. Vor allem findet man Werke, die einem nach dem Spaziergang durch die Gärten vertraut vorkommen: Da sind der kleine Birkenhain, die Stauden, der Blick über den Rasen zum Wannsee. Die Werke des Künstlers kann man hier bestaunen und ist gleichzeitig nah an der Wirklichkeit, die ihn inspirierte. Lassen Sie – wenn das Wetter es zulässt – den Besuch auf der Terrasse ausklingen. (mi)

INFO

Hinkommen: S1 bis S-Bahnhof Wannsee, dann in 5 min. Bus 114 Richtung Heckeshorn/Haltestelle Villa Liebermann. Zu Fuß in 25 min. ab Bahnhof Wannsee die Königstraße entlang über die Wannse-Brücke, danach rechts in die Straße Am Großen Wannsee abbiegen.

Information: Liebermann-Villa, Colomierstr. 3, 14109 Berlin, Tel. 030/ 80585900, www.liebermann-villa.de. Okt.-März Mi-Mo 11-17 Uhr, April-Sept. Mi-Mo 10-18 Uhr, Do 10-20 Uhr. Führungen: Sa/So und feiertags 14 Uhr. Eintritt 6 Euro.

Essen & Trinken: Im Bistro Café Max der Liebermann-Villa gibt es Kleinigkeiten zum Essen. Man kann bei schönem Wetter auf der herrlichen Terrasse mit Seeblick sitzen.

In der Nähe: 97 und 98 Fahrradtour am Wannsee (S. 218f)

55 Sammlung Boros: Kunst im Bunker

Einer der ungewöhnlichsten Ausstellungsräume Berlins ist sicher ein umgebauter **Hochbunker** in Berlin-Mitte. Seit Juni 2008 ist hier die Sammlung Boros öffentlich zugänglich, die von Christian Boros gemeinsam mit seiner Frau Karen Lohmann aufgebaut wurde. Heute befinden sich ca. 600 zeitgenössische Werke von Künstlern wie Damian Hirst, Olafur Eliasson, Elizabeth Peyton, Wolfgang Tillmans, Anselm Reyle in ihrem Besitz – und es werden immer mehr.

Christian und Karen Boros erwarben 2003 den 1942 gebauten Hochbunker. In einem Jahr Planung und vier Jahren Umbau entstanden ein Ort für die Sammlung und auf der 1.000 m^2 großen Dachfläche ein Penthouse mit Terrassen und Dachgärten.

Das **Privatmuseum** bietet 3.000 m^2 Ausstellungsfläche mit Raumhöhen von 2,30 bis 13 m. Viele der niedrigen Zwischendecken wurden mit Diamantschneidetechnik entfernt. Aus 120 vorgefundenen Räumen entstanden so 80 Räume. Innen gibt es kein Tageslicht. Skulpturen, Rauminstallationen sowie Licht- und Performancearbeiten schaffen eine neue Erfahrung der Räume im Bunker. Alle Arbeiten wurden von den Künstlern selbst installiert und inszeniert.

Im Inneren erstreckt sich der Schutzraum über fünf Etagen. Die Außenwände aus massivem Stahlbeton haben eine Dicke von 2 m, das Dach besteht aus 3,10 m dickem Stahlbeton. Beim Bau wurde so genannter »Blauer Beton« verwendet. Dieser spezielle Beton war zur damaligen Zeit einer der widerstandsfähigsten Baustoffe, der erst nach etwa 30 Jahren voll ausgehärtet ist. Die Ober-

Werk von Anselm Reyle im Bunker

fläche wurde als unbehandelter Sichtbeton mit den Spuren der Bretterverschalung belassen. Das Gebäude steht wegen der besonderen historischen Bedeutung unter Denkmalschutz.

Oben Penthouse, unten Kunstbunker

Dieser Denkmal-Charakter wurde bei den Umbauarbeiten gewahrt: Außen wurden alle Kriegsspuren belassen, und im Inneren sind die verschiedenen Nutzungen des Gebäudes ablesbar. 1942 war der Bau unter der Bezeichnung »Reichsbahnbunker Friedrichstraße« erbaut worden, im Rahmen des Führer-Sofortprogramms unter der Leitung von Albert Speer. Er sollte den Reisenden des in der Nähe gelegenen Bahnhofs Berlin-Friedrichstraße Schutz vor alliierten Luftangriffen bieten. Der Schutzraum fasste bis zu 2.000 Personen. Nach der Kapitulation besetzte die Rote Armee den Bunker und nutzte ihn als Gefängnis.

Ab Mitte der 1950er Jahre wurde er vom volkseigenen Obst- und Gemüsekombinat Berlin als Lager genutzt. Die dicken Wände und das raffinierte Belüftungssystem sorgten für eine nahezu konstante Innentemperatur. Daher war er für die Lagerung von Südfrüchten besonders gut geeignet. Zu DDR-Zeiten wurde er von der Bevölkerung auch »Bananenbunker« genannt. Nach der Wende entdeckte die Techno- und Fetisch-Szene den Bunker als **Partylocation**. Der »Bunker« galt als der härteste Technoclub in Deutschland. Die dort ebenfalls veranstalteten SM- und Fetischparties waren weit über die Grenzen von Berlin bekannt. 1995 fand im Bunker die »Sexperimenta« statt. Seine letzte Techno-Party erlebte der Bunker im Jahre 1996. (sb)

Christian Boros

Geboren 1964, studierte Mitte der 1980er Jahre Kommunikationsdesign in Wuppertal. 1990 gründete er seine eigene Werbeagentur, die unter anderem mit Kampagnen für VIVA und Coca Cola bekannt wurde. Sein erstes Werk soll er bereits mit 18 Jahren erstanden haben – von Joseph Beuys.

INFO

Hinkommen: U-Bahnhof Oranienburger Tor oder S+U-Bahnhof Friedrichstraße
Information: Sammlung Boros, Reinhardtstraße 20, 10117 Berlin, Tel. 030/27594065. Die Sammlung ist **nur nach Voranmeldung** zu besuchen. Führungen (ca 1,5 Std., max. 12 Teilnehmer, 10 Euro) finden **nur am Wochenende** statt zwischen 10 und 18 Uhr, Start ist halbstündlich. Anmeldung auf www.sammlung-boros.de. **Tipp:** Da die Führungen meist wochenlang im Voraus ausgebucht sind, empfiehlt sich eine frühzeitige Anmeldung.

56 Gedenkstätte in den Arbeits- und Wohnräumen von Bertolt Brecht und Helene Weigel

Brecht wurde 1898 in Augsburg geboren. Ab 1920 war er oft in Berlin, ab 1924 ständig, um literarische Kontakte zu knüpfen und Anschluss an die Theaterszene zu finden. 1922 heiratete er die Schauspielerin Marianne Zoff, im gleichen Jahr erhielt er den Kleistpreis. 1929 ging er den Bund der Ehe zum zweiten Mal ein, mit Helene Weigel – während Berlins Goldenen Zwanzigern.

Brecht wurde überzeugter **Kommunist,** ohne je in eine Partei eingetreten zu sein. Lenin und Marx gehörten ebenso wie die Bibel zu seiner ständigen Literatur, Ausdruck einer spannungsgeladenen Künstlerseele. In diese Zeit fiel die Entwicklung des epischen Theaters, wobei der Zuschauer zur persönlichen Auseinandersetzung mit dem Inhalt geführt werden sollte. Es folgten Jahre, wo die Brechts schneller die »Länder wechselten als andere die Schuhe«. Nur einen Tag nach dem Reichstagsbrand floh die Familie über Prag, Wien und Zürich nach Dänemark, später nach Schweden und Finnland, danach 1941 über die damalige UdSSR nach Wladiwostok, dann mit dem Schiff nach Kalifornien. Doch hier fassten beide nie so recht Fuß, Amerika war ihnen zu oberflächlich, die Amerikaner beäugten Brecht skeptisch und verdächtigten ihn als Mitglied der KPD. Vor dem Komitee für unamerikanische Umtriebe bekräftigte er seine Parteilosigkeit, doch die erwünschte US-Staatsbürgerschaft blieb ihm versagt. Einen Tag nach der Vorladung reisten beide nach Zürich, wo sie ein Jahr blieben. Nach Westdeutschland durften die Staatenlosen nicht, doch die DDR nahm sie bereitwillig auf. In der Folgezeit gründeten beide das berühmte **Berliner Ensemble**, unterstützt von Wilhelm Pieck und Otto Grotewohl. Hele-

Dorotheenstädtischer Friedhof

ne Weigel wurde Direktorin, sodass die Wege zwischen Manuskripten, Vorlagen, Regie und Inszenierungen kurz waren.

Denkmal vor dem Berliner Ensemble

Im Haus an der Chausseestraße lebte Bertolt Brecht mit seiner Frau Helene Weigel von Oktober 1953 bis zu seinem Tode im August 1956 im ersten Stock, wo er zwei Arbeitsräume und ein Schlafzimmer belegte. Brecht galt als sehr disziplinierter Schriftsteller, der morgens um sieben Uhr mit seiner Arbeit begann, um später am Vormittag im Theater an Inszenierungen im nahe gelegen Theater am Schiffbauer Damm zu arbeiten. Seine Frau wohnte einen Stockwerk höher, denn beide hatten einen unterschiedlichen Rhythmus. Als Schauspielerin und Intendantin arbeitete sie oft bis in die Nacht hinein.

Beim Besuch kann man sich vorstellen, wie inspirierend die Atmosphäre von Wohnen und Arbeiten, Diskutieren und Erholen hier war. Schon kurz nach Brechts Tod 1956 gründete Helene Weigel das **Bertolt Brecht Archiv**, sicherte den Nachlass und versuchte, alles zu erhalten. Fortan lebte sie im Erdgeschoss, erweiterte die kleine Wohnung um einen Wintergarten, wo sie bis zum ihrem Tode 1971 lebte. Beide sind auf dem benachbarten Dorotheenstädtischen Friedhof begraben. (mi)

INFO

Hinkommen: Oranienburger Tor (U6) oder Märkisches Museum, S-Bahn Friedrichstraße, Bus 340, Tram M6, 12
Information: Brecht-Weigel-Gedenkstätte, Chausseestraße 125, 10115 Berlin Mitte, Tel. 030/20057 1844, www.adk.de, www.lfbrecht.de, Besuch nur mit Führung: Di 10/10.30/11/11.30/14/14.30/15/ 15.30 Uhr, Mi, Fr 10/10.30/ 11/11.30 Uhr, Do 10/10.30/11/11.30/ 17/17.30/ 18/18.30 Uhr, Sa 10/10.30/ 11/11.30/ 12/13/13.30, 14/14.30/15/ 15.30 Uhr, So stdl. 11-18 Uhr, Mo und Feiertag geschlossen, Eintritt 5 Euro
Essen & Trinken: Kellerrestaurant, im Brecht-Haus im Innengang rechts, Tel. 030/2823843, www.brechtkeller.de, tgl. ab 18 Uhr. Helene Weigel kochte sehr gerne, was auch ihre Küche zeigt, die man während der Führung besichtigt. Nach ihren Rezepten - sie stammte ja aus Wien - wird hier gekocht. Tafelspitz, Wiener Schnitzel, Hend'lsuppe mit Kräuterschöbeln... Man kann bei gutem Wetter auch draußen im Innenhof essen - auf jeden Fall vorher reservieren.
In der Nähe: 41 Friedhof Dorotheenstadt (S. 94).

57 East Side Gallery: Kunst an der Mauer

Die East Side Gallery ist einzigartig. Es werden Vergangenheit, Gegenwart und Zukunft farbenprächtig vereint. Hier im trendigen Stadtteil Friedrichshain direkt am Spreeufer haben nach der Wende über 100 Künstler aus der ganzen Welt die einst graue Mauer in eine Art **Wandgalerie** verwandelt. Mit Motiven, in denen sie dem politischen Wandel Ausdruck verliehen. Mit einer Länge von 1.300 Metern stellt die bemalte Mauer die längste open-air-Galerie der Welt dar. Nach dem Mauerfall 1989 begannen bereits im Februar 1990 die ersten Künstler, Teile der Mauer entlang der Mühlenstraße mit Großbildern zu versehen. Die Motive, meist sehr farbenprächtig, sollten Ausdruck für Hoffnung sein, gleichzeitig aber auch Mahnung.

Was so spontan begann, erhielt sehr viel Zuspruch durch Berliner und Besucher. Seit 1996 bemüht sich daher die Künstlerinitiative East Side Gallery e. V. um den Erhalt der Straßenkunstwerke. Ab dem Jahr 2000 wurden Teile der Mauer (ca. 333 m) vor dem Verfall gerettet, indem man zunächst den Beton restaurierte und die Bilder später wiederherstellte. Doch die »große Restaurierung« begann im April 2009, nachdem die Stiftung Deutsche Klassenlotterie Berlin fast eine Million Euro zur Verfügung stellte. Die Restaurierung der 105 Bildmotive und wurde so Stück für Stück fertig gestellt. (mi)

Wie sanierte man die Mauer?

Zunächst legte man mit Presslufthämmern den Stahl in den Betonwänden frei, um ihn mehrfach mit Rostschutz zu schützen. Danach wurde die verbleibende Oberfläche mit Dampfdruck gereinigt, sodass alte Farbreste entfernt wurden. Die »kariesartige« Mauer wurde danach mit Spezialbeton in den Hohlräumen aufgefüllt. Danach legte man einen Belag aus elastischem Beton und verstärkenden Glasfasern an, der zweifach mit Farbe bestrichen wurde. Erst danach begannen die Künstler, ihre Ursprungsmotive von 1990 wieder anzubringen.

Kunst an der Mauer: Künstler bei der Restaurierung

Easy Going: Die Strandbar »Yaam« an der Spree hinter der Eastside Gallery

Ein Spaziergang entlang der Mauer lohnt sich

INFO

Hinkommen: An der Mühlenstraße (parallel zum Spreeufer) S-Ostbahnhof oder U-Jannowitzbrücke
Information: www.eastsidegallery-berlin.de
Tipp: Zwischen Jannowitz- und Oberbaumbrücke sollten Sie an der Spree das lockere Strandleben genießen. Flippig und alternativ geht es an den Strandbars hinter der sanierten Mauer zu. Einfach mal hinter die Kulissen schauen. Im Sommer ein Muss! Wen der Hunger packt, der kann sich ganz in der Nähe bei »Curry Fritze – Berlins No. 1 Partywurst« mit einer Curry-Wurst stärken, Musik inklusive, und manchmal legt ein DJ auf dem Dach der Bude auf (Warschauer Str. 47, an der Oberbaumbrücke Ecke East Side Gallery, Do–Sa 12–8, So–Mi 12–1 Uhr, www.curryfritze.com).
In der Nähe: 58 Sandsation (S. 132).

58 Sandsation: Spielwiese für Sandkünstler

Sandsation ist eine Sandskulptur-Ausstellung, die jährlich andere Sandkunstwerke vorstellt und nur in den Sommermonaten zu besichtigen ist. Das Leitmotto wechselt jährlich, 2010 hieß es »Kopf im Sand«. 22 Sandkünstler, Carver genannt, machten sich ans Werk, um ihre Fantasien auf Sand zu bauen. Die Künstler kommen aus der ganzen Welt, manche waren schon mehrfach in Berlin. Der Leiter von Sandsation, Martin Tulinius, hat die Kunst der Sandskulptur beim Pionier der Carver gelernt, dem Kalifornier Gary Kirk.

Das Material ist nicht der Sand, wie wir ihn vom Meeresstrand kennen, wo Kinder und Eltern Burgen bauen. Man benötigt zum Skulpturschaffen als Grundlage **scharfkantigen Sand** und nicht solchen, der durch Gezeiten rund geschliffen ist. Denn dieser eignet sich nicht zum Bauen: Er rutscht einfach weg, so, als ob man mit Murmeln etwas bauen möchte. Für die großen Figuren benötigt ein Carver locker 10–20 t Material. Der hier verwendete Sand stammt aus Brandenburg.

In einem ersten Schritt wird der Sand »compactet«. Dazu wird er in Holzverschalungen (Kisten) gefüllt. Der Inhalt wird dann gewässert und umgerührt, sodass das Ganze möglichst dicht wird. Anschließend wird er mit Baumaschinen festgestampft. Danach werden vorsichtig die Verschalbretter abgetrennt. Nun beginnt die eigentliche künstlerische Arbeit. Aus dem festen Sand, der sich wie weicher Stein bearbeiten lässt, werden von oben nach unten die Figuren herausmo-

Beim Bau

delliert. Als Werkzeuge dienen Maurerkellen, Spachteln, Messer, Pinsel – kurz: alles, mit dem man kratzen kann. Wichtig beim gesamten Gestaltungsprozess ist, dass der Sand stets zu einem gewissen Grad feucht bleibt. Nach der Aushärtung sind die Figuren durchaus für einige Monate gegen Wind und Regen gefeit.

Unter dem Motto Kopf im Sand: Kunst aus Sand

In den letzten Jahren lag Sandsation am Humboldthafen direkt hinter dem Hauptbahnhof. Doch die Grundstücke sind hier heiß begehrt, sodass sich die Leitung von Sandsation entschloss, an ihren Ursprungsort in **Friedrichshain** zurückzukehren. Hier entstand ein neues Freizeitgelände mit Liegestühlen und Gastronomie. Kinder können sich auf einem Spielhügel austoben, am Wochenende gibt es Mitmach-Workshops nach dem Motto »Become a Carver«. Und die Kulisse gegenüber der Spree stimmt. (mi)

Die Oberbaumbrücke

Die 1896 erbaute Brücke zwischen Kreuzberg und Friedrichshain, gegenüber der Sandsation, erinnert mit den markanten Mitteltürmen etwas an brandenburgische Burgen. Mitten durch die Brücke führte bis zum Mauerfall die Ost-West-Grenze, die Brücke verfiel. Erst nach der Wende wurde sie hervorragend restauriert und dient der U-Bahn, dem Straßenverkehr und Fußgängern.

Im **Restaurant Speicher** (Mühlenstr. 78-80, 10243 Berlin, Tel. 030/293380-0) sitzen Sie direkt an der Spree, Blick auf Brücke und Fluss. Im Sommer kann man leger in Liegstühlen draußen relaxen. Gutes Essen zu moderaten Preisen, sonntags Brunch, abends Disco.

INFO

Hinkommen: Bahnhof Warschauer Straße, durch eine Fußgängerbrücke direkt mit der O2 World verbunden, S-Bahn: S3, S5, S7, S75 und S9, U-Bahn: U1, Bus: Linie 347 und N1, Tram: M10 / M13 oder: Ostbahnhof: S-Bahn: S3, S7, S5, S75 und S9, Bus: 140, 240, 347 oder N40. Vom Bahnhof führt eine Begehungsstraße direkt zur O2 World. Bitte folgen Sie der Beschilderung.

Mit dem Schiff: Der Anlegepunkt O2 World wird tgl. angefahren von den Reedereien Riedel (www.reederei-riedel.de), Exclusiv-Yachtcharter-Berlin (www.exclusiv-yachtcharter. de), Micky Tours (www.mickytours.de) und tgl. flexibel von VoC-Reederei (www.voc-reederei.com).

Information: An der O2 World, Mühlenstr. 12-30, 10243 Berlin-Friedrichshain, Tel. 0176/96886279, www.sandsation.de. Öffnungszeiten: So–Do 10–20 Uhr, (außer bei Sonderveranstaltungen), Fr/Sa 10–23 Uhr (außer bei Sonderveranstaltungen), 6 Euro, Happy Hour Fr/Sa ab 20 Uhr 4 Euro.

In der Nähe: 57 Eastside Gallery (S. 130)

59 Kabaretts in Berlin: zum Lachen und Nachdenken

Berlin ist eine Stadt der Kabaretts – und was ist schöner, als am Abend beim Besuch der Hauptstadt auszugehen.

Die Distel (59a)

In der Distel geht es etwas »ostalgisch« zu: Der Eingang von der Friedrichstraße hinauf durch einen nicht renovierten Flur erinnert an DDR-Zeiten, ebenso der Vorraum, wo man in gemütlicher Enge auf Tuchfühlung geht. Die Distel – 1953 gegründet – war das Kabarett des Ostens und damit ein Pendant zu den Westberliner Stachelschweinen. Bis zur Wende bewegte sich das Theater stets auf einer Gratwanderung der staatlich erlaubten Ironie. Bis heute sehr bissig, sehr lebendig, viele »alte« treue Besucher aus der Vor-Wende-Zeit.

Die Distel ist weiterhin ein »Stachel am Regierungssitz«, sehr frech und lebendig und immer im zeitnahen Bezug zum politischen und gesellschaftlichen Geschehen, wobei immer wieder der Bezug zur »alten DDR« hergestellt wird. Auch für »Westler« gibt es viel zu lachen…

Restaurantipp

San Nicci, Friedrichstraße 101, 10117 Berlin (direkt bei der Distel - gegenüber dem S-Bahnhof Friedrichstraße), Tel 030/306454980, www.san-nicci.de, Mo–So 10–24 Uhr. Edelitaliener in minimalistischem Ambiente: Moderner Stuck, Marmor-Mosaiken am Boden, viel dunkles Holzmobiliar. Die Speisekarte verbindet die Esskultur Italiens mit regionalen saisonalen Zutaten. Anständig dimensionierten Portionen - nicht immer üblich in höherpreisigen Restaurants. Spezialität sind die Kalbskoteletts in Variationen mit Salbei, Parmesan oder Pfeffer. Fisch? Traditionell gegrillte Dorade mit frischen Kräutern oder Seeteufel vom Grill mit Zitrusfumet auf Melone und jungem Estragon-Lauch - das Gourmet-Herz schlägt höher.

Der »Stachel am Regierungssitz«

Die Stachelschweine (59b)

Zuhause der Wühlmäuse

Die Stachelschweine sind das Nachkriegs-Kabarett der ersten Stunde (1949). Sie sind mit dem Namen des Turbo-Kabarettisten Wolfgang Gruner, jener Urberliner »Schnauze« voller Frechheit, Schnoddrigkeit und Impulsivität eng verbunden. Erich Kästner schrieb ihnen 1953 ins Gästebuch: »Liebe Stachelschweine, lasst Euch nie rasieren!« Wolfgang Neuss, Edith Hancke kamen dazu – Namen, an die man sich heute noch erinnert. Leider ist aber viel an Spritzigkeit verloren gegangen; in der Zeit vor dem Mauerbau hatten die Stachelschweine die Lacher auf ihrer westlichen Seite.

Die Wühlmäuse (59c)

Wie die Wühlmäuse zu ihrem Namen kamen? Während den Proben setzte sich eine Maus auf das Klavier. Sie schien von der Musik angetan und blieb still sitzen. Dadurch inspiriert, gaben sich die Kabarettisten den Namen »Wühlmäuse«.

Das »Berliner Kabarett -Theater« bietet z. T. mit Comedy-Einschlag ein abwechslungsreiches Programm. Hausherr ist Dieter Hallervorden, der mit Wilfried Herbst das Theater gründete. Hallervorden ist auch heute noch für den Spielplan des satirisch-politischen Programms verantwortlich. 1986 erfolgte eine Sanierung des Theaters mit ansteigender Bestuhlung und Klimaanlage. Das Theater kommt nach wie vor ohne Subventionierung aus. »Didi« steht heute nicht mehr ganz so oft auf der Bühne, dagegen brilliante Darsteller wie z. B. Dieter Nuhr, Martin Buchholz, Urban Priol, Bruno Jonas, Andreas Rebers und Irmgard Knef. (mi)

INFO

Information:
Die Distel, Friedrichstraße 101, 10117 Berlin, Tel. 030/2044704, www.distel-Berlin.de.
Hinkommen: S+U-Friedrichstraße: S-Bahn S1, S2, S3, S5, S7, S25, S75, U-Bahn U6, Bus 147, Tram 12, M1
Die Stachelschweine, Europa-Center, Tauentzienstr. 9-12, 10789 Berlin, Tel. 030/2614795, www.die-stachel schweine.de.
Hinkommen: S+U Zoologischer Garten: S-Bahn S3, S5, S7, S75, U-Bahn U2, U9, Bus X10, X34, X9, U-Kurfürstendamm: U1, U9, U-Wittenbergplatz: U1, U2, U3, Bus M19, M29, M46, Europa-Center: Bus M19, M29, M46, Breitscheidplatz: Bus 100, 200
Die Wühlmäuse, Pommernallee 2-4, 14052 Berlin, Tel. 030/30673011, www.wuehlmaeuse.de.
Hinkommen: U-Theodor-Heuss-Platz: U-Bahn U2, Bus X34, X49, Lindenallee: Bus 104, Reichsstr./Kastanienallee: Bus 104, Haus des Rundfunks: Bus 104, 218, 349, M49

60 GRIPS-Theater: Losfahren mit Linie 1 – weiterfahren mit Linie 2

Das GRIPS-Theater ist stets ein bisschen Herausforderung an die Theaterschaffenden und die Zuschauer. In den 1960er Jahren gegründet, war es für die damalige Zeit provokant und »links«. Das Programm des GRIPS wendet sich an Kinder, Jugendliche und Erwachsene. In einem ständigen Dialog mit dem Publikum wird versucht, dass sich der Besucher in den Szenen wiederfindet.

Das Theater wurde, zunächst für Kinder, im Reichskabarett in Berlin gegründet, einem links ausgerichteten Ensemble, das im etablierten Westen auf wenig Gegenliebe, d. h. öffentliche Förderung stieß. An Wochenenden gab es Kindertheater der »anderen« Art: Man wollte nicht nur bekannte Märchen aufführen, sondern eigens für Kinder geschriebene Werke, die einen klaren Bezug zur Lebensumwelt hatten. So verließ man mutig die alte Märchenwelt und schuf kreative Stücke, mit denen Kinder mehr »anfangen« konnten. Das erste Stück hieß »Die Reise nach Pitschepatsch« (1968 von Volker Ludwig und seinem Bruder Rainer Hachfeld konzipiert). Immer mehr fanden sozialkritische Inhalte – zeitkonform, man denke an die 68er – Einzug in die Kinder-Theaterwelt, z.B. im Stück »Stokkerlok und Millipilli« (1969).

Die breite Öffentlichkeit wurde so auf das Theater aufmerksam, die Stücke wurden auch auf anderen deutschen Bühnen gespielt. Die erste große öffentliche Anerkennung für **Volker Ludwig** war der Brüder-Grimm-Preis des Landes Berlin (1969). Doch vielen missfiel diese Form des modernen Kindertheaters. Die darstellenden Kinder waren vielen zu aufmüpfig, respektlos und »antiautoritär«, die klassischen Geschlechterrollen wurden in Frage gestellt. 1971 trennten sich einige Theatermacher vom Kindertheater und schufen u a. die Aufklärungsstücke »Darüber spricht man nicht« und »Was heißt hier Liebe?, die Geschichte von Paul und Paula«. Ab 1972 bezeichnete man sich als GRIPS-Theater und wollte dadurch den intellektuellen Anspruch unterstreichen. Das Theater residierte damals im Forum am Kurfürstendamm.

Volker Ludwig, Begründer des modernen Kindertheaters

Seit 1974 ist das Theater am Hansaplatz. Die für die damalige Zeit avantgardistische architektonische Umgebung (s. S. 148) passte zum Stil der Vorführungen, heute ist das Einkaufszentrum um das Theater etwas heruntergekommen, eine Renovierung täte gut. Die Bühnenaufteilung ist sehr flexibel. Man kann die Zuschauer an vier Seiten um die Bühne gruppieren. Meist aber benötigt man einen Hintergrund für das Bühnenbild, sodass man normalerweise an drei Seiten sitzt. Die erste Reihe ist auf einer Ebene mit der Bühne, wodurch ein besonders enger Bezug zwischen Schauspielern und Zuschauern hergestellt wird.

Das GRIPS-Theater geriet wiederholt in die Schlagzeilen, seit 1975 das erste Theaterstück für Jugendliche »Das hältste ja im Kopf nicht aus« aufgeführt wurde. CDU und die Springer-Presse tobten, man sprach von »kommunistischen Kinderverderbern«. So wurde das kleine Theater durch die Negativ-PR für andere interessant und man kam, um zu gucken, was da los war. Sehr oft waren seitdem alle Plätze ausverkauft.

1985 verfasste Volker Ludwig – bis heute Chef des Theaters – das Drehbuch »Linie 1«, ein Berliner Theaterstück mit Musical-Elementen. Damit begann ein unwahrscheinlicher Erfolg, man riss sich um die Karten. Linie 1 wurde auch auf anderen Bühnen gezeigt und gehört zu den meistgespielten Stücken in Deutschland. Es wurde bereits 1.500 Mal aufgeführt. Volker Ludwig, der Autor, erhielt dafür 1987 den Mülheimer Dramatikerpreis. (mi)

Linie 1

Das klassische Stück Linie 1 steht noch heute auf dem Spielplan - fahren Sie einfach mal mit! Eine Göre aus dem Umland von Berlin hat sich unsterblich in den Rockmusiker Johnnie verliebt. Sie reißt von zuhause aus und kommt das erste Mal in ihrem Leben in eine Großstadt, nach Berlin. Am Bahnhof Zoo verlässt sie den Zug und steigt in die Linie 1 nach Kreuzberg ein. Während der Bahnreise lernt sie die Menschen in Berlin kennen: Rentner, Intellektuelle, Skinheads, Schulschwänzer, Hobby-Dichter, Studenten. Der Drogendealer Bambi und Punks versuchen ihr zu helfen, sie wird von einem Zuhälter bedroht. Und sie erfährt, dass ihr Idol Johnnie längst eine andere hat. Doch Bambi hat inzwischen Johnnie ausgemacht, es kommt zu einem Happy End... Mitreißende Musik und engagierte Schauspieler lassen das Stück, das etwa drei Stunden dauert, nie langweilig werden.

Linie 2

Seit 2009 gibt´s nun die »Linie 2 - der Alptraum«. Volker Ludwig schrieb auch hierzu auch Drehbuch. Linie 2 ist keine U-Bahn mehr. Das Stück spielt in Kreuzberg und am Prenzlauer Berg, in einem Strandbad, bei einem Frisör und kurz auch in einer U-Bahn. Tommy hat sich in die Türkin Gül verliebt. Gül hat höllische Angst vor ihrem Bruder. Sie arbeitet im Friseursalon von Tessa, die keine Dumpinglöhne zahlt. Die Chefin geht daran Pleite. Gül will aber Schauspielerin werden... Das Nachwende-Berlin wird in brillanten Szenen schlagartig aufgezeigt, polemisch geht's auf Banker, Westler und konservative Charaktere los. Sehr lebendig, mit Schwung, Realsinn und Satire - empfehlenswert.

INFO

Hinkommen: U-Bahnhof Hansaplatz (U9)

Information: Grips Theater, Altonaer Straße 22, 10557 Berlin, Tel. 030/ 397474-77, www.grips-theater.de.

61 Schlosspark Theater: eine wiederauferstandene Legende

Anfang September 2009 feierte das traditionsreiche Schlosspark Theater in Berlin Steglitz Wiedereröffnung. Zu verdanken ist dies Dieter Hallervorden. Für die Renovierung setzte er sein Privatvermögen ein.

Das Theater wurde bereits 1804 gegründet. Der neoklassizistische Bau, in dem es sich heute noch befindet, entstand erst 1921 aus dem Umbau des Wirtschaftstraktes des alten Wrangelschlösschens (Gutshaus Steglitz). Damals hatte das Theater 440 Plätze.

In der Nachkriegszeit fanden hier wichtige Premieren statt. Das Theater wurde damals von Boleslaw Barlog geleitet, der ihm bis 1972 die Treue hielt. **Hildegard Knef** gab ihr Theaterdebüt, Klaus Kinski und Martin Held spielten hier, Samuel Beckett inszenierte »Warten auf Godot«. Seit 1950 war das Haus Teil des Schillertheaters und ergänzte es als kleinere Spielstätte.

Als Teil der Staatlichen Schauspielbühnen Berlin wurde das Schlosspark Theater 1993 privatisiert, erhielt aber öffentliche Zuschüsse. Heribert Sasse übernahm es aus der Konkursmasse der Staatlichen Schauspielbühnen, doch ein nachhaltiger wirtschaftlicher Erfolg stellte sich nicht ein. Es gab weitere Versu-

Altehrwürdig: das Schlosspark Theater

Dieter Hallervorden auf der Bühne

che das Schlosspark Theater zu retten: 2003 bekamen die Schauspieler Andreas Gergen und Gerad Michel (Toys Musicalproduction) den Zuschlag zur Bewirtschaftung, ab 2006 gesellte sich der Unterhaltungskonzern Stage Entertainment dazu (Theater des Westens, Theater am Potsdamer Platz) – doch nach wie vor blieben die Zuschauer aus und im Sommer 2006 stellte man die Vorführungen endgültig ein.

Im Dezember 2008 wurden Dieter Hallervorden die Nutzungsrechte des Theaters für zehn Jahre übertragen, davon die ersten fünf Jahre mietfrei. Hallervorden scheute keine Kosten, für ihn war es eine neue Herausforderung. Im Eiltempo und u. a. unter seiner persönlichen Regie organisierte er einen umfangreichen Umbau und will beweisen, dass ein Theater auch ohne Subventionen betrieben werden kann – wenn das Programm stimmt. Nicht »Didi« soll im Vordergrund stehen, sondern der Schauspieler Dieter Hallervorden, der seiner Vorliebe, dem klassischen Theater, nun nachgehen kann. Es soll in Zukunft gute und hochkarätig besetzte Stücke geben, die der anspruchsvollen Tradition des Hauses gerecht werden.

Hallervorden selbst wird nur in einigen Stücken mitspielen. Eigenproduktionen werden durch Stücke und Besetzungen aus dem Anhalter Theater in Dessau, den Hamburger Kammerspielen sowie dem Deutschen Theater in Göttingen ergänzt.

Im Saal mit seinen 480 Sitzen Platz fühlt man sich gleich wohl: Die Dimensionen stimmen, alles ist neu und nostalgisch zugleich. Als Berlin-Besucher oder als Berliner kann man sich hier ein Stück **Kunstgenuss** an einer exponierten Stelle gönnen. Im Steglitzer Kiez ist die Atmosphäre entspannt und lässig. Glänzen soll das Theater, nicht das Drumherum mit Luxuslokalen. (mi)

INFO

Hinkommen: Rathaus Steglitz: S1 oder U9, von hier nur 350 m Fußweg oder Bus M48 Schlossparktheater, M85 Rathaus Steglitz

Information: Schlossstraße 48, 12165 Berlin-Steglitz, Tel. 030/7895667-0, www.schlossparktheater.de

Essen & Trinken: Im italienischen Restaurant **Castellana**, Wrangelstraße 11-12, 12165 Berlin, Tel. 030/79706508, www.la-castellana.de, kann man vor und nach dem Theater gut, preiswert und in ungezwungener Atmosphäre essen (im Sommer auf der Terrasse). Geöffnet Mo-So 12-24 Uhr.

Architektur

Kongresshalle, Haus der Kulturen der Welt

62 Architektur zeitlos: Mies van der Rohe in Berlin

Mies van der Rohe Haus in Hohenschönhausen (62a)

Die Architektur Ludwig Mies van der Rohes steht für eine klare, schlichte Formensprache und viel Licht, den Bauhaus-Stil. Das idyllisch gelegene Haus Lemke – nach den Bauherren benannt – war 1933 seine letzte **Wohnhaus-Konzeption** in Deutschland. Bald darauf wanderte er in die USA aus.

Das Ehepaar Lemke erwarb hier am Obersee ein Doppelgrundstück mit Zugang zum Wasser. Gemessen an der Grundstückfläche wirkt das Haus im L-förmigen Grundriss eher klein. Die Außenwände wurden aus rötlichen Ziegeln gemauert, die Fensterflächen zur Terrasse hin sind wandhoch und lassen maximales Tageslicht hinein. So genießt man den ungestörten Blick auf die weite Gartenfläche. Die weißen Wände im Innern sowie das klassische Parkett der Räume unterstreichen die Schlichtheit, sodass der Raum Wirkung entfaltet. 1945 mussten die Lemkes ausziehen, da die Rote Armee das Haus okkupiert hatte. Das umliegende Gelände wurde Sperrgebiet und das Haus nutzte man fortan als Abstellraum. Kein Wunder, dass die Bausubstanz litt und die schönen Holzböden ramponiert wurden. Nach 1962 wurde das Haus nach einer groben Instandsetzung vom DDR-Ministerium für Staatssicherheit genutzt. Erst 1977 wurde es auf die Denkmalliste des Berliner Magistrats gesetzt, doch es fehlte das Geld für eine umfangreiche Restaurierung. So wurde das Wohnhaus erneut zweckentfremdet und diente als Wäscherei und Kantine für die Stasi. 2000–2002 schließlich wurde das Haus saniert und in »Mies van der Rohe Haus« umbenannt.

Die Räumlichkeiten werden heute für wechselnde Kunstausstellungen mit entsprechenden Vorträgen genutzt.

Blick aus dem Mies van der Rohe Haus

Die Neue Nationalgalerie Potsdamer Straße (62b)

Hier am Rande des Tiergartens in unmittelbarer Nähe des Potsdamer Platzes liegt das einzige Bauwerk Mies van der Rohes, das er im Nachkriegs-Deutschland konzipiert hat. 1962 beauftragte ihn der Berliner Senat mit dem Entwurf. Zu dieser Zeit litt Mies van der Rohe schon unter Arthritis, ließ es sich aber nicht nehmen, während des Baus mehrfach nach Berlin zu reisen, konnte aber seine Fertigstellung 1968 nicht mehr miterleben.

Nationalgalerie

Der Gebäudekörper ruht auf einer 105 x 110 m großen Granitterrasse, die die Böschung zum Landwehrkanal ausgleicht. Der Pavillon ist eine reine Glas- und Stahlkonstruktion, das quadratische Dach hat eine Länge von 64,8 m, wobei es um 7,2 m über die Glaswände hinausragt. Die darunterliegende Haupthalle ohne Stützpfeiler ermöglicht sehr unterschiedliche Ausstellungsflächen. Im Untergeschoss ist die Dauerausstellung untergebracht. (mi)

Der bedeutende Architekt der Moderne

1886 in Aachen als Sohn eines Steinmetzmeisters geboren, absolvierte Ludwig Mies van der Rohe zunächst eine Maurerlehre. An der Gewerbeschule entwickelte er seine zeichnerischen Talente. Er zeichnete danach für einen Aachener Architekten, der an einem Berliner Projekt beteiligt war, sodass ihn Beziehungen nach Berlin führten. Hier besuchte er u. a. die Kunstgewerbeschule, um ab 1908 beim avantgardistischen Architekten Behrens, bei dem auch Walter Gropius arbeitete, seine Kenntnisse zu erweitern. Arbeitete er zunächst in Richtung des Neoklassizismus, änderte er ab 1921 seinen Stil, in dem er die moderne Formensprache zur Geltung brachte: Stahl, viel Glas sowie variable Innenräume. In der NS-Zeit – er war seit 1934 Mitglied der NS-Wohlfahrt – wurde er aufgrund seines Baustils zunehmend ausgegrenzt. Denn die NS-Architektur setzte auf monumentalen Neoklassizismus und die Architektur wurde zum politischen Machtinstrument, was er ablehnte. 1936 erhielt er ein Lehrstuhl-Angebot nach Harvard, ein weiteres zur Leitung des Armour Institutes in Chicago. 1938 siedelte er endgültig in die USA um, setzte hier Maßstäbe, indem er bemerkenswerte Hochhäuser konzipierte, so in Chicago (IBM Building) und in New York das Seagram Building. Er verstarb 1969 in Chicago, nachdem er höchste Auszeichnungen erhalten hatte.

INFO

Information: Mies van der Rohe Haus, Oberseestr. 60, 13053 Berlin-Hohenschönhausen, Tel. 030/97000618, geöffnet Di–So 11–17 Uhr, www.miesvanderrohehaus.de.
Hinkommen: Tram 5/15 (Oberseestr.)

Neue Nationalgalerie, Potsdamer Straße 50, 10785 Berlin, Tel. 030/2662951, Di–Fr 10–18, Do 10–22, Sa–So 11–18 Uhr, Führungen Tel. 030/2663666, www.smb.museum/smb.
Hinkommen: S+U-Bahn Potsdamer Platz

63 Tuschkastensiedlung: Ein Architekt gibt Farbe

Die Tuschkastensiedlung im Südosten Berlins – auch als Gartenstadt Falkenberg bezeichnet – liegt etwas abseits im Bezirk Treptow-Köpenick. Die berlinerisch-schnoddrige Bezeichnung einer der fünf zur Liste des **UNESCO-Weltkulturerbes** gehörenden Bauten der **Berliner Moderne** trifft den Nagel auf den Kopf: In der Tat wird es hier bunt!

Berlin war um 1900 eine eher graue Stadt, geprägt durch Industrie und triste Arbeiter-Mietskasernen, die von Höfen unterbrochen hintereinander lagen und wenig Licht zuließen. Von Natur keine Spur. Wohnen und Arbeiten lag dicht beieinander, mit den entsprechenden Geräusch- und Geruchsbelästigungen.

Der Wunsch nach humaneren Behausungen wurde immer stärker. Der Berliner Spar- und Bauverein griff diese Sehnsüchte auf und beauftragte 1912 Bruno Taut, einen Bebauungsplan für eine Siedlung aufzustellen, die eine Fläche von 75.000 m² umfassen sollte. Angedacht waren rund 1.500 Wohnungen für 7.000 Menschen. Der Architekt begab sich ans Werk: Die sanften Hänge, seine Fantasie und Rückgriffe auf **englische Gartenstadt-Vorbilder** ermöglichten einen bis heute sehenswerten Entwurf. Der Einbezug von Gärten sowie eine ländlich wirkende Bepflanzung stellen einen angenehmen Bezug zur Natur dar. Die Bewohner sollten sich in der Sommerfrische wähnen.

Farbenfroher wohnen in der Tuschkastensiedlung

Bruno Julius Florian Taut, der farbenfrohe Architekt

Taut wurde 1880 in Königsberg geboren. Nach Abschluss des Gymnasiums besuchte er im Winter eine Baugewerbeschule, während er im Sommer als Maurer arbeitete. 1903/04 lernte er beim angesehenen Architekten Bruno Möhring in Berlin, 1904-08 erweiterte er bei Theodor Fischer (Stuttgart, einer der wichtigsten Architekten der Süddeutschen Schule) seine Kenntnisse. Danach zog es ihn wieder nach Berlin, um an der TH Charlottenburg Städtebau zu studieren. Ab 1909 besaß er ein eigenes Architektenbüro in Berlin, gemeinsam mit Franz Hoffmann. 1913/14 plante er die Gartenstadt Falkenberg. Ab 1921 sorgte er als Stadtbaurat in Magdeburg für frischen Wind, als er »Farbe in das Grau der Stadt« brachte: 1922 wurden hier unter heftiger Kritik 80 Häuser farbenfroh gestaltet.

In Berlin sind weitere Zeugnisse seines Wirkens u. a. die Waldsiedlung Onkel Toms Hütte in Zehlendorf (1926) und die Hufeisensiedlung in Britz (1925-30), ebenfalls seit 2008 UNESCO-Welterbe. Ab 1930 wirkte Taut als Professor für Bau- und Wohnungswesen in Charlottenburg. 1932 eröffnete er in Moskau - zunächst begeistert von den Umwälzungen in der Sowjetunion - ein Büro, kehrte aber 1933 nach Berlin zurück. Den Moskau-Aufenthalt verübelten ihm die Nazis: Sie setzten ihn als Professor auf die Straße. Taut floh über die Schweiz nach Japan, wo er sich mit dem Verkauf selbst entworfener kleiner Kunstgegenstände durchschlug. 1936 bot ihm die Türkei eine Professur in Istanbul an. Unter anderem schuf er Entwürfe für die Universität in Ankara. 1938 verstarb er 58jährig an einem Asthmaanfall.

Bis dahin verließen sich Architekten bei der Farbgebung auf die natürlichen Farben von Materialien, die John Ruskin (1819–1900, Professor für Kunst mit einem starken Bezug zur Architektur) als die einzigen rechtmäßigen Farben der Architektur ansah. Wollte man farbiger bauen, so brauchte man entsprechende Materialien. Doch das war teuer, die Verwendung von Anstrichfarben dagegen bei Weitem preiswerter. So ließ Taut Fassadenteile, Fenster und Brüstungen farblich hervorheben.

Die Realisierung des großen Vorhabens scheiterte an der Wirtschaftskrise und dem Ersten Weltkrieg. Am Akazienhof wurden 34 Wohnungen, am Gartenstadtweg 93 Wohnungen fertig gestellt. Sie stehen heute unter Denkmalschutz. Nach dem Mauerfall gingen die freien Bauflächen an die Berliner Bau- und Wohnungsgenossenschaft zurück. Das Architektenbüro Quick und Bäckmann gewann den ausgeschriebenen Wettbewerb, in dem es um die Fortsetzung des nie fertig gestellten Projektes geht. (mi)

INFO

Hinkommen: S-Bahnhof Grünau: S 46, S 8, S 85 (bis Akazienhof 500 m) und S- Bahnhof Altglienicke: S 45, S 9 (bis Akazienhof 750 m).
Information: Akazienhof 14-26, 12524 Berlin, www.berlin. de/batreptow-koepenick/verwaltung/denkmalschutz/tuschkastensiedlung.html
Essen & Trinken: **Chateau 105**, Regattastr. 105, 12527 Berlin (Grünau), Tel. 030/67820991, www.chateau105.de. Kleines, aber feines Restaurant in einem alten Backsteinbau. Frische, kreative Küche, gute Weine, höherpreisig. Mo-Fr 17-24, Sa 11-24 Uhr, So Ruhetag.
Kaffee Liebig, Regattastr. 158, 12527 Berlin, Tel. 030/67820936, www.kaffee-liebig.de. Fast legendäres, im Originalstil erhaltenes Jugendstil-Café; außer Kaffee, Kuchen und Eis gibt es eine kleine Speisekarte, moderate Preise. Di-Fr 11.30-20, Sa/So 12-20 Uhr.

64 Architektur als Spielball der Systeme: Städtebau Ost – die ehemalige Stalinallee

Wer von Osten her das Berliner Stadtzentrum ansteuert, wird am Frankfurter Tor von zwei **Kuppeltürmen** empfangen. Gewaltige Wohnblöcke mit opulentem Fassadenschmuck begleiten hier die 90 m breite Frankfurter Allee und Karl-Marx-Allee auf etwa zwei Kilometern in Richtung Alexanderplatz. Was einigen als »Weltwunder sozialistischer Baukunst« galt, war anderen Gegenstand von Spott und Hohn – »Zuckerbäckerstil«, »Via triumphalis der Russen« hieß es in den Zeiten des Kalten Krieges verächtlich im Feuilleton der Bundesrepublik.

1945 war nach Luftkrieg und Straßenkampf von der alten Frankfurter Allee nicht mehr viel übrig geblieben. Doch schnell sollte aus der Trümmerwüste wieder ein Lebensraum werden. Ab 1949 entstanden erste Wohnhäuser nahe der Weberwiese, die an moderne Bauformen der 1920er Jahre anknüpften. Kaum wurden hier die ersten Richtkränze gewunden, reiften in der Staatsführung der jungen DDR aber andere Vorstellungen über die Zukunft der Straße. Als Huldigung an »den großen Bruder« war sie Ende 1949 nach Stalin benannt und dem Diktator ein großes Denkmal errichtet worden. Besonders Walter Ulbricht beschäftigte die Frage nach einer angemessenen Straßenbebauung. Eine Expertendelegation holte sich Rat in Moskau, wo sie über die Wichtigkeit nationaler Bautraditionen und die Ablehnung der Moderne belehrt wurde.

Das bisherige Bauprojekt wurde gestoppt, bestehende Bauten hinter Pappeln versteckt. Doch in welchem Stil sollte man bauen? Hermann Henselmanns Hochhaus an der Weberwiese von 1951/52 erfüllte die Erwartungen der SED mit Reminiszenzen an Schinkels Klassizismus und Moskauer Turmbauten. Er wies damit den Weg für die Gestaltung der Stalinallee.

Sechs Architektenkollektive entwarfen prächtige Häuserblöcke, die deutsche sowie russische Vorbilder aufnahmen und im Eiltempo 1952/53 vollendet wurden. Bei den Bauvorbereitungen beteiligten sich zehntausende Freiwillige; für viele war dies ein hoff-

Kuppelturm am Frankfurter Tor

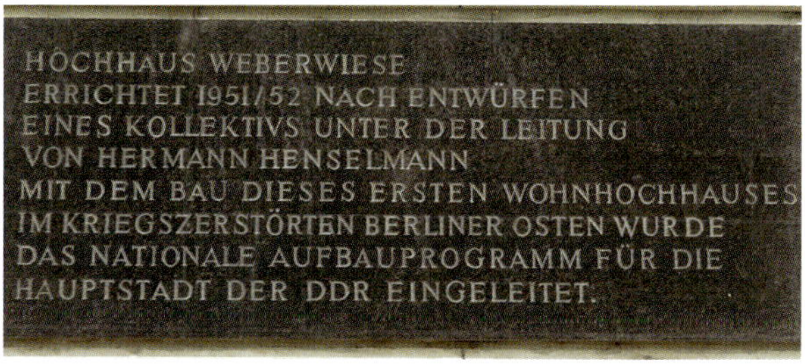

nungsfroher Aufbruch in eine neue Zeit. Wer fleißig mit anpackte, konnte in einer Lotterie eine Wohnung gewinnen. So fand sich unter den Erstbewohnern eine bunte Mischung quer durch die Gesellschaft. Die ca. 2100 Wohnungen boten großen Komfort zum kleinen Preis: im Sozialismus sollten die Arbeiter nicht mehr im Mietskasernenelend darben. Doch während die DDR-Regierung ihr wichtigstes Wiederaufbauprojekt euphorisch bewarb, erweckte ihr politischer Kurs und eine enorm angespannte Wirtschaftslage besonders den Zorn der Arbeiter. Dies entlud sich im Aufstand des 17. Juni 1953. Wenig schmeichelhaft war, dass ausgerechnet die Bauarbeiter der Stalinallee ganz vorne in den Reihen der Protestierenden standen. Utopie und Realität konnten stärker kaum auseinanderklaffen…

Erst acht Jahre nach Stalins Tod wurde 1961 in einer Nacht-und-Nebel-Aktion sein Denkmal abgeräumt und die Straße **Karl Marx** gewidmet. Auch das Bauwesen der DDR hatte sich gewandelt und den Pfad der Tradition verlassen. Der Anschluss zwischen Strausberger und Alexanderplatz wurde bis 1965 in Plattenbauweise vollendet. Formschöne Akzente setzen dabei Solitäre wie das Kino International und das Café Moskau.

Die Karl-Marx-Allee war nicht nur Wohnstraße. Mit einer üppigen Auswahl an Läden sollte sie ein »Schaufenster der DDR« sein und die Mangelwirtschaft vergessen machen. Auch war sie ein politischer Ort, hier marschierten die Fahnen- und Nelkenträger am 1. Mai und rollten die Panzer am Staatsfeiertag über den Asphalt. Heute zählt dieses vielschichtige Zeugnis der DDR zweifelsfrei zu den herausragenden **Baudenkmalen** Berlins. (jk)

Tipp

Café Sibylle, Karl-Marx-Allee 72 ,10243 Berlin (zwischen den U-Bahnhöfen Strausberger Platz und Weberwiese), Tel. 030/29352203, www.cafe-sibylle.de. Kultur, etwas Museum, viel Geschichte: Eine besonders angenehme Art, einen Besuch der Karl Marx Allee abzuschließen. Aus dem anfangs »Milchhalle« genannten Café entwickelte sich allmählich eine Art Institution. Guter Käsekuchen. Mo–Sa 9–22 Uhr (bei Veranstaltungen länger), So 12–20 Uhr. Interessante Dauerausstellung zum Bau der Stalinallee und zugleich Verleih-und Ausgangsstation für den Hörspaziergang Friedrichshain.

INFO

Hinkommen: U-Bahn Frankfurter Tor
Führungen: panorama-b, Stadtführungen in Berlin und Potsdam, Anselm Eckold, Gervinusstraße 6, 10629 Berlin, Tel. 030/37009384, E-Mail: info@panorama-b.de, www.panorama-b.de

65 Architektur als Spielball der Systeme II: Städtebau West – das Hansaviertel

Im Bezirk Tiergarten, durch den die Spree gemächlich ihre Mäander zieht, liegt das Hansaviertel. Kurz nachdem Berlin zur Hauptstadt des Deutschen Kaiserreichs aufgestiegen war, schufen Hamburger Grundstücksspekulanten ein Wohnquartier, dessen Kern der Hansaplatz bildete. In Hinblick auf die vornehme Nachbarschaft im Tiergarten und Schloss Bellevue entstanden hier Mietshäuser mit prachtvollen Stuckfassaden, die auf die Bedürfnisse einer wohlhabenden Klientel ausgerichtet waren.

Der Zweite Weltkrieg legte das Viertel mit Ausnahme weniger Bauten in Schutt und Asche. Und auch der einst so schöne Tiergarten bot einen trostlosen Anblick, denn die Berliner hatten ihn aus purer Not großflächig abgeholzt und zum Kartoffelacker umfunktioniert. Angesichts der enormen Wohnungsnot entschied der Senat, das Hansaviertel als Wohnquartier wieder entstehen zu lassen. Aber nicht in den alten Formen, sondern als **Modellversuch** für die von vielen modernen Stadtplanern angepriesene »aufgelockerte und durchgrünte Stadtlandschaft«. Es sollte ein ganz besonderes Projekt werden – West-Ber-

Zeilenhochhaus von Alvar Aalto in der Händel-Allee

lins aufwendigste Wohnsiedlung der 1950er Jahre, die im Rahmen einer internationalen Bauausstellung 1957 öffentlichkeitswirksam präsentiert wurde. Dahinter verbarg sich mehr als eine architektonische Mode und ein Zeigen dessen, was das Wirtschaftswunder möglich machte. Vor dem Hintergrund des Kalten Krieges, der in Berlin immer wieder mit besonderer Intensität zu spüren war, geriet der Neubau des Hansaviertels zur politischen Agitation gegenüber Ost-Berlin. Dort war 1952/53 mit der Stalinallee (s. S. 146) ein eindrucksvoller Boulevard entstanden, der sozialen Wohnungsbau auf hohem Niveau zeigte und für den Sozialismus warb. So sah man sich in West-Berlin mächtig unter Zugzwang gesetzt und wollte dem etwas entgegenstellen. Die hier mit kräftiger Finanzhilfe des Bundes geschaffenen Sozialwohnungen sollten das freundliche Gesicht der »sozialen Marktwirtschaft« zeigen. Ferner waren die locker gruppierten Bauten im Verständnis der Initiatoren ein Sinnbild der »freiheitlich demokratischen Ordnung« im Gegensatz zu den »diktatorisch ausgerichteten« Häuserblöcken der Stalinallee. Das Bauen in den verschiedenen Spielarten der internationalen Moderne wurde im Hansaviertel zum beherrschenden Thema im Kontrast zur traditionalistischen Bauweise beim politischen Gegner. Die Architektur wurde zum Spielball im **Wettstreit der Systeme**.

Detail des Baus von Oscar Niemeyer in der Altonaer Straße

Zwischen S-Bahn-Viadukt und Tiergarten, zuseiten der Altonaer Straße, verwirklichten 54 Architekten aus West-Berlin, der Bundesrepublik und dem westlichen Ausland auf Einladung hin eine luxuriöse Vielfalt an Gebäuden. Von 16-geschossigen Punktbauten stufen sich die Hochhäuser über beschauliche Einfamilienhausinseln zum Tiergarten hin ab, der seine Finger bis in die Siedlung hinein zu strecken scheint. Einige der hochkarätigsten Vertreter des modernen Bauens waren mit am Werk und machen das mittlerweile denkmalgeschützte Hansaviertel bis heute zu einem Anziehungspunkt für Freunde dieser Baugesinnung. Bauhaus-Gründer Walter Gropius sandte aus den Vereinigten Staaten einen Entwurf für ein Hochhaus in der Händelallee; beim Hansaplatz errichtete der berühmte finnische Architekt und Designer **Alvar Aalto** ein originelles Doppelhaus und der brasilianische Stararchitekt **Oscar Niemeyer** schuf »termitensichere« Wohnungen mit seinem raffiniert aufgeständerten Bau an der Altonaer Straße. Und das sind nur einige Höhepunkte, die das Hansaviertel zu bieten hat. (jk)

INFO

Hinkommen: S-Bhf. Tiergarten und U-Bhf. Hansaplatz, Bus 106 (bis Hansaplatz)

Führungen: panorama-b, Stadtführungen in Berlin und Potsdam, Anselm Eckold, Gervinusstraße 6, 10629 Berlin, Tel. 030/37009384, E-Mail: info@panorama-b.de, www.panorama-b.de

Essen & Trinken: Restaurant Giraffe, Klopstockstraße 2,10557 Berlin-Tiergarten,Tel. 030/34351690, www.giraffe-berlin.de. Kleiner Geheimtipp im ruhigen Viertel, sehr gutes Preis-Leistungsverhältnis. Kinderfreundlich (Spielecke), leckere vielseitige Speisekarte von bodenständig bis zu indischem Fingerfood, viele Frühstücksangebote. 8–2 Uhr, Frühstück bis 14 Uhr.

66 Vom Hauptbahnhof durch das Regierungsviertel zum Holocaust-Denkmal

Ein Spaziergang auf den Spuren der Gegenwart und Vergangenheit. Viele Berlin-Besucher dürften die Hauptstadt am neuen Hauptbahnhof – an der Stelle des ehemaligen Lehrter Bahnhofs – erreichen. Bahnhof – das klingt zunächst einmal langweilig, doch diese moderne **»Kathedrale der Schienenstränge«** hat es in sich. Der Besucher ist sofort von der Größe, dem Licht und der Lebendigkeit eingenommen. Großzügige Arkaden, unzählige Geschäfte und Restaurants (von ethnisch bis deftig) sowie gute Imbissstände auf verschiedenen Ebenen lassen leicht vergessen, dass hier auch Züge fahren. Sie fahren auf verschiedenen Ebenen und in unterschiedliche Richtungen, untereinander, übereinander… Von den Rolltreppen aus eröffnet sich dem Besucher ein Blick wie auf eine Modelleisenbahnanlage. Besonders beeindruckend ist das Panorama in südlicher Richtung: Durch die hohe Glasfassade blickt man direkt auf das Regierungsviertel.

Sobald man den Bahnhofsvorplatz überquert hat, führt eine Fußgängerbrücke über die Spree und man erreicht das »Band des Bundes«, bestehend aus Kanzlerpark, Bundeskanzleramt, dem Bauplatz für das künftige Bürgerforum, dem Paul-Löbe-Haus (Büros der Bundestagsabgeordneten, Räume für Ausschüsse). Auf der anderen Spreeseite – ehemals Ostberlin – geht es zum Marie-Elisabeth-Lüders-Haus (Parlamentsbibliothek, Anhörungssaal). Hier am **Spreebogen** entstand nach 1992 nach den Plänen der Architekten Axel Schulte und

Entspannen am Spreeufer

Das Bundeskanzleramt: auf Berlinerisch die »Waschmaschine«

Charlotte Frank das neue Regierungsviertel. Am Ufer sind vom Frühjahr bis zum Herbst Restaurants und Imbissstände geöffnet. Davor kann man sich auf Liegestühlen aalen und dem Treiben am Ufer und auf der Spree zuschauen.

Rechts entdeckt man das aus den täglichen Nachrichten bekannte **Bundeskanzleramt**. Der moderne Monumentalbau (2001 fertiggestellt) und von den Berlinern aufgrund seiner Frontansicht schnoddrig als »Waschmaschine« bezeichnet, ist fotografisch ein Muss. Am Paul-Löbe-Haus vorbei ist die besondere Attraktion das **Reichstagsgebäude**, Sitz des Bundestages. Besonders zu empfehlen ist – trotz oft sehr langer Warteschlangen – die Begehung der Glaskuppel (zzt. nicht möglich). In sanften Anstiegen geht es immer im Kreis aufwärts. Vom höchstgelegenen Punkt genießt man einen außergewöhnlichen Blick auf das neue Berlin (s. auch S. 74).

Vom Reichstag weiter in südlicher Richtung kommt man in drei Gehminuten zum Brandenburger Tor, dem Wahrzeichen Berlins (s. S. 58). Jahrzehntelang war es das Symbol der Trennung, denn das Tor stand auf der Ostseite der Stadt und war durch die Mauer vom Westteil getrennt.

Geht man weiter in Richtung Potsdamer Platz, vorbei an der Rückseite des Adlon-Hotels und der neuen amerikanischen Botschaft, erreicht man das Gelände des Holocaust Denkmals mit den 2.711 Betonstelen des amerikanischen Architekten Peter Eisenman (s. S. 80) (mi)

INFO

Hauptbahnhof: www.hbf-berlin.de
Kanzleramt: www.bundeskanzlerin.de, www.bundesregierung.de - geöffnet für das Publikum nur einmal im Jahr zum Tag der offenen Tür
Denkmal für die Ermorderten Juden Europas: www.holocaust-denkmal-berlin.de. Das Stelenfeld ist immer zugänglich, das Museum (Ort der Information) April-Sep. Di-So 10-20 Uhr, Okt.-März Di-So 10-19 Uhr
Paul Löbe Haus: www.bundestag.de
Reichstagsgebäude: www.bundestag.de, zzt. ist der Besuch leider nicht möglich.

67 Neue Architektur im alten Diplomatenviertel: ein Spaziergang im Botschaftsareal zwischen Landwehrkanal und Tiergarten

Der Spaziergang beginnt am Landwehrkanal und führt die Stauffenbergstraße am Shellhaus und neuen Maritim Hotel vorbei. Der gegenüber liegende Bendlerblock, in dessen Innenhof Graf von Stauffenberg und andere Widerständler am 20. Juli 1944 erschossen wurden, dient heute als **Gedenkstätte Deutscher Widerstand** mit einer umfassenden Dokumentation.

In Berlin sind **120 Staaten** und 16 Bundesländer vertreten, mehrheitlich in der historischen Innenstadt sowie in Grunewald und Pankow. Zwischen Landwehrkanal und Tiergarten bildete sich nach 1900 im ehemaligen Geheimratsviertel mit seinen luxuriösen Villen das Diplomatenviertel heraus. Das im Krieg fast völlig zerstörte Gebiet, auf Westberliner Seite gelegen, versank allmählich im Dornröschenschlaf. Nach dem Mauerfall revitalisierten viele Nationen ihre angestammten Territorien oder erwarben neue Grundstücke. Neben dem Bendlerblock steht die Botschaft Ägyptens. Die Wellenlinien im unteren Teil der dunkelroten Granitfassade symbolisieren den Nil mit nach oben wachsenden Lotuspflanzen und Papyrusgras, das Geflügel auf den Schalen den Horusfalken. Danach folgt die dreiteilige Botschaft Österreichs in der Tiergartenstraße von Hans Hollein mit markant geschwungener Kupferfassade.

Österreich grenzt an Baden-Württemberg, zumindest an dessen strahlend weiße Landesvertretung in der Tiergartenstraße 15. Hinter dem dreigeschossigen Eingangstrichter finden neben politischen Gesprächen auch Partys und Weinfeste statt. Ein Besuch des Hauses ist allerdings nur auf Anmeldung möglich (Tel. 030/254560). Der rote Sandstein der Indischen Botschaft stammt aus Rajasthan und gelangte per Schiff von Bombay nach Hamburg. Auch die beigefarbenen Sandsteine der benachbarten Südafrikanischen Botschaft kommen aus dem Heimatland in der Nähe von Johannesburg. Das noch leere Grundstück daneben wird derzeit von seiner »Spontanvegetation« befreit und in naher Zukunft von der Türkei bebaut.

Die Nordischen Botschaften sind berühmt für die grünen Kupferplatten

Die rosafarbene Italienische Botschaft mit mächtigem Säulenvorbau entstand zu Nazizeiten und fiel als verbündete Achsenmacht-Vertretung entsprechend groß aus. Im Bombenkrieg zerstört und jahrzehntelang Ruine, wurde »Palazzo Mussolini« nach der Wende mitsamt kostbarer Innenausstattung wiederhergestellt. Ein ähnliches Schicksal widerfuhr der Japanischen Botschaft auf der anderen Seite der Hiroshimastraße, auf der es jetzt nach links weitergeht.

Wie aus 1001 Nacht: die Botschaft der Emirate (oben). Doch auch die Bundesländer lassen sich nicht lumpen: Glaspalast von NRW (unten)

Auf der linken Straßenseite folgt die noch nicht funktionstüchtige griechische Vertretung mit Alt- und zukünftigem Neubau. Der neue Palast der nordrhein-westfälischen Landesvertretung besteht aus Glas, Holz und Stahl und erhielt mehrere Preise. Mit orientalisch kitschigem Charme aus 1001 Nacht bildet die Botschaft der Vereinten Arabischen Emirate einen originellen Kontrast zu ihren Nachbarn. Insbesondere die Landesvertretung von Bremen ruft mit klaren Kanten und schmucklosen roten Fassaden zu hanseatisch nüchterner Vernunft. Im achtgeschossigen »Leuchtturm Roter Sand« logieren Bremer Geschäftsreisende.

Nach rechts entlang des Reichpietschufer gelangt man nach wenigen Metern in die verkehrsberuhigte Köbisstraße mit dem Diplomaten-Wohnpark und mündet auf die große Klingelhöfer Straße. Die Mexikanische Botschaft gegenüber wird durch zwei haushohe »Betongardinen«, durch die man schlupfen möchte, verdeckt. Architektonisches und kulturelles Highlight ist der Komplex der **Nordischen Botschaften**, in dem sich fünf skandinavische Länder zusammengetan haben und der von einem grünen Band aus 4.000 Kupferplatten umschlossen wird. (md)

Tipp

Reingehen! Das »Felleshus« ist öffentlich zugänglich (Mo-Fr 10-19, WE 11-16 Uhr), bietet Ausstellungen sowie eine gute Kantine mit preiswertem Lachs (Mo-Fr 13-15 Uhr). Tel. 030/50500, www.nordischebotschaften.org. Eingang Rauchstraße 1.

INFO

Hinkommen: Anfahrt Start: Bus M29, Gedenkstätte Deutscher Widerstand Ende: Bus 20, Corneliusbrücke.
Essen & Trinken: Bei schönem Wetter bietet sich der herrliche Biergarten »Café am Neuen See« im nahegelegenen Tiergarten an.

68 Rathaus und Parlament: Berliner Politik und offene Häuser

Rotes Rathaus, Sitz des Regierenden Bürgermeisters und des Berliner Senats (68a)

Auf 97 Meter Höhe weht die Landesflagge mit dem Berliner Bären. Der Rathausturm überragte sogar die Kuppel des Stadtschlosses und symbolisierte damit das Selbstbewusstsein der Berliner Bürgerschaft. 1869 hatte Hermann Waesemann den gewaltigen Bau im Stile der italienischen **Frührenaissance** fertiggestellt. Der Name »Rotes Rathaus« hat keine ideologische Bewandtnis, sondern geht auf die roten Backsteinziegel zurück. Um das gesamte Gebäude verläuft ein Terrakottafries, auf welchem Szenen von den Anfängen Berlins bis zur Reichsgründung in chronologischer Abfolge dargestellt werden.

Das im Krieg schwer beschädigte Gebäude diente nach seiner Wiederherstellung als Sitz des Ostberliner Magistrats, während der Westberliner Senat und das Landesparlament ins Rathaus Schöneberg gezogen waren. Nach der Wiedervereinigung wuchs die geteilte Stadtregierung zusammen. Regierender Bür-

Das Rote Rathaus mit Neptunbrunnen

germeister ist seit 2001 Klaus Wowereit, der erste offen schwule Spitzenpolitiker Deutschlands. Am freundlichen Polizisten vor dem Hauptportal vorbei gelangt man in das öffentlich zugängliche Gebäude. Nach 39 Stufen ist die Vorhalle erreicht. Dort hält ein virtueller Stadtplan u.a. persönliche Geschichten der Einwohner von Berlin bereit. Von hier aus schließen sich der Wappensaal mit seinem Boden aus rotem Marmor und der Große Festsaal mit einer Fläche von 540 m² an. Schönster Saal mit neun Metern Höhe ist der Säulensaal. Derzeit werden dort wertvolle Gipsfiguren und Figurenschmuck aus dem ehemaligen Berliner Schloss gezeigt. Die Ausstellung ist kostenfrei.

An den mühevollen Aufbau der Stadt nach dem Zweiten Weltkrieg erinnern die Skulpturen »Aufbauhelfer« und »Trümmerfrau« gegenüber an der Rathausstraße. Dahinter steht einer der schönsten Brunnen Berlins, der Neptunbrunnen. Die vier Frauengestalten am Brunnenrand personifizieren die Flüsse Rhein, Elbe, Oder und Weichsel und werden scherzhaft als einzige Berlinerinnen, die den Rand halten können, tituliert.

Berliner Abgeordnetenhaus – Sitz des Landesparlaments (68b)

Der mächtige Bau des ehemaligen Preußischen Landtages von 1898 unterlag im Laufe seiner Geschichte mehrfach ideologischen Wandlungen. Nach der nationalsozialistischen Machtergreifung von Hermann Göring zum »Haus der Flieger« erklärt, gehörte es zu DDR-Zeiten zum Haus der Ministerien. Nach der Wiedervereinigung wurde es zum Sitz des Berliner Abgeordnetenhauses, welches alle fünf Jahre gewählt wird und den Landtagen anderer Bundesländer entspricht.

Das öffentlich zugängliche Parlamentsgebäude ist unbedingt einen Besuch wert. Nach Passieren des Haupteingangs gelangt man in die Eingangshalle mit dem imposanten Treppenhaus. Im Foyer informiert eine **Ausstellung** über die wechselvolle Geschichte des Hauses und die politischen Hintergründe. Im Gang des ersten Obergeschosses rund um den Plenarsaal befindet sich die Ehrengalerie mit zahlreichen Portraits der Berliner Ehrenbürger. (md)

Tipp

Die Kantine im Haus bietet guten Mittagstisch zu kleinen Preisen (4,10–5,60 €) und wurde 2007 als Top-Kantine ausgezeichnet. Geöffnet Mo–Fr von 11.30–16 Uhr, an Sitzungstagen bleibt sie bis 13.15 Uhr den Abgeordneten vorbehalten. Tel. 23251945.

INFO

Rotes Rathaus

Hinkommen: U+S-Bahnhof Alexanderplatz sowie U-Bahnhof Klosterstraße (U2).

Information: Mo–Fr 9–18 Uhr, www.berlin.de/rbmskzl/rathausaktuell, Tel. 030/90260.

Essen & Trinken: Kantine im Gewölbekeller des Roten Rathauses, Eingang an der Ecke Rathausstraße/Jüdenstraße. Einfach und sehr preiswert. Mo–Fr 11.30–14 Uhr geöffnet.

Abgeordnetenhaus

Hinkommen: U+S-Bahnhof Potsdamer Platz sowie S-Bahnhof Anhalter Bahnhof. Niederkirchnerstraße 5, gegenüber dem Martin-Gropius-Bau.

Information: geöffnet Mo–Fr 9–18 Uhr. Der Besucherdienst bietet kostenfreie Führungen und Anmeldungen für Plenarsitzungen an: www.parlament-berlin.de, Tel. 030/23251064.

69 Olympiagelände: sportliche Wettkämpfe und schwieriges Erbe

Alleine die Ausmaße des Olympischen Platzes scheinen unendlich. Die beiden Pylone mit den Olympischen Ringen markieren das Osttor und den Besuchereingang. Dahinter erhebt sich das wahrscheinlich **geschichtsträchtigste Sportstadion** Deutschlands. Ursprünglich stand hier das »Deutsche Stadion«, errichtet für die 1916 vorgesehene Olympiade, die aber wegen des Ersten Weltkriegs nicht stattfand. Für die Olympischen Spiele von 1936 ordnete Hitler den Neubau eines gewaltigen Großstadions mit 100.000 Plätzen an. Die von dem Architekten Werner March geplanten modernen Stahl- und Glasfronten passten nicht zur nationalsozialistischen Orientierung an antiken Spielstätten und wurden von Albert Speer durch Muschelkalkstein ersetzt. Gleichwohl wirkte March einem noch wuchtigeren Erscheinungsbild entgegen, indem er – funktional meisterhaft – das Spielfeld um 12 Meter absenkte, wodurch nur der Oberring nach außen sichtbar ist.

Das 132 Hektar große Olympiagelände ist das am besten erhaltene architektonische Bauzeugnis der NS-Architektur. Zum sogenannten »Reichssportgelände« gehören neben dem Olympiastadion Eishockey-, Reit- und Schwimmstadion, Tennisplätze, Maifeld, Waldbühne und Glockenturm, das Sportforum aus den 1920er Jahren sowie Plastiken und Statuen. Darüber informieren die im gesamten Gelände aufgestellten Infotafeln (Geschichtspfad: Info und Lageplan im Glockenturm). Nach dem Krieg wurde der nördliche Teil des Geländes als Hauptquartier der britischen Alliierten genutzt und war der Öffentlichkeit nicht zugänglich. Dort befinden sich heute die Trainingsplätze von Hertha BSC und weiteren Vereinen sowie das Sportmuseum.

Das größte deutsche Stadion ist anlässlich der Fußball-WM 2006 zu einer Hightech-Arena modernisiert worden. Das Dach mit durchlässiger Lichtmembran scheint über den rund 75.000 Zuschauerplätzen zu schweben. Die blaue Tartanbahn geht auf die Vereinsfarben des Hauptnutzers und 2010

Blick auf das Olympiastadion

Außen Zeugnis der NS-Architektur, innen Hightech

abgestiegenen Bundesligisten Hertha BSC zurück. Gegenüber am Marathontor sind Dach und Tribünen unterbrochen. Hier öffnet sich der Blick auf den 77 Meter hohen Glockenturm und das für Massenveranstaltungen konzipierte Maifeld, auf dem später die britischen Streitkräfte Polo spielten und Geburtstagsparaden zu Ehren der Queen abhielten. An den Wandtafeln sind die Olympioniken von 1936 verewigt. Auf dem Weg entlang des über 800 Meter langen Stadionumlaufs sieht man einige Großplastiken wie »Diskuswerfer« oder »Rosseführer«. Auf der Nordseite taucht das Schwimmstadion mit Sprungturm und 50-m-Becken auf. Für Hungrige gibt's im Stadion ein Restaurant, für »Herthianer« einen Fanshop und für heiratswillige Fußballerherzen eine Kapelle.

Die Spiele von 1936 avancierten zu einem Propagandafeldzug des Dritten Reichs. Aus diesem Grunde ist das ehemalige Reichssportfeld auch ein problematischer Ort. Im Tribünengebäude unter dem **Glockenturm** werden in einer ausgezeichneten multimedialen Ausstellung die historischen Zusammenhänge dokumentiert. Dazu gehört auch die von den Nazis als düstere Kultstätte genutzte Langemarckhalle. Im Turm hängt die neu gegossene Glocke mit der Inschrift »Ich rufe die Jugend der Welt – Olympische Spiele 1936«. Im Expresstempo führt ein gläserner Lift nach oben. Von der Aussichtsplattform hat man eine herrliche Sicht auf Stadion und Olympiagelände, die Berliner Innenstadt und die weite Wald- und Seenlandschaft vom Grunewald bis nach Potsdam. (md)

INFO

Hinkommen: Olympischer Platz 3, U2 Olympiastadion, S3+S75 Olympiastadion.

Information: Besucherzentrum am Osttor: Infos, Tickets, tgl. 9–19 Uhr (im Winter bis 16 Uhr). Stadionbesichtigung auf eigene Faust 4 Euro, mit Führung und Blick hinter die Kulissen 8 Euro. Bei Veranstaltungen (oft samstags) keine Besichtigung möglich, daher besser vorher erkundigen, Tel. 030/25002322, www.olympiastadion-berlin.de

Glockenturm: Am Glockenturm, S3+S75 Olympiastadion oder Pichelsberg. April–Nov. tgl. 9–18 Uhr, 3,50 Euro (Ausstellung und Turm), www.glockenturm.de, Tel. 030/3058123.

70 Das Bauhaus-Museum in einem Bauhaus: Lehrstunde für zeitloses Design

Ein markanter Bau, wegweisend, ungewöhnlich, von außen fast schon an sich eine Sehenswürdigkeit: Der von **Walter Gropius**, dem Begründer der Bauhaus-Bewegung, geplante Bau dokumentiert mit seiner Ausstellung in einer auch für Laien leicht zugänglichen Art die Geschichte und die Entwicklung der Bauhaus-Schule. Der ursprünglich angedachte Standort für das Gebäude war Darmstadt, doch 1976–1979 errichtete man hier am Landwehrkanal ein Mekka für Bauhaus-Interessierte.

Die Geschichte des Bauhauses, der wohl wichtigsten Schule für Architektur und Design des 20. Jh., wird hier umfassend präsentiert. Geht man durch die Ausstellung und lässt die Exponate auf sich wirken, gewinnt man ein Gespür für das, wofür Bauhaus steht. Ein fachkundiger Besucher bemerkt sehr treffend: »Das Gefühl des schöngeistigen Idealismus, der Modernität, des freien Deutschland vor der Nazizeit. Das Verschwimmen der Grenzen zwischen Kunst und Handwerk, warum Reduktion in der Formgebung Sinn macht.« Besonders sehenswert sind die transparenten Modelle von Hochhäusern der Epoche, die zumeist in den USA realisiert wurden.

Info

»Das Bauhaus erstrebt die Sammlung alles künstlerischen Schaffens zur Einheit, die Wiedervereinigung aller werks-künstlerischen Disziplinen - Bildhauerei, Malerei, Kunstgewerbe und Handwerk - zu einer neuen Baukunst als deren unablösliche Bestandteile. Das letzte, wenn ferne Ziel ist das Einheitskunstwerk - der große Bau -, in dem es keine Grenze gibt zwischen monumentaler und dekorativer Kunst.«

(Auszug aus dem Bauhaus Manifest von Gropius)

Handwerk und Design, praktische Umsetzung und Gestaltungsidee gingen in

Markante Fassade

der Ausbildung zum Bauhaus-Meister Hand in Hand. Ab 1923 wurden Kunst und Technik als eine erweiterte Einheit begriffen. Das Bauhaus schuf Prototypen, die sich zur Massenproduktion eigneten – sowohl in der Architektur als auch im Design von Alltagsgegenständen.

Zeitlose Eleganz

Das Museum versucht, die gesamte Bandbreite der von der Bauhaus-Bewegung beeinflussten Gestaltungsfelder zu dokumentieren, also nicht nur Architektur, sondern auch Möbel, keramische Werke sowie Gegenstände aus Metall. Wer denkt schon bei Bauhaus an Stahlrohrmöbel, Freischwinger, Teekannen, Stühle und Tische?

Was beeindruckt, ist die **Zeitlosigkeit** der Stilrichtung. Funktionalität, Form und Material dienen der Funktion, überflüssiger und modischer »Schnickschnack« wird vermieden. Deshalb ist »Bauhaus« auch heute noch hochmodern, und man glaubt nicht, dass manche der Häuser und Alltagsgegenstände dieser Stilrichtung fast 90 Jahre alt sind. So kann der »IKEA-Stil« heute als eine Variante des Bauhauses aufgefasst werden. Praktisch, einfach und irgendwie zeitlos schön.

Den Nazi-Oberen passte die Richtung der Bauhaus-Bewegung nicht, sie liebten eher das Schwülstige, Pompöse. Schon in der Zeit der Weimarer Republik galten die Begründer und ihre Bewunderer als links und international ausgerichtet. Der berühmte Bauhaus-Architekt Mies van der Rohe war der letzte Leiter des Bauhauses, das sich 1933 auflöste. Viele führende Vertreter dieser Richtung emigrierten in die USA und verwirklichten dort ihre Vorstellungen. So gelang es, dem Bauhaus eine internationale Bedeutung zu verschaffen. Unter der Leitung der Architektur sollten nach Gropius die bildenden Künste folgen, um eine ästhetisch-funktionale Einheit zu schaffen. (mi)

INFO

Hinkommen: U-Bahn Nollendorfplatz, Bus100, M29, 187+106, Lützowplatz
Information: Bauhaus-Archiv/Museum für Gestaltung, Klingelhöferstraße 14, 10785 Berlin, Tel. 030/2540020, www.bauhaus.de, Museum geöffnet Mi-Mo 10-17 Uhr, Di geschlossen, Bibliothek und Dokumentenarchiv, Mo-Fr 9-13 Uhr, Eintritt Mi/Do/Fr 6 Euro, Sa/So/Mo 7 Euro.
Einkaufen: Im angegliederten Bauhaus-Shop kann man themenbezogene Bücher und Kataloge sowie Plakate erwerben. Zudem kann man Gegenstände wie Besteck, Gläser, Kaffee- und Teekannen, Schalen, Lampen, Kerzenständer oder gar Schmuck kaufen. In einem kleinen Café kann man den Besuch ausklingen lassen. Im Sommer ist es auf der Terrasse luftig und man genießt hier Getränke, Kleinigkeiten und natürlich Kuchen.

Aktivitäten

Blick auf Spree und Dom

APACHE

71 Pack die Badehose ein: drei einzigartige Berliner Badeorte

Der Klassiker: Strandbad Wannsee, größtes Binnenbad Europas (71a)

Gleich hinter dem Eingangsgebäude auf der Anhöhe eröffnet sich ein herrlicher Blick auf die darunterliegende Seenlandschaft. Fast wie im Kurpark, Bänke mit Blumenansicht und Schachbrettspielen inklusive. Nach ca. 150 Metern führen Treppenanlagen nach unten. Die denkmalgeschützten Strandhallen mit Garderobe, WC, Duschen, Läden, Promenade und Sonnendeck stammen aus dem Jahre 1929, sind insgesamt 540 Meter lang und wurden jüngst saniert. Bei schönem Wetter kommen die Berliner mit Kind und Kegel, Gummiboot und Ghettoblaster. Wer Ruhe sucht, findet auf dem 1,2 km langen und 80 Meter breiten echtem Ostseesand genügend freie Abschnitte. Und wen die Badeklamotten stören, geht zum FKK-Gelände. Das Wasser der Havel ist von guter Qualität, aber wegen Algenwuchs gelegentlich grün gefärbt. Am schönsten ist die abendliche Stimmung bei traumhaftem Sonnenuntergang. Auch bei kühlem Wetter sitzen Stammgäste eingemummelt in den Strandkörben und schauen versonnen auf ihren Großen Wannsee.

Im Trend: Das Badeschiff, abgefahrene Location in der Spree (71b)

Ist das Baden in der Spree möglich? Theoretisch schon, aber unhygienisch. Nur um einige Zentimeter vom Flusswasser getrennt kann man in das saubere Wasser eines Pools springen, der selbst in der Spree liegt. Seit 2004 fest verankert und mit einem Steg erreichbar, ist der ehemalige Lastkahn mit 32 Metern Länge und über acht Metern Breite eine coole Alternative zu den herkömmlichen Freibädern.

Wer braucht da noch Meer: am Wannsee

Im Sommer aalt sich die mehrheitlich junge und hippe Friedrichshain-Kreuzberger Szene im warmen Sand oder lümmelt in den Hängematten. Aus der Cocktailbar ertönt Loungemusik und nachts wird in neuester Bademode getanzt. Im Winter aber bekommt der Pool ein pneumatisches Dach übergestülpt und verwandelt sich zum Winterbadeschiff inklusive Sauna, Bar und Ruhezonen. Von den nachts wie außerirdisch anmutenden »Leuchtkokons« ergeben sich tolle Ausblicke, insbesondere wenn bei eiskaltem Wetter die Eisschollen vorüberziehen, während man selbst im Saunakasten schwitzt. Die »Saison« wechselt im April/Mai und Oktober.

Badeschiff auf der Spree

Baden wie zu Kaisers Zeiten: das Stadtbad Neukölln (71c)

Das 1914 inmitten des dichten Arbeiterviertels eröffnete Stadtbad galt und gilt als eines der schönsten großen Volksbäder der wilhelminischen Ära. Inmitten des ach so »knallharten« Neukölln betritt man eine großartige Bade- und Entspannungswelt, ausgestattet mit Marmor und Mosaiken. Die beiden damals für Männer und Frauen getrennten Schwimmhallen mit sieben Meter hohen Säulen aus Travertin gleichen dreischiffigen Basiliken. Mit einer Beckenlänge von 25 und 19 Metern sind sie allerdings zum sportlichen Schwimmen weniger geeignet. Zur russisch-römischen Badeanlage gehören neben mehreren unterschiedlichen Saunen das griechisch-römische Dampfbad, Tauchbecken, Cafeteria und Dachgarten. Wie in den luxuriösen Thermen von Pompeji, aber in unaufgeregter, fast bescheidener Atmosphäre, lässt es sich hier perfekt entspannen. (md)

INFO

Informationen: Wannsee, Wannseebadweg 25, 14129 Berlin, Tel. 030/8035450. Ende April-Ende Sept., 10-19/20/21 Uhr, 4 Euro, www.berlinerbaederbetriebe.de. **Hinkommen:** S1/S7 S-Bhf. Nikolassee + 15 min Fußweg. Im Hochsommer Bus-Shuttle.

Badeschiff: Arena Berlin, Eichenstraße 4, 12435 Berlin, Tel. 030/5302398-0. Sommer: 8-24 Uhr, Strandbar open end, 3 Euro bis 20 Uhr, danach oft Veranstaltungen. Winter: 12-24 Uhr, Fr/Sa bis 3 Uhr. 12 Euro für 3 Stunden. Verleih von Bademantel und Handtüchern. Wenn es zu voll ist, kann es zu Wartezeiten kommen. Info: www.arena-berlin.de. **Hinkommen:** U1 Schlesisches Tor + 15min Fußweg, S-Bahnhof Treptower Park + 10 min Fußweg. Bus 147, 265, N65 Eichenstr./Puschkinallee.

Stadtbad Neukölln: Ganghoferstraße 3, 12043 Berlin. Bad 4 Euro, Saunaanlage mit Badnutzung 14 Euro (Tageskarte), geöffnet 6.30-22.30 Uhr, Sauna ab 10 Uhr (Zeiten ändern sich und im Sommer schließt das Bad, vorher erkundigen), Tel. 030/68249812, www.berlinerbaederbetriebe.de. **Hinkommen:** U7 Rathaus Neukölln oder Karl-Marx-Straße.

72 Rätselnd radeln: Fahrradschnitzeljagd durch Berlin

Berlin-Mitte/20.10 Uhr: Die untergehende Sonne taucht das Zentrum in erhabenes Dämmerlicht. Für die Teilnehmer der Fahrradschnitzeljagd beginnt nun der aktive Teil des Abends. Sie stehen an einem Mini-Tresor, der mit einem Zahlenschloss verriegelt ist.

Wissensfragen zu Berlin führen zu den benötigten Ziffern zum Öffnen des Tresors. In diesem befindet sich ein Brief mit der Wegbeschreibung zum Park Inn Hotel direkt am Alexanderplatz. Die Aufgabe besteht nun darin, in die 39. Etage des Hotels zu gelangen – gar nicht so einfach, wenn man bedenkt, dass der Fahrstuhl nur bis zum 37. Stock führt. Oben angekommen heißt es erstmal: Aussicht genießen. Anschließend geht es an die Lösung der nächsten Aufgabe.

Berlin ist eine Stadt, von der Besucher zu Recht erwarten, dass etwas los ist. Hier will man nicht entspannen, hier will man erleben. Anders als bei einer gewöhnlichen Stadtführung sind die Gäste bei dieser Schnitzeljagd selbst gefragt. Zurücklehnen und konsumieren passt hier nicht. Freude hat, wer aktiv teilnimmt. Aus diesem Grund werden die Teams auch nicht durch einen Guide geführt, sondern lediglich begleitet. In jeder Gruppe wird daher ein Navigator festgelegt, der mit einem Stadtplan ausgestattet voran fährt.

Zusätzlicher Pluspunkt: »Durch die gemeinsame »Mission« kommen sich auch fremde Gäste in kürzester Zeit näher«, sagt Robert Müller, Veranstalter der Schnitzeljagd.

Vor Beginn werden die Teilnehmer in Teams von vier bis zehn Personen einge-

Schön angestrahlt: Berlin bei Nacht

Abendliche Tour durch Berlin

teilt. Jede Gruppe erhält zehn verschlossene Umschläge. Auf diesen befinden sich Hinweise in Form von Grafiken oder Texten – zum Beispiel eine Giraffe oder »Angie«, der Liedtext der Rolling Stones. An jeder Station muss die Gruppe eine Spur finden, die zu den gestalteten Umschlägen passt. So führt beispielsweise »Angie« zum Wohnsitz von Bundeskanzlerin Merkel.

In den Umschlägen befinden sich dann die Anweisungen zur nächsten Station. Wer also von A nach C will, der muss zuvor B erobern. Die Gruppen werden abwechselnd durch einen **Stadtführer** betreut. Alle Gruppen stehen untereinander im Wettbewerb und lösen an den Stationen bestimmte Zusatzaufgaben. Die so gesammelten Punkte gehen am Ende der Tour in die Auswertung ein. Der Siegergruppe winkt ein flüssiger Preis. »Die Tour ist so gestaltet, dass sowohl Einheimische als auch Neulinge ihren Spaß haben«, sagt deren Erfinder Müller. Um erfolgreich abzuschneiden, muss man also kein Berlin-Experte sein.

Die Route führt durch das Zentrum Berlins. Es werden hinlänglich bekannte Sehenswürdigkeiten passiert, aber auch Stationen abseits vom touristische Standardrepertoire. Jung und Alt entdecken auf diese Weise herrlich illuminierte Bauten, erklimmen luftige Höhen und staunen über so manche Kuriosität, versteckt im Herzen Berlins. Somit ergibt sich die ideale Verbindung aus Stadt, Rad und Unterhaltung. Aktiv und doch entspannt – schließlich ist auch bei einer Schnitzeljagd der Weg das Ziel. (rm)

INFO

Information: Die Touren starten immer Donnerstag, Freitag und Samstag um 19.30 Uhr vor der Nikolaikirche im gleichnamigen Viertel. In ca. 2 ½ Stunden werden etwa 8 km zurückgelegt. Die Teilnahme kostet 14 Euro + 5 Euro fürs Leihrad.

Reservierung: www.fahrradtouren-berlin.com oder Tel. 030/28704492.

73 Zeitreise: mit dem Rosinenbomber unterwegs

Sind Sie schon mal mit einem Flieger aus dem Jahre 1944 geflogen? Der Rosinenbomber-Flug mit der 1944 in Dienst gestellten und seither stets voll flugtauglichen DC 3 nahm den Besucher bis Sommer 2010 mit auf eine Zeitreise ins Berlin während der Luftbrücke. Dann allerdings musste der Oldie eine Bruchlandung überstehen. Alles ging glimpflich aus, aber das Flugzeug wurde beschädigt. Wenige Tage später gründeten Flieger-Fans und Piloten den gemeinnützigen „Förderverein Rosinenbomber" (www.rosinenbomber-berlin.de) mit dem erklärten Ziel, die Maschine bis 2012 wieder flugtauglich zu machen.

Die Luftbrücke in Zahlen

- Es wurden 277.569 Flüge geflogen (davon 2/3 von den Amerikanern, 1/3 von den Engländern
- 39 Briten, 31 Amerikaner und 13 Deutsche ließen dabei ihr Leben
- Dauer der Luftbrücke: vom 23. Juni 1948 bis 12. Mai 1949
- Alle 3 Minuten landete eine Maschine, der Aufenthalt wurde von 75 auf 30 Minuten verkürzt
- In den Luftkorridoren flogen die Piloten auf 5 Ebenen
- Es gab nur einen Landeversuch, gelang der nicht, musste der Pilot wieder umkehren

Doch bis dahin braucht man nicht am Boden zu bleiben: Alternativ kann man die Tour mit einer Antonov AN-2 erleben, dem größten Doppeldecker der Welt. Die Flüge beginnen in **Berlin-Schönefeld** an einem eigenen Terminal. Schon der Empfang – mit nostalgisch gekleideten Stewardessen, mit damaliger Musik im Hintergrung und bei Sekt und Donuts – stimmt auf die Zeitreise ein. Ein sehr emotional ansprechender Film vergegenwärtigt noch einmal die Vergangenheit, bevor es mit einem amerikanischen Schulbus zum bestens gewarteten Oldtimer-Flugzeug geht. Die Piloten stehen vor und nach dem 35-minütigen Rundflug über Berlin Rede und Antwort. Und aus nur 600 m Höhe entdecken Sie Berlins Sehenswürdigkeiten und die Umgebung.

Doch damals war es anders…

Nostalgisch: Erinnerung an die Rosinenbomber

Carepakete: für die Berliner im historischen Gedächtnis

Denn was sich heute als ein Event präsentiert, war für ein knappes Jahr zwischen 1948 und 1949 eine Überlebenshilfe der westlichen Alliierten für Berlin. Ursache für die vorausgegangene Eskalation war u. a. die einseitige Einführung der Westmark durch die Westalliierten in den drei westlichen Zonen (der späteren BRD). Und das rief die Sowjetunion auf den Plan, ebenfalls eine Währungsreform in der sowjetischen Zone (der späteren DDR und Ost-Berlin) durchzusetzen. Es bestand die Gefahr der »Überflutung« mit Beständen der alten Reichsmark und damit einer hohen Inflation. Nachdem die Sowjetunion beabsichtigt hatte diese Reform auch in den Westsektoren Berlins durchzusetzen, führten die Westalliierten die West-Mark nun auch in West-Berlin ein. Die sowjetische Antwort darauf war die Blockade der Versorgung West-Berlins. Schon in der Nacht vom 23. auf den 24. Juni 1948 wurde der Fernstrom unterbrochen, es folgte am 24. Juni die vollständige Sperrung des Schienen-, Straßen- und Schifffahrtverkehrs. Und das wäre auf Dauer verhängnisvoll gewesen für die 2,2 Millionen West-Berliner. Die Stadt lag noch in Trümmern und es gab so gut wie keine Eigenversorgung.

Ab dem 26. Juni stand die Luftbrücke: Getreide, Trockenmilch, Kartoffeln, Mehl, Kohle, Medikamente – alles Lebensnotwendige wurde transportiert. Zahllose Care-Pakete erreichten die Berliner Haushalte. Es gab damals drei alliierte Luftkorridore (32 km breit) nach Westdeutschland, der nördliche und südliche wurde für Hinflüge nach Westberlin reserviert, der mittlere für Rückflüge.

Gail Halvorsen war einer der mutigen amerikanischen Piloten. Und einer mit Herz. Er bastelte kleine Fallschirme, an die er Süßigkeiten band. Mit den Kindern, die bei Tempelhof die Flieger beobachteten, verabredete er: »Wenn Ihr ein Flugzeug seht, das mit den Flügeln wackelt, dann bin ich es – schaut nach meinen Fallschirmen«. Halvorsen wollte den durch große Entbehrungen geplagten Kindern eine kleine Freude bereiten. Und er prägte durch seine Geste, die viele seiner Fliegerkollegen nachahmten, das positive Amerika-Bild des Nachkriegsdeutschland. 25 Fliegerbesatzungen warfen **23 Tonnen Süßigkeiten** über Berlin ab und eroberten die Herzen der Menschen. (mi)

Hinweis

Der Rosinenbomber musste am 19.6.2010 gleich nach dem Start notlanden, außer leichten Verletzungen ist nichts passiert. Die Maschine soll nach der Unfallanalyse wieder schnellstmöglich restauriert werden. Gut so, denn das Flugzeug ist ein Stück Berliner Geschichte. »Die Maschine war tatsächlich an der Luftbrücke während der Berlin-Blockade beteiligt, sie ist daher eine Ikone der Stadt«, so Firmen-Chef Frank Hellberg.

INFO

Hinkommen: Flughafen Schönefeld, S 9, S 45, Regionalexpress RE 7
Abflug: Berlin Schönefeld, Terminal April–Okt. Fr–So um 12, 13 und 14 Uhr.
Infos: www.air-service-berlin.de, Tel. 030/53215321
Dauer der Reise: Flug ca. 30 Min, Programm insg. ca. 2 Std. Preis: 99 Euro

74 Hoch hinaus I: die besonderen Aussichtspunkte mit historischem Akzent

Die Siegessäule (67 m) – geschichtsträchtig und anstrengend (74a)

Das historische Denkmal (1873 eingeweiht) an der Straße des 17. Juni/Großer Stern ist einfach zu erreichen, da sehr zentral gelegen: ca. 1,5 km westlich des Brandenburger Tors, umgeben von der grünen Oase des Tiergartens. Die Siegessäule erinnert an die preußischen Kriege gegen Dänemark (1864), Österreich (1866) und Frankreich (1870/71). Im Zuge der größenwahnsinnigen Pläne des Hitler-Architekten Albert Speer, den die Vision der »Welt-Hauptstadt« Germania antrieb, wurde die Säule 1938/39 verpflanzt, um der Ost-West-Achse der Stadt (Brandenburger Tor – Olympia-Stadion) einen markanten Bezugspunkt zu geben. Einst stand sie auf dem Königsplatz vor dem Reichstag. Gleichzeitig wurde sie um 7,5 m aufgestockt.

Der rote Granitsockel ist von vier Säulentrommeln geziert, dazwischen sind Geschützrohre von den Eroberungszügen eingelassen. Und ganz oben steht die bronzene, vergoldete Siegesgöttin Viktoria, 8,3 m hoch und 35 Tonnen schwer, von den Berlinern liebevoll als »Goldelse« bezeichnet. Im Zweiten Weltkrieg wurde die Säule kaum beschädigt und sollte auf Antrag der Franzosen abgerissen werden. Amerikaner und Briten widersetzten sich diesem Plan, da der Stichtag für die Sprengung politischer Denkmäler der 1. August 1914 war (Eintritt Deutschlands in den Ersten Weltkrieg).

Durch das Innere der Säule gelangt man über knapp 290 Stufen auf die Aussichtsplattform und genießt einen schönen Ausblick über die Straße des 17. Juni, schaut auf das Brandenburger Tor und kann sogar auf Schloss Bellevue (Sitz des Bundespräsidenten) blicken. Der Aufstieg ist ziemlich anstrengend und nicht geeignet für Menschen mit Gehbehinderungen oder einer schwächeren Körperverfassung.

Blick über Berlin: die »Goldelse«

Der Funkturm (150 m): nostalgische Stahlkonstruktion mit Glasaufzug (74b)

Zum Berliner Wahrzeichen-Ensemble gehört der Funkturm am Messegelände. 1926 wurde er nach zweijähriger Bauzeit anlässlich der 3. Funkausstellung eingeweiht. Im gleichen Jahr wurde von hier das erste Fernsehbild der Welt ausgestrahlt. Neben seiner technischen Funktion zur Funkübertragung und als Leuchtturm für den beginnenden Flugverkehr war von vornherein auch das Vergnügen eingeplant: Aussichtsplattform und Restaurant. Die Stahlkonstruktion wiegt 600 Tonnen und ruht auf **Porzellanfüßen**. Das filigrane Bauwerk schwankt – durchaus für den Besucher merklich – etwa 40 cm während heftiger Stürme. Doch keine Angst: Als 1945 eine Hauptstrebe durch Granateneinschlag weggerissen wurde, blieb der Turm stoisch stehen.

Funkturm

Der gläserne Aufzug bringt den Besucher auf die Plattform in 126 m Höhe, vorbei an der Restaurantebene (55 m). Die Aufzugsfahrt hat es in sich: Da die Sicht zu allen Seiten offen ist, empfindet man die Geschwindigkeit von 3 m/Sek. als sehr schnell, da die Gitterstreben nahe und rasant vorbeisausen. Nach 33 Sekunden ist man oben und genießt eine tolle Aussicht über die Stadt.

Das Restaurant empfängt den Besucher mit eher nostalgisch wirkendem, aber sehr gepflegtem Ambiente. Die Tische sind entweder am Fenster oder fensternah. Die mittelpreisige Küche ist saisonal ausgerichtet und bietet gute, schmackhafte Gerichte an. Ab 18 Uhr gibt es Dienstag bis Sonntag ein monatlich wechselndes Motto-Buffet. Reservierung während Messen empfohlen. (mi)

INFO

Siegessäule
Hinkommen: S-Bahnhof Bellevue S5, S7, S75, S9, U-Bahn: Hansaplatz U9, Bus Hansaplatz U-Bahnhof 106, Großer Stern 100, 106, 187
Information: www.berlin.de. Die Siegessäule wird bis Ende Mai 2011 saniert und ist bis dahin geschlossen.
Funkturm
Hinkommen: U2 Kaiserdamm, Bus 104, S41, S42, S46 Messe Nord, Eingang zw. Halle 16 und 17 Masurenallee
Information: geöffnet Mo 10-20, Di-So bis 23 Uhr (vorher unter 030/3038-1905 erkundigen, ob die Plattform evtl. witterungsbedingt geschlossen ist), Eintritt 4 Euro. Restaurant: Mi-So 11.30-23, Di ab 18 Uhr, Tel. 030/30382900, www.funkturmrestaurant.de.

75 Hoch hinaus II: die besonderen Aussichtspunkte mit modernem Akzent

Fernsehturm am Alexanderplatz (207 m) (75a)

Der Fernsehturm am Alexanderplatz ist ein Wahrzeichen, das der Besucher von fast allen Teilen der Stadt sehen kann und er bietet daher eine tolle Orientierung. Kein Wunder, dass das Prestigeprojekt der ehemaligen DDR jährlich 1,2 Millionen Besucher anzieht. Vor allem an klaren Tagen ist der Andrang sehr stark und es bilden sich lange Warteschlangen.

Tipp: VIP-Ticket online kaufen

Legen Sie Datum und Uhrzeit Ihres Besuchs fest und Sie können nach dem Passieren der Sicherheitskontrolle auf den Turm. Doch statt 11 € für das Normalticket mit Wartezeit kostet das VIP-Ticket 19,50 €. Empfehlung: Essen Sie im Restaurant und genießen ungestört das Panorama - das Drehrestaurant ist dafür optimal. Reservierung empfohlen (www.tv-turm.de oder reservierung@tv-turm.de).

1964 entschied die DDR-Regierung unter Walter Ulbricht, eine leistungsstarke Sendeanlage zu bauen. Als idealen Ort wählte man den Alexanderplatz aus, sodass die DDR nun weithin sichtbar ihr technologisches Know-How präsentieren konnte. 1969 wurde der Turm eingeweiht und nach der Wende 1995/96 renoviert. Man investierte in eine Klimaanlage sowie in Brandschutz- und Haustechnik.

Rasante Aufzüge bringen die Besucher in nur 40 Sekunden auf die Panorama-Etage, die in 203 m Höhe liegt. 21 Stufen weiter und 4 m höher liegt das Restaurant, das sich in 30–60 Minuten einmal um die eigene Achse dreht. Und Berlins **höchste Bar** lädt zum Seh-, Trink- und Essgenuss ein. Die Preise liegen im mittleren Bereich, die Gerichte – oft regional ausgerichtet – sind von guter Qualität.

Garantiert bietet sich hier dem Besucher die beste Aussicht – an klaren Tagen bis zu 80 km weit. Sie entdecken nahe und ferne Sehenswürdigkeiten. Zum Greifen nah erscheinen das Rote Rathaus, der Gendarmenmarkt, die Neue Synagoge mit ihrer goldenen Kuppel, die Museumsinsel... Die faszinierende Lage Berlins – ein Häusermeer durchsetzt von Parks, umgeben von Wäldern, durchzogen von Flüssen und Kanälen – ist von hier oben imposant zu erleben.

Von überall zu sehen: der Berliner Fernsehturm

Der Hi-Flyer (»WELT«- Ballon, 150 m) (75b)

Der Hi-Flyer passt zur Einmaligkeit Berlins. Für alle, die etwas Flugangst haben, ist er die richtige Alternative, abzuheben.

Technisch gesehen handelt es sich um einen Fesselballon, wie er erstmalig 1878 bei der Weltausstellung in Paris gezeigt wurde und damals d i e Sensation an der Seine war. Der Ballon ist mit 5.500 Kubikmetern Helium gefüllt und trägt maximal 30 Personen geräuschlos in bis zu 150 Meter Höhe. Man steigt nicht in einen Korb, sondern in einen kreisförmigen, gesicherten Umgang (vergleichbar mit einem »Donut«), sodass man herumlaufen kann und die unterschiedlichen Ausblicke genießt.

Einmalig ist der Blick auf das »neue« Berlin mit Potsdamer Platz, Kanzleramt, Hauptbahnhof, aber auch historische Teile der Innenstadt mit Aussicht auf das Brandenburger Tor und den Gendarmenmarkt imponieren. Und natürlich schaut man weit in die Umgebung! (mi)

Technische Daten

Geräteart: bemannter Fesselballon mit der Kennung D-ORKA
Höhe im gesicherten Zustand: 36 m
Fahrhöhe: max. 150 m
Ballondurchmesser: 22,5m
Verankerung: 8 Verankerungspunkte/200 t schwer
Hauptseil-Durchmesser: 23 mm (zehnfache Sicherheit)

INFO

Fernsehturm
Hinkommen: S+U-Alexanderplatz: U2, U5, U8, S5, S7, S75, S9, Tram M4, M5, M6, Bus TLX, M48, 100, 200, 248, N5, N8. Der Eingang zum Turm liegt gegenüber dem S-Bahnhof an der Nordseite des Turms.
Informationen: www.tv-turm.de, geöffnet März-Okt. tgl. 9-24 Uhr, Nov.-Feb. tgl. 10-24 Uhr. Eintritt 11 Euro.

Hi-Flyer
Hinkommen: Am Checkpoint Charlie, Wilhelmstraße, Ecke Zimmerstraße, U2 Mohrenstraße, U6 Kochstraße
Information: www.air-service-berlin.de. Ganzjähriger Betrieb, aber von Windstärken abhängig (Auskunft Tel. 030/226678811), April-Okt. tgl. 10-22, Fr/Sa bis 0.30 Uhr, Nov.-März tgl. 11-18 Uhr. Eintritt 19 Euro.

76 Arm, aber sexy: das alternative Berlin per Fahrrad entdecken

Die Heterogenität des Stadtteils Kreuzberg lässt sich mit einer knappen Redewendung auf den Punkt bringen: Während Kreuzberg 61 pennt, Kreuzberg 36 brennt. Die Zahlen stehen jeweils für Postleitzahlbezirke. Kaum ein Stadtteil vereint auf so intensive Weise noble Beschaulichkeit mit »subversivem Potenzial«. Aber der Reihe nach.

Wer diese Seite Berlins entdecken möchte, kann dies mit einer geführten Radtour von Free Berlin Tours tun. Die Gäste erhalten, falls benötigt, Leihräder am Treffpunkt im zentral gelegenen **Nikolaiviertel**. Ein geschulter Stadtführer leitet die Gruppe von einer Sehenswürdigkeit zur nächsten. Dort wird Halt gemacht und es folgen interessante Erklärungen. Erster Stopp ist das Baumhaus von Osman Kalin (s. S. 224). Anschließend geht es entlang der East Side Gallery zu den MTV-Studios direkt im ehemaligen Osthafen. Am weitläufigen Spreeufer radelt die Gruppe entlang an ausgedienten Kränen und herrlich sanierten Speichergebäuden. Nächster Halt ist der »Molecule Man«. Diese 30 m hohe Skulptur von Jonathan Borofsky steht im Wasser der Spree und ist das eindrucksvolle Wahrzeichen des »Dreiländerecks« bestehend aus Friedrichshain, Treptow und Kreuzberg.

Von hier aus sind sie schon zu hören: Die Bässe aus dem gigantischen Kulturareal »Arena Berlin«. In den frühen 90ern machte sich hier der Schauspieler Falk Walter an die Wahnsinnsaufgabe, quasi in Eigenregie eine alte Ausbesserungshalle für Straßenbahnen zu einer Konzerthalle für 8.000 Gäste zu verwandeln. Der unbestreitbare Ruhm der Anlage ist nicht zuletzt den originellen »Ergänzungen« geschuldet. So wurde ein Heizhaus zum Aufführungsort für Performancetheater. Und ein alter Öltanker wurde kurzerhand zum Badeschiff, der einzigen Möglichkeit, unbedenklich in der Spree zu planschen (s. S. 162).

Erster Stopp in Kreuzberg ist der **Wrangelkiez**. Das Straßenbild verdeutlicht, warum Immigranten und Autonome gerade hier ihre Zelte aufschlugen. Wer die »Eingeborenen« live erleben will, der lässt den Blick über den Görlitzer Park, die nächsten Station, streifen. Hier wird zünftig am Spieß gegrillt, es tönen Trommeln, und in der Luft hängt nicht nur der Rauch von BBQ und Tabak… Kaum zu glauben, dass es sich bei dieser Grünanlage um einen alten Bahnhof handelt.

Was Kreuzberg zu zweifelhaftem Ruhm verhalf sind nicht zuletzt die gewalttätigen Auseinandersetzungen, die traditionsgemäß am 1. Mai zwischen Linksautonomen und Polizei ausgetragen werden. Die Spuren sind am Heinrichplatz, dem Zentrum des alternativen Kreuzbergs, sichtbar.

Dass dieser Stadtteil auch anders kann, zeigt der letzte Stopp. Die Bergmannstraße ist die Hauptschlagader von besagtem 61er Teil. Graffitis, Punker und Radau sucht man hier vergeblich. Den prunkvollen Altbaufassaden ist ihre Nähe zum alten Exerzierplatz auf dem ehemaligen Flughafen Tempelhof anzusehen: Schließlich war dieser Bereich zur Jahrhundertwende der Lebensmittelpunkt hoher Militärs und einflussreicher Beamter. Heute zeugen ausgefallene Geschäfte und noble Karossen vom Rang der Einwohner (s. S. 14). (rm)

Beeindruckend: der 30 m hohe Molecule Man

INFO

Information: Die Touren starten täglich um 15.30 Uhr vor der Nikolaikirche im gleichnamigen Viertel. In ca. 4 Stunden werden etwa 15 km zurückgelegt. Die Teilnahme kostet 12 Euro + 5 Euro fürs Leihrad.

Reservierung: www.fahrradtouren-berlin.com oder Tel. 030/28704492.

77 Grillboote: kleine Schiffe mit Charme

Sie schwimmen auf der Spree oder auf dem Müggelsee: auffallende, runde Boote, die sich nur langsam fortbewegen und auf denen gegrillt werden kann – die Grillboote.

Tipp: Berlins Gewässer

Wohl kaum eine andere Hauptstadt der Welt verfügt über so viele herrliche Badegewässer und Flüsse wie Berlin. Havel, Spree und Dahme finden ihren Weg durch städtisches Gebiet. Die Wasserqualität ist hervorragend. Und sandige Strände, umgeben von viel Wald, laden zum Aufenthalt ohne Kurtaxe und große Menschenmassen ein. Wannsee, Tegeler See oder Müggelsee sind die großen Plantschbecken, aber auch die stadtnahen Landseen wie die Krumme Lanke oder der Schlachtensee bieten Badevergnügen pur. Infos unter www.berlin.de/bade gewaesser/detail.

Die Boote sind kreisrund, knallig orange gestrichen, im Durchmesser 3,60 m und mit aufgespanntem Sonnenschirm etwa 2,80 m hoch. In der Mitte des Bootes steht je nach Anfrage ein Tisch oder ein raucharmer Holzkohle-Grill. Der große Sonnenschirm kann über das Boot gespannt werden, schützt vor der Sonne und macht die Tour gemütlich. Damit auch die Musi stimmt, können MP3-Player oder CD-Spieler an ein **Soundsystem** angeschlossen werden. Gut zehn Personen finden auf einem Boot Platz und mit einem kleinen Elektromotor betrieben, schippert man dann bei etwa 3–4 km/h Höchstgeschwindigkeit lustig über den See. Das Boot ist bis zu einer Wellenhöhe von 40–50 cm problemlos steuerbar, ab Windstärke 4 kann es jedoch gefährlich werden und dann wird das Fahren verboten.

Um ein Grill-Boot zu mieten, braucht man weder einen Bootsführerschein noch große nautische Kenntnisse. Alles Nötige wird dem

Anlässe für eine Grillfahrt gibt es genug: vom Grill & Chill bis zum Kindergeburtstag

Die Abendstimmung ist sehr geeignet für eine gemütliche und romantische Grillfahrt

frisch ernannten Steuermann kurz vorm Ablegen erklärt. Die Hauptsache ist, für die Dauer der Fahrt nüchtern zu bleiben und sich abseits der Fahrrinne der Schiffe zu halten. Die Mitfahrer können sich also munter zuprosten und wenn in Ruhe gegessen werden soll, kann man das Boot auch treiben lassen. Eine vergnügliche Grillparty und nicht ein bestimmter Ort ist das Ziel dieser Reise.

Das Essen und die Getränke bringt die Gruppe am besten selbst mit, Stauraum dafür befindet sich in Schubladen unter den Sitzen. Kurz vor dem Einsteigen wird der Grill fachmännisch auf die optimale Temperatur gebracht, damit es auf dem Wasser gleich losgehen kann.

Will man sich ganz entspannt und rundum verwöhnen lassen, kann man nach Lust und Laune einige Stunden Bootstour samt Grillgut und Getränken buchen. Hier die einladenen Namen: »Grill & Chill«, »Plaza del Sol«, »Gourmet« oder »Kindergeburtstag«. (mi)

INFO

Information: www.grill-boot.de, Tel. 030/43028296.
Spree in Treptow: Segelschiffrestaurant »Klipper«.
Müggelsee: Surf- und Segelschule Müggelsee, Steganlage Rübezahl.
Wannsee: Kladower Promenadenhafen.
Kremmener See: Seelodge und Hotel.

Leihzeiten: tgl. 10–22 Uhr, Mindestmietdauer 1 Std.; Mietpreis 35 bis 55 Euro/Std. plus 45 Euro für das Grillset, Kaution 250 Euro. Reinigung des Bootes und Müllentsorgung sind im Preis enthalten.

78 Urbanes Strandleben im Sommer von Berlin

Nirgendwo in Deutschland gibt es so viele Möglichkeiten, mitten in der Stadt mit einem Cocktail in der Hand urbanes Strandleben zu genießen. Von Mai bis September erzeugen nahezu 30 Strandbars eine sorgenfreie Atmosphäre für den gestressten Hauptstädter, den coolen Szenegänger oder die Mutti aus dem Sauerland. Spannende Locations mit einer breiten Palette an Freizeitangeboten, wechselnde nächtliche Veranstaltungen und nicht zuletzt das Publikum garantieren höchst abwechslungsreiche Urlaubs-Szenarien unter freiem Himmel.

Tipp

Im halbrunden Open Air Amphitheater aus Holz inszeniert das **Hexenkessel Hoftheater** vorzugsweise Shakespeare. Im Winter werden in der Märchenhütte klassische Märchen der Gebrüder Grimm gespielt - ein einzigartiges Erlebnis für Jung und Alt.
Infos: www.strandbar-mitte.de, Tel. 030/24048650.

Der Klassiker – Strandbar Mitte: Die 2002 provisorisch eröffnete Theaterkantine wurde zum Selbstläufer und zur Mutter aller Strandbars. Bedauerlicherweise musste der Sand im Zuge der Ufersanierung abgetragen werden, aber der Blick auf die Museumsinsel mit dem Bodemuseum bleibt einzigartig. Auf dem Wasser herrscht tagsüber reger Schiffsverkehr, abends wird der Pizzaofen angeworfen, italienischer Wein geöffnet und unter dem Sternenhimmel Salsa und Tango getanzt. Tgl. ab 10 Uhr. Monbijoustraße 3, gegenüber Bodemuseum, S-Bahnhof Oranienburger Straße, www.strandbar-mitte.de.

Hauptstadtstrände: Die Fußgängerbrücke über die Spree führt direkt zum **Capital Beach**. Hier am Ludwig-Erhard-Ufer wurde nicht auf Sand gebaut: die Liegestühle und Strandkörbe stehen auf grünem Rasen. Angeboten werden 60 Cocktails, Flammkuchen und Fingerfood, für musikalische Unterhaltung sorgen Live DJ's. Infos: www.capital-beach.eu (mit aktueller Webcam), tgl. ab 10 Uhr bis in die Nacht.

Ein Stückchen weiter entlang des Spreebogens gewährt der **Bundespressestrand** einen schönen Blick auf das neue Regierungsviertel. Mit 5.000 m² und zweigeschossigem Pavillon ist er auch Eventlocation für Parteien, Verbände und Fernsehstudios. Tgl. ab 10 Uhr, Kapelleufer 1, Tel. 030/28099119, www.bundes pressestrand.de. S- und U-Bahn Berlin Hauptbahnhof.

Szenig, locker, cool: Mit dem **YAAM** gegenüber des Ostbahnhofs zu Beginn der East Side Gallery betritt man eine afrikanisch-karibisch-brasilianische Urlaubswelt mit kulinarischen Spezialitäten und Live Bands. Wenn Reggae-Klänge dargeboten werden, erhöht sich die Zahl der Dreadlock-Frisuren auffallend. Das interkulturelle Flair wird von »urbanen Sportarten« wie Streetball, Footbag, Soccer und Skateborden bereichert. Tgl. 11–24 Uhr und länger, www.yaam.de, Stralauer Platz 35.

Ein Stückchen weiter hinter der East Side Gallery taucht das **Strandgut** auf. Angeschwemmt wurden nicht nur jede Menge Sand und Liegestühle, sondern auch feine Ledergarnituren und Liegebetten sowie ein Biergarten. Abends laufen Partys und Konzerte – Club-Feeling unter freiem Himmel! Mühlenstraße 61, tgl. ab 12 Uhr, www.strandgut-berlin.com, Tel. 030/70085566.

Lockerer Nachbar des eher stylischen Strandguts ist der legendäre **Oststrand.** Eine Besonderheit ist der vor Anker liegende Lastkahn »Agnes« von 1907, von dem sich spektakuläre Sonnenuntergänge vom Wasser in Richtung Fernsehturm beobachten lassen. Alljährlicher Höhepunkt ist die Völkerball-Meisterschaft. Infos: www.oststrand.de, Mühlenstraße 24–26, tgl. ab 10 Uhr, Tel. 030/28385588, S-Bahn Ostbahnhof. Taxi-Nutzer sollten die East Side Gallery erwähnen, denn es gibt in Berlin acht (!) Mühlenstraßen.

Romantisch: Auf der gegenüberliegenden Spreeuferseite sitzt man bei **Kiki Blofeld** auf gemütlichen Sesseln und Sofas aus Grashügeln. Einzigartige Partylocation ist ein schussfestes Bootshaus der ehemaligen NVA-Patrouillenboote mit Yachteinfahrt. Erreichbar von der Köpenicker Straße 48/49, 10179 Berlin, Bus 147 Michaelkirchstraße, www.kikiblofeld.de. Es ist allerdings nicht sicher, ob die Bar 2011 noch einmal öffnet, da das Grundstück zum Verkauf steht.

Geheimtipp: Der höchste Sandstrand Berlins befindet sich im Prenzlauer Berg auf dem Parkhaus eines Einkaufszentrums. Von Deck 5 hat man eine traumhafte Weitsicht auf Stadtlandschaft, 14 Kirchen und den Sonnenuntergang am Mauerpark. Tgl. von 10–24 Uhr. Hinkommen: U-/S-Bahn Schönhauser Allee, »Allee-Arcaden«, oberster Knopf im Lift. Nach Ladenschluss führt eine Treppe vom Seiteneingang an der Greifenhagener Straße nach oben, www.freiluft-rebellen.de/deck-5, Tel. 030/41728905. (md)

Wozu in die Ferne schweifen – sonnen mit Blick auf die Spree

79 Mit dem Schiff ab durch die Mitte: »Brückenfahrt« auf Spree und Landwehrkanal

Berlin ist eine Stadt des Wassers, auch wenn das Meer fehlt. Kaum zu glauben, aber die gesamte **Wasserfläche** der Hauptstadt mit fünf Flüssen, 70 Seen und etlichen Kanäle entspricht ungefähr der Größe des Starnberger Sees. Ganze 200 Kilometer Wasserstraßennetz stehen den Freizeitkapitänen zur Verfügung. Was gibt es schöneres, als bei strahlendem Sonnenschein das neue Regierungsviertel, den Berliner Dom oder das alternative Kreuzberg an sich vorüberziehen zu lassen, während man genussvoll den Eisbecher »Copa« oder eine Berliner Weiße leert?

Die dreieinhalbstündige Kreuzfahrt zeigt nicht nur das historische und das neue Berlin aus ungewohnter Perspektive, sondern führt auch durch dichte Stadtlandschaften, Industriegebiete, grüne Ufer und Parkanlagen. Sie verläuft als weit gezogener Kreis durch die Berliner Innenstadt und endet nach 23 Kilometern wieder an ihrem Ausgangspunkt. Dabei passiert der Dampfer mit dem Nikolaiviertel den Ursprung Berlins und läuft dann in die Mühlendammschleuse ein, um 1,50 Meter hochgehoben zu werden. Der Schiffsmoderator erklärt, dass in heißen Sommermonaten die Spree sogar rückwärts fließt.

Im Bereich der **Museumsinsel** kommt der Dampfer dem Ufer so nahe, dass man direkt in die Gesichter gegenüber schaut. Wer winkt, dem wird gewinkt. Das Phänomen, wildfremden Menschen auf Schiffen vom »Festland« aus zuzuwinken, nimmt in den Sommermonaten aufgrund der vielen Boote erstaunliche Ausmaße an. Im Bereich der East Side Gallery mit ihren vielen Strandbars dagegen verbietet die Coolness der Szenebesucher jegliche Winkfreude. Und wer richtig Pech hat, bekommt auf dem Landwehrkanal anstelle einer winkenden Hand nur den Stinkefinger eines Kreuzberger Punks entgegengehalten.

Wer winkt, dem wird gewinkt...

Bei den niedrigen Brücken heißt es sitzenbleiben

Ganze 23 Zentimeter wird unser Dampfer nach Einfahrt in den Landwehrkanal wieder nach unten geschleust. An dieser Stelle endete eine spektakuläre Flucht, als am 8. Juni 1962 13 Ostberliner in einem gekaperten Ausflugsdampfer, verfolgt und beschossen von DDR-Patrouillenbooten, unverletzt das Westberliner Ufer erreichten.

Die nun folgenden niedrigen Brücken zwingen zum Sitzenbleiben auf dem Oberdeck. Vor jeder Brücke bimmelt die Alarmglocke. Sogar die Kapitänsbrücke sinkt hydraulisch nach unten. Der fachkundige Moderator rät zur kostenlosen Maniküre, wenn man nur die Arme nach oben strecke, was sofort ausprobiert wird. Inzwischen rattert die U-Bahn als Hochbahnstrecke über uns hinweg, während sich der kleine Hunger meldet und mit Bulette und Kartoffelsalat gestillt wird.

Nach weiteren 10 km ist die **Unterschleuse**, idyllisch im Tiergarten gelegen, erreicht. Vorbei gleitet das Schiff an der gläsernen Mercedes-Benz-Welt, den Institutsgebäuden der Technischen Universität und trifft wieder auf die Spree. Ehemals von alten Industrieanlagen und von nicht zugänglichen Ufern gesäumt, blitzen heute Glasfassaden neuer Büros entlang des Flusses auf. Nach der Fahrt durch das hoch herrschaftliche Hansaviertel nähern wir uns dem Regierungsviertel. Der Spreebogen wird nun selbst zum schicken »Designerstück« zwischen Bundeskanzleramt, Hauptbahnhof und Reichstag. Dort, wo die Grenzanlage Berlin brutal durchtrennte, symbolisiert heute die doppelte Brücke zwischen den Parlamentsgebäuden das »Band des Bundes«. Die untere Brücke ist öffentlich, die obere nur für die Abgeordneten zugänglich. Sie wird als »Höhere Beamtenlaufbahn« bezeichnet. Weiter geht's zurück ins historische Zentrum und die Fahrt neigt sich dem Ende zu. Insgesamt wurden 64 Brücken passiert! (md)

Party am Wasser

Auf einer Abendfahrt durch die laue Sommernacht kann man alle paar Meter eine neue Geräuschkulisse lokalisieren – überall am Ufer oder auf dem Wasser werden Partys und Picknicke veranstaltet und man taucht ein in ein einziges großen Freizeitparadies.

INFO

Information: Die größten Anbieter für die »Brückenfahrt« (April-Oktober):
Stern & Kreis Schiffahrt, www.sternundkreis.de, Tel. 030/5363600 (13x tgl).
Reederei Riedel, www.reederei-riedel.de, 030/6934646.
Reederei Bruno Winkler, www.reedereiwinkler.de,Tel. 030/3499595.

80 Die Berliner U-Bahn: ein Erlebnis nicht nur für U-Bahn-Fans

Als am 15. Februar 1902 der elektrisch betriebene Waggon mit kaiserlicher Ministerbegleitung aus dem U-Bahnhof Potsdamer Platz rollte, hatte die Geschichte der ältesten deutschen »Hoch- und Untergrundbahn« begonnen. Vielfahrer merken, dass die Züge der alten Linien U1-U4 schmaler sind als diejenigen der anderen Linien. Heute ist die U-Bahn ein Hauptpfeiler im Berliner Nahverkehrsnetz, das zusammen mit S-Bahn, Straßenbahn und Bussen jährlich 1,3 Milliarden Fahrgäste an ihr Ziel bringt. Darüber hinaus bietet ihr Streckennetz von rund 150 km Länge mit 173 Bahnhöfen zahlreiche Besonderheiten, die nicht nur die Herzen eingefleischter U-Bahn Fans höher schlagen lassen.

Den schönsten Abschnitt befährt die legendäre **Linie 1** auf dem fünf Kilometer langen Hochbahnviadukt vom **Gleisdreieck** bis Warschauer Brücke. Kurz hinter Gleisdreieck blickt man auf fast gleicher Höhe einem originalen US-Rosinenbomber von 1948 entgegen. Aber nicht nur der Blick nach draußen ist ein Erlebnis. Die Fahrt führt in das alternative und orientalische Kreuzberg – mit entsprechend buntem Publikum. Arbeiter, Studenten und Künstler sitzen dicht gedrängelt, eine Gruppe verschleierter Frauen unterhält sich angeregt, neben einem Punker mit Ratte auf der Schulter sitzt völlig unbeeindruckt ein schläfriger Banker, aus dem Knopf im Ohr von Jugendlichen dringt lautstark Musik nach außen, während der Verkäufer der Obdachlosenzeitung allen »einen schönen Tach noch« wünscht. Nur wenig Fantasie ist nötig, um sich in das seit 1986 erfolgreiche Musical »Linie 1« des Grips-Theaters zu versetzen (s. S. 136). Hinter dem Schlesischen Tor, wo die Fahrt zu Westberliner Zeiten endete, über-

Die schönste Brücke der Stadt: Oberbaumbrücke

quert man mit herrlicher Sicht auf Spree und Fernsehturm die wohl schönste Brücke der Stadt – die Oberbaumbrücke mit ihren roten Backsteintürmen.

Bahnhof Spandau

Auch die »Linie 2« wird neuerdings musikalisch im Grips-Theater dargeboten. Schöne Ausblicke ergeben sich auf ihrer Hochbahnstrecke zwischen Bülowstraße und Potsdamer Platz sowie im Prenzlauer Berg zwischen Eberswalder Straße und Schönhauser Allee. Zwischen Alex und Potsdamer Platz windet sie sich laut quietschend durch die engen Kurven des Berliner Untergrunds. Der Bahnhof Märkisches Museum erinnert mit seinem glänzenden Tonnengewölbe an die Pariser Metro. Die Station Mohrenstraße ist gänzlich mit roten Marmorplatten verkleidet, die aus der im Krieg zerstörten Reichskanzlei stammen sollen.

Einer der schönsten Bahnhöfe ist der **Heidelberger Platz** der U3. Die sakral wirkenden Kreuzgewölbe und die mächtigen Leuchten lassen an die Paläste der Moskauer Metro denken. Einige Stationen weiter wähnt man sich auf dem Land: Das Empfangsgebäude von Dahlem-Dorf wurde im norddeutschen Stil als Fachwerkbau mit Reetdach gebaut und gleicht im Inneren einem Jagdschloss. Im neoklasszistischen Stil erbaute Alfred Grenander den Bahnhof Wittenbergplatz (U1-U3). Von dem in einer Talsenke gelegenen Bahnhof Rathaus Schöneberg blickt man ins Grüne. Idyllisch im Rudolf-Wilde-Park gelegen, ähnelt er von außen einer im Jugendstil erbauten Orangerie. Wie mächtig ist dagegen der 1926 im Art-Déco-Stil erbaute Kreuzungsbahnhof Hermannplatz der U7 und U8. Seinerzeit einzigartig war der direkte Zugang in das Karstadt Kaufhaus von der hohen Bahnhofshalle der U7 mit ihren reich verzierten Stützen und Kapitellen.

Prächtig und teilweise knallbunt ausgestattet sind die letzten vier Bahnhöfe der U8 bis Wittenau sowie die der U7, insbesondere der schon fast monumentale Bahnhof **Rathaus Spandau**. Doch das Edelste und Aufwändigste, was die Berliner U-Bahn derzeit zu bieten hat, sind die nagelneuen Bahnhöfe der kurzen U55. An den anthrazitfarbenen Wänden der Station Brandenburger Tor zeigen Bilder die Geschichte von Tor und Mauer, und in der elf Meter hohen Halle der Station Hauptbahnhof sind ehemalige Fernbahnhöfe abgebildet. (md)

INFO

Besichtigung: Ungenutzte, öffentlich nicht zugängliche Stationen und »vergessene Tunnel« im Berliner Erdreich können sonntags besucht werden: Tel. 030/49910517, www.berliner-unterwelten.de. Tunnelwanderungen sowie nächtliche Tunnelfahrten im Cabrio bieten die Berliner Verkehrsbetriebe an, Termine unter: www.bvg.de, Tel. 030/19449.

81 Berlin zum Weglaufen: die schönsten Joggingstrecken der Hauptstadt

Berlin ist mit die grünste und gewässerreichste Hauptstadt der Welt. Lauf- und bewegungsfreudige Besucher wissen es zu schätzen, dass man stadtnah in der Natur viele Laufstrecken findet. Hier wollen wir Ihnen weniger konkrete Pfade als einige Areale vorstellen, wo Sie nach Lust und Laune ihre eigene Strecke finden können.

Tiergarten (81a): Was für die New Yorker der Central Park ist, das ist für die Berliner der Tiergarten. Die grüne Insel mitten in der Stadt ist durchzogen von vielen schattigen, breiten und flachen Wegen und umsäumt von Sehenswürdigkeiten wie der Siegessäule, dem Haus der Kulturen und dem Bundespräsidialamt. Die Wege sind abwechslungsreich, so z. B. zum Neuen See im südlichen Teil. Laufen Sie nach ihrem Gusto – beinahe alle Strecken sind sehr schön.
Hinkommen. S-Bahnhof Tiergarten S 3, S 5, S 7, S 75, U-Bahn: Hansaplatz, U 9

Schlosspark Charlottenburg: Sicherlich für das Auge der schönste Park! Während der vordere, an das Schloss angrenzende Parkteil barock angelegt ist, sind die Teile nach Norden im englischen Landschaftspark-Stil konzipiert. Auch hier: Breite, gute Laufwege, z. T. von der Spree begleitet, man kommt an Wiesen und Teichen vorbei. Von Frühjahr bis zum Herbst ist ein »königliches Laufvergnügen« garantiert.
Hinkommen: S 4 und U7 bis Jungfernheide, Bus 109, 145, 210 bis Schloss Charlottenburg, (s. Punkt 83 auf der Karte)

Rund um den Schlachtensee: Hinein mitten in die malerische Natur mit Wasser und Wäldern rund um den Schlachtensee! Ein breiter, angenehmer, schattiger und weicher Weg verläuft praktisch immer in Seenähe. Beliebte Laufstrecke von Prominenten, immer wieder tolle Ausblicke auf das smaragdfarbene Wasser des Waldsees. Sonntags viele Spaziergänger, Fahrradfahrer und Hunde! Die Umrundung des Sees ist 5,5 km lang.
Hinkommen: S-Bahnhof Schlachtensee S1, zum Seeufer ca. 10 min (s. Punkt 93)

Zahlreiche Grünflächen laden zum Joggen ein

Volkspark Friedrichshain: Der älteste Volkspark Berlins ist 150 Jahre alt. Das Gelände ist flach bis hüglig, der am Westeingang liegende Märchenbrunnen mit Figuren aus Grimms Märchen ist für Jung und Alt sehenswert. Die Laufstrecke beträgt 2,7 km, die Wege sind asphaltiert – also auch bei Regenwetter gut zu nutzen. Im Park liegen zwei »Berge« (»Mont Klamott«), der Große (78 m) und der Kleine (48 m) Bunkerberg – beide bestehen aus zusammengetragenem Trümmerschutt und bedeuten für ehrgeizige Läufer eine kleine Herausforderung und gesteigertes Training.
Hinkommen: Tram 2, 3, 4, 5, 6, 7, 8, 15, 20, Bus 100, 142, 200, 257, 340.U5 bis Strausberger Platz, S 4, 8, 85 bis Landsberger Allee – von beiden Stationen etwa 10 min. zum Beginn der Laufstrecke am westl. Eingang (Märchenbrunnen, s. Punkt 5).

Landwehrkanal (81b)**:** Diese Laufstrecke ist rein innerstädtisch und führt auf Geh- und Parkwegen zum großen Teil in der Nähe des Landwehrkanals. Etwa 9 km lang ist die Orientierung leicht. Man bleibt immer in der Nähe des Wassers und läuft auf der anderen Seite des Kanals zurück. Hier bewegt sich der Jogger im beschaulichen Teil von Kreuzberg, hier erlebt man »Multi-Kulti« beim Bocciaspielen, Sonnenbaden auf Wiesen, Tratschen in den Gartencafes. Eine Laufstrecke mit viel »Gucken«. Am Urbanhafen vorbei geht's über das Maybachufer, danach dem Wasserlauf folgend scharf links am Wiesenufer entlang. In Höhe des Görlitzer Parks wechselt man über zwei Brücken auf die andere Uferseite und läuft über das Görlitzer-/Paul-Lincke-Ufer (immer dem Landwehrkanal folgend) zum Halleschen Tor zurück.
Hinkommen: U-Bahnhof Hallesches Tor; U1, U 12, U 15, U 6 (Ausgangs- und Endpunkt)

Rund um den Weißen See (81c)**:** Zugegeben, eine kleine Strecke, nur rund 1,3 km lang, aber ideal für Anfänger. Sehr flach und schöne Ausblicke, doch bei Regen kann's hier matschig werden. Wem die Strecke zu kurz ist, der kann sie endlos erweitern…
Hinkommen: Tram M 4, M 13, M 12, Bus 259, Startpunk/Ende Parkzugang an der Seestraße

Um die Waldbühne: Idyllisch nahe des Olympiastadions gelegen. Hier gibt es im Sommer vor grandioser Naturkulisse Konzerte. Am Parkplatz der Waldbühne geht es los. 6,5 km lang ist die abwechslungsreiche Strecke. Nachdem man einige Treppen hinab gestiegen ist, erreicht man einen weichen Waldpfad, der unterhalb einer Bahntrasse zur Teltower Straße führt. Von hier aus geht es nach links durch die Kolonie Tiefenwerderbrücke und über die Dorfstraße vor der Gaststätte Fischerhütte zum Havelufer über eine Brücke. Weiter bis zur Heerstraße, hier nach links, durch den Wald über die Stößenseebrücke. Dann erreicht man die Glockenturmstraße, die wieder zum Parkplatz führt.
Hinkommen: U-Bahn Olympiastadion, S-Bahn Pichelsberg, Bus 149, A1. (s. Punkt 69).

(mi)

INFO

Information: Weitere Details und Laufstrecken unter www.stadtentwicklung.berlin.de/umwelt/berlin_move/de/laufstrecken (Karten und Wegbeschreibungen als download)

Schlösser
&
Gärten

Schloss Charlottenburg

82 Humboldt-Schloss (Schloss Tegel) und Park in klassizistischem Stil

Hier im Berliner Nordosten, mitten im Tegeler Forst, verbrachten Wilhelm und Alexander von Humboldt ihre Kindheit – und Wilhelm seine späteren Jahre. Das bereits 1558 erbaute ehemalige Jagdschloss ließ Wilhelm von Humboldt 1820–1824 nach Vorlagen des damaligen Stararchitekten **Karl Friedrich Schinkel** im klassizistischen Stil umgestalten. Umgeben ist der Komplex von einem Park, den der Hauslehrer beider Brüder, Johann Christian Kunth, 1777–1789 anlegen ließ. 1820 fand hier eine Umgestaltung durch Peter Joseph Lenné statt. Berühmt ist die bereits 1792 angelegte Lindenallee, wo eindrucksvoll eine ca. 400 Jahre alte, nach Wilhelm von Humboldt benannte Eiche steht. Die Lindenallee führt zur Familiengrabstätte der Familie von Humboldt. Sie wurde 1829 ebenfalls von Schinkel entworfen. Hier ruhen u. a. Alexander und Wilhelm von Humboldt. Das Schloss, die Gartenanlagen sowie die Grabstätten bilden ein harmonisches Ganzes, das auch heute noch Erhabenheit und Ruhe ausstrahlt. Besonders im Herbst verzaubert die Blattfärbung die Parklandschaft. Die gesamte Anlage steht seit 1983 unter Denkmalschutz. Bei den Führungen darf man den sogenannten Blauen Salon, den Antikensaal sowie das Blaue Turmkabinett besichtigen.

Die klassizistische Front

Die etwa 400 Jahre alte Eiche im Park

Wilhelm von Humboldt (1767–1835) wurde geschickter Diplomat im In- und Ausland, war Philosoph und Sprachwissenschaftler und machte sich als ein überzeugter Anhänger des Altertums, insbesondere des alten Griechenlands, einen Namen. Er stand als guter Freund und Kritiker von Goethe und Schiller beiden Zeitgenossen nahe und entwarf als Bildungsreformer die ersten Gymnasiallehrpläne für Deutschland. 1809 gründete er die Berliner Universität, inzwischen nach beiden Brüdern benannt: Humboldt-Universität.

Alexander von Humboldt (1769-1859) gilt als berühmter Universalgelehrter, er interessierte sich vor allem für Naturwissenschaften und machte ausgiebige Reisen durch Lateinamerika, Russland und Asien, wobei er Rekorde im Bergsteigen brach und Selbstexperimente mit Pflanzen- und Insektengiften durchführte. Nach ihm wurde der kalte Meeresstrom an der Westküste Südamerikas benannt. (mi)

INFO

Hinkommen: U6 bis Alt-Tegel oder S25 bis Tegel, weiter mit den Buslinien 124, 125, 133, 222 bis »An der Mühle«. Etwa 10 Min. zu Fuß ab U-Bahnhof Berliner Straße stadtauswärts, hinter »An der Mühle« zweigt links die Adelheidallee ab - hier liegt das Schloss.

Information: Schloss Tegel, Adelheidallee 19, 13507 Berlin, Führungen von Mai-Sept. nur Mo um 10/11/15/16 Uhr, Anmeldung erforderlich, www.berlin.de/orte/sehenswuerdigkeiten/schloss-tegel/

Essen & Trinken: Zum Alten Fritz, Karolinenstr. 12 (wenn man vom Schloss zur Berliner Straße zurückkehrt, nach links abbiegen - ca. 5 Min. Fußweg), geöffnet täglich ab 17, So ab 12 Uhr, www.restaurant-alter-fritz.de. Die Umgestaltung des Restaurants im Jahre 2008 folgte modernen Impulsen. Es gibt gute, kreative saisonale Gerichte und man kann sich in der angegliederten Weinhandlung umschauen. Im Sommer findet man einen angenehmen Platz auf der Gartenterrasse bis Sonntag ab 12 Uhr.

83 Schloss Charlottenburg und Schlosspark

Wer einen längeren Spaziergang nicht scheut, nähert sich der 48 Meter hohen Schlosskuppel auf der Mittelpromenade der Schlossstraße, die von hohen Lindenbäumen gesäumt wird und als Blickachse direkt auf das Hauptportal zuführt (U2 Sophie-Charlotte-Platz, 900 m). Im repräsentativen Ehrenhof reitet der Große Kurfürst den Besuchern direkt entgegen. Ursprünglich stand dieses Meisterwerk von Schlüter ab 1698 neben dem Berliner Schloss und wurde im Zeiten Weltkrieg ausgelagert. Es verbrachte zwei Jahre lang auf dem Grund des Tegeler Sees, nachdem sein tonnenschweres Gewicht 1947 einen Lastkahn zum Kentern gebracht hatte.

Tipp

Gänzlich in die barocke Hofatmosphäre eintauchen kann man während der regelmäßig stattfindenden Konzerte des **Berliner Residenz Orchesters** (www.concerts-berlin.com). Wer für besondere Anlässe einen festlichen Rahmen sucht, kann das Orchester und Räumlichkeiten mieten (www.orangerie-charlottenburg.com, Tel. 030/25810350).

Das größte erhaltene **Barockschloss** Berlins wurde durch sieben Generationen der brandenburg-preußischen Monarchen geprägt. Angefangen hat alles 1695 mit einem kleinen Sommerschloss für Sophie Charlotte, der Gattin des ersten preußischen Königs, Friedrich I. Sie war von dem absolutistischen Machtstreben ihres Mannes eher gelangweilt und versammelte um sich einen Kreis namhafter Gelehrter und Philosophen wie dem Universalgelehrten Gottfried Wilhelm Leibniz. Nach ihrem frühen Tod mit 37 Jahren verfügte der König ihr zu Ehren die Umbenennung in Schloss Charlottenburg. Der bisherige Name war nämlich Schloss Lietzenburg in Anlehnung an das nahegelegene Dorf Lietzow, welches nun ebenfalls Charlottenburg heißen sollte. Als kurzzeitige Residenz Friedrichs II. erreichte das Schloss mit den Neuen Kammern von Knobelsdorff seine heutigen Ausmaße. Hier lebte auch das glücklichste Königspaar Preußens, Friedrich Wilhelm III. und seine vom Volk

Schloss Charlottenburg

verehrte Königin Luise. Das 1943 ausgebrannte Schloss wurde ab den 1950er Jahren wieder aufgebaut und die Innenräume wurden sorgsam rekonstruiert.

Barockes Ambiente: Konzert des Residenz Orchesters

Die kostbare Inneneinrichtung reicht vom Barock über das friderizianische Rokoko, dem Schinkel-Klassizismus bis zum Biedermeier-Stil. Im Alten Schloss (Eingang neben der Kuppel im Ehrenhof) sind neben den Paradekammern die Große Eichengalerie, das prunkvolle Porzellankabinett, die Schlosskapelle mit Königsloge und das Kronprinzensilber hervorzuheben. Highlight des Neuen Flügels (Eingang östlich des Ehrenhofs) sind die Festsäle Friedrichs II. Weißer Saal und Goldene Galerie, die Sammlung der Gemälde Watteaus, Sommer- und Winterkammern Friedrich Wilhelm II. sowie das Schlafzimmer von Königin Luise mit feinem Mobiliar aus Birnbaumholz.

Westlich des Ehrenhofs betritt man den Orangeriegarten mit den Göttinnen Flora und Pomona. Die ursprünglich für die wertvolle Zitrussammlung bestimmte Große Orangerie diente schon bald als beliebter Gartenfestsaal für Bälle und Hochzeitsfeiern. Auch Ex-Bundespräsident Horst Köhler gab hier während der Renovierung von Schloss Bellevue 2004–2006 große Empfänge.

Der 55 ha große Charlottenburger **Schlosspark** besteht aus einem wunderschön rekonstruierten Barockgarten und einem sich anschließenden Landschaftspark. Hinter dem Karpfenteich befindet sich das Belvedere als ehemaliger Luxusaussichtsturm mit KPM-Porzellansammlung. In dem Mausoleum für Königin Luise wurden auch die Marmorsarkophage ihres Gemahls sowie des Kaiserehepaars Wilhelm I. aufgestellt. Schöne Ausblicke mit Blickachsen auf die Schlosskuppel ergeben sich von der Hohen Brücke hinter dem Karpfenteich und vom Aussichtshügel auf der Luiseninsel. Um in den Park zu gelangen, muss man um das Schloss herumgehen. Die gesamte Schlossterrasse misst 505 Meter in der Länge! Tipp: einen Gartenplan im Museumsshop besorgen. (md)

INFO

Hinkommen: Bus M45 Schloss Charlottenburg, U7 Richard Wagner Platz oder S-Westend, jeweils 15 min. Fußweg oder Umstieg in Bus M45.
Information: Schloss Charlottenburg, Spandauer Damm 22, 14059 Berlin, www.spsg.de, Tel. 030/320911. Altes Schloss: April Okt. Di-So 10-18 Uhr, Winter bis 17 Uhr, Mo geschl., Eintritt 12 Euro. Neuer Flügel: Mi-Mo 10-18 Uhr, Winter bis 17 Uhr, Di geschl., Eintritt 6 Euro. Der Schlosspark ist tgl. geöffnet, Eintritt frei.
Essen & Trinken: Kleine Orangerie, mit Sommergarten, www.kleine orangerie.de, Tel. 030/3222021.

84 Lustgarten, Dom und Berliner Suppenschüssel

Wem nach ausgedehnten Spaziergängen die Füße qualmen, findet im Lustgarten schnelle Linderung. Besonders an heißen Sommertagen ist die Nähe zur großen Fontäne mit ihren angenehm kühlen Nebelschwaden zu empfehlen. Und dabei kann man die **prächtige Kulisse** mit Altem Museum und Berliner Dom genießen. Im 17. Jh. wurden im damaligen Küchengarten des Schlosses erstmals Kartoffeln angepflanzt – die Knolle fand zunächst bei der Bevölkerung wenig Resonanz. Mit der Eröffnung des Alten Museums durfte ab 1830 das Volk den Lustgarten betreten, aber nur in angemessener Kleidung. Später diente das Gelände als Parade- und Demonstrationsplatz und unter Hitler als gepflasterter Aufmarschplatz. Der Lustgarten wurde 1999 nach historischem Vorbild neu angelegt: heiter, gelassen und wunderschön.

Auf Wunsch des Königs sollte die 70 Tonnen schwere und weltgrößte Granitschale, gemeißelt aus einem riesigen Findling, im Alten Museum aufgestellt wer-

Dom und Garten

den. Aufgrund ihrer Ausmaße passte sie nicht durch die Eingänge und musste vor der Freitreppe verbleiben. Das Weltwunder der Biedermeierzeit war damals größte Attraktion und wurde vom Volk als »Berliner Suppenschüssel« bezeichnet. Tatsächlich saßen 1834 bei der Einweihung 40 Personen auf der Schale und nahmen am Festfrühstück teil.

Der monumentale **Berliner Dom** wurde als Hauptkirche des deutschen Protestantismus und als Denkmalskirche der Hohenzollern errichtet. Sein Vorgängerbau war Seiner Majestät, dem Kaiser Wilhelm II., zu wenig repräsentativ, wurde kurzerhand abgerissen und 1905 durch das wilhelminische Prunkstück aus Granit- und Sandstein ersetzt. Anklänge an die Peterskirche in Rom waren beabsichtigt. Nach schweren Bombenschäden wurden die Kuppeln in vereinfachter Form wieder aufgebaut. Die aufwändige Rekonstruktion des Innenraums zog sich bis 1993 hin. Neben seiner Funktion als evangelisches Gotteshaus wird der Berliner Dom auch für Konzerte und feierliche Festveranstaltungen genutzt. Im Oktober 1994 fand die Trauerfeier für den Enkelsohn Kaiser Wilhelms II., Prinz Louis Ferdinand von Preußen, statt, und im Februar 2006 gab es einen Trauerstaatsakt für den ehemaligen Bundespräsidenten Johannes Rau.

Tipp

Der Aufstieg von 270 Stufen auf den Kuppelumgang lohnt die Mühe. Von hier oben bietet sich ein grandioser Ausblick auf die historische Mitte mit Museumsinsel, Synagoge, Rotem Rathaus und Schlossbaustelle.

Die **Predigtkirche** ist der am reichhaltigsten ausgestattete Raum mit prächtigem Altar, Kaiserloge und Sauer-Orgel. Zusammen mit den Emporen verfügt er über fast 2.000 Sitzplätze. Darüber erhebt sich die über 70 m hohe mächtige Kuppel. Darunter in der Hohenzollerngruft wurden Mitglieder des preußischen Königshauses beigesetzt. Sie sind von teilweise hohem künstlerischen Wert, wie die Prunksargophage des »Großen Kurfürsten« und Gattin, des ersten preußischen Königs und dessen Frau Sophie Charlotte.

Direkt gegenüber auf der anderen Spreeseite befindet sich das moderne Dom-Aquarée mit Hotel, Läden, Cafés und Restaurants. An der unteren Spreepromenade präsentiert das DDR-Museum Leben und Alltagskultur in der DDR. Hier kann man sich in den Trabi zwängen oder auf dem Sofa einer voll eingerichteten Wohnung im Plattenbau Platz nehmen.

In der Lobby des Radisson Blu-Hotels steht ein 20 m hohes Aquarium, durch das ein gläserner Aufzug fährt. Dieses Erlebnis ist ein Teilbereich des SeaLife Centers, in dem man die Fisch- und Pflanzenwelt von Spree, Havel, Elbe bis ins Meer erleben kann. Highlight ist das riesige Atlantikbecken mit begehbarem Glastunnel. (md)

INFO

Hinkommen: Bus 100/200 Lustgarten
Information: **Berliner Dom**, tgl. 9–20 (Winter 19) Uhr, So ab 12 Uhr, Eintritt 5 Euro. Gottesdienste und Veranstaltungen: www.berliner-dom.de, Konzertkasse: Tel. 030/20269136.

DDR-Museum, tgl. 10–20 Uhr, Sa bis 22 Uhr, Eintritt 6 Euro, www.ddr-museum.de, Tel. 030/847123731.
Sea-Life Center, tgl. 10–19 Uhr, Eintritt 16,95 Euro, www.sealifeeurope.com, Tel. 030/99280-0.

85 Schlossareal: preußisches Machtzentrum, große Leere und Humboldt-Box

Auf der Spreeinsel im Herzen der Stadt, gegenüber von Lustgarten, Altem Museum und Dom, gähnt noch immer eine große, weite Leere. Einst etablierten sich hier die Machtzentren der preußischen Kurfürsten und Könige, des Deutschen Kaisers und schließlich der DDR. So gut wie nichts blieb davon übrig. Doch in einigen Jahren soll man die Beseitigung dieser riesigen Wunde im Stadtkörper live mitverfolgen können.

Humboldt-Box

In der Humboldt-Box kann man sich auf fünf Etagen über Vergangenheit und Zukunft des Schlossplatzes informieren. Die 20 m hohe Dachterrasse eröffnet einen erstklassigen Blick auf das Baugelände (ab Mitte 2011).

Bis ins 15. Jh. reicht die Entstehungsgeschichte des **Berliner Schlosses**, das immer wieder erweitert, vergrößert und prunkvoll ausgestattet wurde. Die im Zweiten Weltkrieg ausgebrannte Schlossruine wurde 1950 unter DDR-Regie gesprengt, um Platz für große Aufmärsche nach Moskauer Vorbild zu schaffen. Von den später errichteten DDR-Bauten überlebte lediglich das Staatsratsgebäude auf der Südseite des Areals, in dem heute eine private Hochschule residiert. Hier hatte einst SED-Chef Erich Honecker sein Büro, später war es das provisorische Kanzleramt von Gerhard Schröder. Über den Abriss des asbestbelasteten **Palastes der Republik**, auch Erichs Lampenladen oder Palazzo Prozzi genannt, ist viel diskutiert worden. Der gigantische Bau mit DDR-Volkskammer, seinen Festsälen und Diskotheken stand allen offen. Jetzt ist er endgültig verschwunden. Der Stahl ging übrigens per Schiff nach Dubai und wurde im höchsten Haus der Welt verbaut.

Die Rekonstruktion des Schlosses bzw. der Bau des **Humboldt-Forums** ist mit 522 Mio. Euro das derzeit größte deutsche Bauprojekt. Die Fertigstellung unter dem italienischen Architekten Franco Stella war ursprünglich für das Jahr 2015 geplant. Aufgrund der Finanzkrise wurde der Baubeginn nun auf 2014 ver-

So soll das Schloss eines Tages wieder aussehen

legt. In das Schloss sollen die einzigartigen außereuropäischen Kunstsammlungen aus Berlin Dahlem einziehen. Zudem sollen im Forum viele Veranstaltungen zu »Kunst, Wissenschaft und Kommunikation« stattfinden – ganz im Sinne von Alexander und Wilhelm von Humboldt.

Als repräsentative Verbindung zur Straße unter den Linden baute Schinkel 1823 die **Schlossbrücke**. Auf acht hohen Sockeln werden in strahlend weißem Carrara-Marmor junge Krieger von den Siegesgöttinnen Nike und Athene durch Krieg und Frieden geführt. Die gusseisernen Geländer zeigen mythologisch-maritime Motive wie Seepferde, Tritone und Delfine.

Konzerte

Der **Neue Marstall** südlich des Schlossplatzes: Im ehemaligen Krönungskutschensaal werden hochkarätige Konzerte von Studenten der Musikhochschule »Hanns Eisler« aufgeführt, Tel. 030/90269700, www.hfm-berlin.de.

Westlich des Spreekanals befindet sich der rekonstruierte Schinkelplatz mit dem Denkmal des größten preußischen Architekten. Er wird auf seiner Südseite von einem roten, viergeschossigen Baukörper begrenzt. Doch Vorsicht: Dies ist nur eine originalgetreue Schaufassade aus Plastik der einstigen Berliner Bauakademie, die wieder aufgebaut werden soll. Besonders sehenswert ist die benachbarte **Friedrichswerdersche Kirche**. In prachtvoller Kulisse präsentieren sich Skulpturen des frühen 19. Jh., wie die Prinzessinnengruppe von Schadow. Der Erbauer dieser neugotischen Kirche war ebenfalls Karl-Friedrich Schinkel, dessen Leben und Werk hier gezeigt wird. (md)

Schlossbrücke, im Hintergrund die Friedrichswerdersche Kirche

INFO

Hinkommen: Bus 100/200 Lustgarten
Information: **Humboldt-Box**, ab Mitte 2011, www.humboldt-box.info
Friedrichswerdersche Kirche, tgl. 10–18 Uhr, freier Eintritt
Außenministerium: wechselnde Ausstellungen, Tel. 030/18170
Essen & Trinken: **Café** in der Humboldt-Box, ab Mitte 2011, mit Dachterrasse
Coffee-Shop im Auswärtigen Amt, Tel. 030/18170. Nach Passieren der Sicherheitsschleuse erreicht man den öffentlich zugänglichen Bereich des Auswärtigen Amts. Im Lichthof werden wechselnde Ausstellungen gezeigt, daneben kann man sich im Coffee-Shop bei einem Latte Macchiato entspannen – mit oder ohne Diplomaten.

86 Glienicke: ein preußisches Landschloss

An der Havel östlich des Wannsees erwartet uns eine waldreiche, hügelige Landschaft mit herrlichen Wander- und Fahrradwegen sowie Ausflugsrestaurants. Von dieser Landschaftsidylle war Prinz Carl von Preußen 1823 gefangen genommen, als er von seiner ersten Italienreise zurückkehrte. Er traf hier eine Traumlandschaft an, die schon vom damals berühmten Hofgärtner Peter Joseph Lenné im Auftrag des Fürsten von Hardenberg gestaltet worden war. Bis dahin gab es hier nur ein Landgut, zu dessen Umbau kein Geringerer als Karl-Friedrich Schinkel Pläne nach italienischen Stilvorgaben lieferte.

So entstand der heutige **klassizistische Bau**, der als Sommerresidenz genutzt wurde. Beeindruckend ist das Fehlen von offensichtlichem Prunk und Überdimensionierung. Innen und Außen ergeben eine unnachahmliche Harmonie und der Besuch versetzt in eine fast heitere Stimmung.

Etwa zwei Stunden sollte man für die Ausstellung und die Besichtigung des Schlosses einplanen. Der Rundgang führt unter anderem zum Roten Saal, dem einstigen Festsaal, der in den Grünen Salon und das Grüne Schlafgemach übergeht. Auch das Marmorzimmer und die Bibliothek dokumentieren die hohe Wohnkultur von vor knapp 200 Jahren.

Im Hofgärtnermuseum sind die Dokumente und Exponate zur Gartenbaukunst von besonderem Interesse. Hier wird die hervorragende Schulung der Hofgärtner deutlich, die ihre Inspiration und Erkenntnisse von Aufenthalten aus dem Ausland, vor allem Italien und England, mitgebracht hatten. Der Weg durch den Schlosspark führt unter schattigen Kastanien entlang zum Casino (»kleines Haus«), von wo aus man einen herrlichen Ausblick auf die Havel und die hügelige Landschaft genießen kann.

Innenhof des Schlosses

Vom Casino aus hat man eine wunderschöne Aussicht auf die Havel

Peter Joseph Lenné (1789–1866) gilt neben Fürst Pückler-Muskau als der bedeutendste Landschaftsgärtner Deutschlands. Seine Lehrjahre verbrachte er u. a. im rheinischen Brühler Schlossgarten, später zog es ihn in den Pariser Jardin des Plantes. Er ergänzte seine Lehre durch ein Architektur-Studium an der École Polytechnique, die ihm die spätere Zusammenarbeit mit dem damaligen Stararchitekten Karl Friedrich Schinkel erleichterte. Weitere Zwischenstationen seiner Karriere waren die Schweiz, Österreich und wieder das Rheinland. Danach erhielt er eine Anstellung als Gartengeselle in Potsdam. Sein Arbeitgeber König Friedrich Wilhelm III. ermöglichte ihm 1822 einen Aufenthalt in England. Angeregt durch diese Zeit stieg er zum Gartendirektor von Potsdam auf und gestaltete den wesentlichen Teil der Berlin-Potsdamer Kulturlandschaft, die seit 1990 zum **UNESCO Welterbe** gehört. (mi)

INFO

Hinkommen: S1, S7 Wannsee, von hier mit dem Bus 316 bis Schloss Glienicke.
Information: Schloss Glienicke, Königsstraße 36, Berlin-Zehlendorf, Tel. 030/8058675-0, geöffnet April-Okt. Di-So 10-18, Nov.-März Sa/So 10-17 Uhr, Eintritt 4 Euro, Park von 8 Uhr bis zum Einbruch der Dunkelheit, www.spsg.de
Essen & Trinken: Zur Schlossanlage gehört das Restaurant Goldener Greif, Tel. 030/8054000, www.schloss-glienicke.de.
Drinnen und draußen auf der Terrasse am Schlosspark kann man die modern und saisonal orientierte Küche mit regionalen Spezialitäten genießen. Preisklasse gehoben. Geöffnet Mittwoch bis Sonntag ab 12 Uhr.
In der Nähe: 96 und 97 Fahrradtour am Wannsee (S. 218f)

87 Schloss Schönhausen: Audienz bei der Königin von Preußen und dem Präsidenten der DDR

Man muss nach Pankow fahren, um die neue Attraktion zu besichtigen. Die Allee hinter den beiden Wachhäusern am Ende der Tschaikowskistraße führt genau auf die lachsfarbene Fassade zu. Seine Anfänge datieren weit ins 17. Jh. zurück, als die Gräfin Theodore zu Dohna-Schlobitten ein »petit palais« beim Dorf Niederschönhausen errichten ließ. Erstmalig ist das Schloss Schönhausen nach fünfjähriger und mühsamer Renovierung seit Ende 2009 auf Dauer zugänglich. Die Ausstellung nimmt den Besucher mit auf eine höchst kontrastreiche **Geschichtsreise**.

Eingang zum Schloss Schönhausen – damals und heute

Bereits 1700 führten hier die geheimen Verhandlungen des Kurfürsten von Brandenburg zu weitreichenden politischen Folgen, nämlich zum Aufstieg Preußens als Königsmacht. 1740 machte Friedrich II. nach der Thronbesteigung das Schloss seiner ungeliebten Ehefrau Elisabeth Christine zum Geschenk, die es zu einem Juwel des Rokoko ausbaute. Nachdem es vom Königshaus nicht mehr genutzt wurde, versank Schönhausen in einen langen Dornröschenschlaf. In den 1930er Jahren nutzten die Nazis das Haus als Ausstellungs- und Lagerraum für sogenannte »Entartete Kunst«. Die DDR richtete das im Krieg unbeschädigt gebliebene Schloss als **Amtssitz** für ihren ersten Präsidenten und dann als Staatsgästehaus der Regierung ein. Die 1990 auch hier verhandelten Zwei+Vier-Verträge machten Schönhausen abermals zu einem Ort allerhöchster Diplomatie. Aufgrund des hohen Sanierungsbedarfs, u.a. waren im Dachgebälk giftige Holzschutzmittel verwendet worden, dauerte es eine Weile, bis die Pforten des »Museumsschlosses« geöffnet werden konnten.

Im Erdgeschoss wird in original ausgestatteten Räumen wie Gartensaal, Audienzzimmer und Zederngalerie das Leben der Königin im Schloss gezeigt. Über 50 Jahre lang verbrachte sie hier die Sommermonate, ohne von ihrem Mann Friedrich II. besucht zu werden. Von Anfang an hatte er keinen Hehl daraus gemacht, sie »nie lieben zu können«. Sie sahen sich nur zu großen Galas im Berliner Schloss oder während des gemeinsamen Besuchs bei Friedrichs Mutter. Gleich-

Schloss Schönhausen

wohl respektierte er sie in hohem Maße und verlangte, dass sie als Königin gewürdigt werde. Ergeben und würdevoll trug Elisabeth ihr Schicksal und fing an Schriften zu übersetzen. Sie überlebte ihren Mann elf Jahre und war bis zu ihrem Tod mit 81 Jahren von der Familie hoch geehrt.

Über eines der schönsten **Rokoko-Treppenhäuser** Berlins gelangt man in das Obergeschoss mit Marmorgalerie, Festsaal und Rotem Salon, gewidmet der Zeit als Präsidentensitz und Gästehaus der DDR. Das Arbeitszimmer von Wilhelm Pieck enthält Originalmobiliar wie der Schreibtisch mit integriertem Radio und Telefon. Auch die nach 1960 eingerichteten Gästeapartments mit lila gekachelten Badezimmern sind erhalten. Hier nächtigten Ho Chi Minh, Indira Gandhi, Fidel Castro und Michail Gorbatschow. Die übrigen Räume schlagen einen Bogen zu den Anfängen von Schönhausen: Die ausgestellten Kunstschätze aus dem Besitz der Familie Dohna stammen aus deren früherem Hauptsitz, dem 1945 zerstörten Schloss Schlobitten in Ostpreußen.

Von der Gartenseite aus sieht man oben auf der Schlossfassade die Initialen von Elisabeth Christine sowie die Königskrone. Die Wiederherstellung des Schlossgartens ist mit Ausnahme des Staudengartens von 1950 noch nicht abgeschlossen. Hinter der Mauerabgrenzung befindet sich der von Lenné im Landschaftsstil angelegte Schlosspark beidseitig der Panke. (md)

INFO

Hinkommen: Straßenbahn M1 Tschaikowskistraße.
Information: Schloss Schönhausen, Tschaikowskistraße 1, 13156 Berlin. April-Sept. tgl. außer Mo 10-18 Uhr (Di-Fr Besuch nur mit Führung möglich), im Winter nur Sa/So, nur mit Führung, 10-17 Uhr, 6 Euro, Tel. 0331/9694200, www.spsg.de

Essen & Trinken: Im Schloss befindet sich derzeit (noch) kein Café, nur ein Museumsshop. In der Nähe befinden sich mehrere Lokale und Restaurants - an der Kasse gibt man gerne Auskunft.
Gasthaus Majakowski: Majakowskiring 63, Tel. 030/49918250. In alter Villa mit Gartenterrasse, Kaffee und Kuchen, Mittagstisch, deutsche und internationale Küche (s. S. 89).

88 Botanischer Garten: So schön kann Natur sein

Mitten in Berlin liegt eine grüne Oase, die in Europa ihresgleichen sucht. Botanischer Garten – das klingt zunächst nach Bildung und Schule. Tatsächlich wird er von der Freien Universität Berlin geleitet, doch ist er auch für botanische Laien aufgrund der Schönheit der Parklandschaft und der Vielfalt der Pflanzen (22.000) für einen erlebnisreichen Besuch zum empfehlen. Schon 1679 ordnete der Große Kurfürst die Anlage eines großen landwirtschaftlichen Mustergartens an, aus dem sich im Bereich des heutigen Kleist-Parks ein botanischer Garten entwickelte. Doch um die Jahrhundertwende benötigte man für den weiteren Ausbau mehr Platz, sodass man das Gelände in Dahlem erwarb.

Treten Sie eine **Reise rund um die Welt** an, denn heute präsentiert sich hier auf 43 Hektar einer der größten und schönsten botanischen Gärten weltweit, erstklassig geführt und hervorragend gepflegt.

Highlight: das Tropenhaus

Auch Unbekanntes gibt es zu entdecken, wie den Lithops (Lebender Stein)

Ein Highlight ist das große Tropenhaus, 2009 nach einer Generalrenovierung wieder eröffnet. In unterschiedlich temperierten Klimazonen mit verschiedener Luftfeuchtigkeit kann man hier die Welt der Pflanzen in den Tropen und Subtropen auf kurzen, idyllisch angelegten Wegen erleben. Selbst für äußerst seltenen Pflanzen wie der Welwitschia Mirabilis aus dem Südwesten Afrikas hat man hier ein Biotop geschaffen. Im Kakteenhaus kommen Freunde der stachligen Vertreter auf ihre Kosten, das Orchideen-Haus verzaubert durch unglaublich schöne Exemplare. Draußen laden Sumpfbiotope mit einer Moorlandschaft, Kräuter- und Blumengärten, ein Nutzpflanzengarten sowie ein Duft- und Tastgarten für sehbehinderte Menschen zum Schlendern ein. Ebenso widmet sich ein Teil den Arzneimittelpflanzen.

Besuchenswert ist der Garten das ganze Jahr, im Winter sieht es naturgemäß karg aus. Aber die meistbesuchten Stellen sind wetterunabhängig: Es sind die Gewächshäuser, die ineinander übergehen.

Wer ein vertieftes botanisches Interesse hegt, dem sei der Besuch des **Botanischen Museums** in der Königin-Luise-Str. 6–8 empfohlen. Modelle der Feinstrukturen und Vegetationstypen werden in Dioramen dargestellt. Das ist allerdings eher etwas für Experten und studierte Biologen – und erinnert etwas an Biologie-Unterricht...

Sehr schön ist in der warmen Jahreszeit die Terrasse (Kaffee, Kuchen und Kleinigkeiten in Selbstbedienung vom Café Anthurium) vor dem Großen Tropenhaus direkt im italienischen Garten. Ein herrlicher Blick auf die blumenreiche Umgebung und die gekonnten Anlagen ist ein wohltuender Abschluss der »Weltreise« durch das Reich der Farben und Düfte. (mi)

INFO

Hinkommen: Nächste U-Bahn: Dahlem Dorf (gut für Eingang an der Königin-Luise-Straße), S-Bahnhof Steglitz: Gut für Eingang Unter den Eichen. S-Bahnhof Botanischer Garten, Bus: Königin-Luise-Straße/Platz/Botanischer Garten: X83, Rohlfsstr. 101

Information: Die Anlage hat zwei Eingänge: 14195 Berlin, Königin-Luise-Str. 6-8 und Unter den Eichen/Begonienplatz, Tel. 030/83850-100. Eintritt: 6 Euro, www.botanischer-garten-berlin.de, geöffnet tgl. Nov.-Jan. 9-16, Feb. 9-17, März-Okt. 9-19, Mai-Juli 9-21, Sep. 9-19, April und Aug. 9-20 Uhr.

Essen & Trinken: Café Anthurium am Großen Tropenhaus (ab 10 Uhr). Restaurant Landhaus direkt neben dem Garteneingang von »Unter den Eichen« kommend, ab 11-18 Uhr. Das gemütliche Landhaus bietet preiswerte Gerichte mit Blick über den Amerikasee, Terrasse vorhanden.

89 Erstaunliches in Marzahn: die herrlichen »Gärten der Welt«

Wenn man Marzahn-Hellersdorf hört, assoziiert man diese Ortsteile mit Begriffen wie »Plattenbauten«, »sozialer Brennpunkt«, »heruntergekommen«. Kaum ein Westberliner will hier hinaus. Und er versäumt dabei ein besonderes Erlebnis, denn das weitläufige Gelände wurde anlässlich der Berliner Gartenschau 1987 angelegt und nach der Wiedervereinigung zum Erholungspark Marzahn um verschiedene Themen-Gärten bereichert.

Verbliebene Dorfidylle in Alt-Marzahn

Um den alten Dorfkern von Marzahn herum entstanden in den 1970er Jahren auf den Äckern riesige Plattenbauten, die zum größten Teil saniert sind. Das verbliebene Alt-Marzahn mit neugotischer Dorfkirche (1870/71), Kaffee und Gasthaus (Marzahner Krug, der auf das Jahr 1450 zurückgeht) steht dazu in starkem Kontrast.

Heute kann der Besucher durch die »Gärten der Welt« wandeln und sich wie im Orient, auf Bali, Korea, Japan und China, aber auch wie in Italien fühlen. Verschlungene, nicht allzu weite Wege führen zu den Zielen, unterbrochen von Erholungswiesen mit viel Sitzmöglichkeiten, aber auch tollen kleinen Highlights wie dem **Quell- und Sprudelgarten** mit seinen vielfältigen Sprudelsteinen und Springbrunnen. Besonders interessant für Eltern mit Kindern ist der Märchenweg, der an Märchen-Figuren vorbeiführt, vor denen Schautafeln in Kurzform das dazugehörende Märchen erzählen.

Am Eingang geht man durch eine Pforte und gelangt in einen Vorraum, der in einen Innenhof mündet. Rechts schließt sich der Orientalische Garten mit herrlichen Wasserspielen und passenden, geometrisch angelegten Beeten an. Fast fühlt man sich wie in »1001 Nacht«... Zurück und links des Eingangs ge-

Asiatisches Flair mitten in Berlin: Koreanischer Pavillon

Wie im Orient

langen wir zum Balinesischen Garten (2003), der in einem Treibhaus untergebracht ist. Etwas weiter erwartet den Besucher Korea (2006 eröffnet) mit natürlich wirkenden Wasserläufen, mit authentischen Bäumen und Sträuchern, die ein koreanisches Wohnhaus umgeben. Ganz anders repräsentiert sich Japan (2009): Idyllische Wasserläufe, wie Wellen geharkter Kiessand, der Wasserbewegungen und einen Teich symbolisiert – und alles immer wieder umgeben von Kirschbäumen, die zur Blütezeit für ein Japan-Feeling sorgen. Besonders sehenswert sind die Steinsetzungen auf manchen Gehwegabschnitten. Gegenüber ist eine Einkehrmöglichkeit im Café »aux jardins«.

Besonders imposant aber ist der **Garten des wieder gewonnenen Mondes**. Fachleute aus China folgten den Vorgaben des Pekinger Instituts für Gartenarchitektur. Man gab sich besondere Mühe, zumal Peking und Berlin 1994 eine Städtepartnerschaft schlossen. Für die Gesamtanlage wurden in fast 100 Containern Materialien wie Felsen, Steine und Hölzer sowie Skulpturen importiert. Die große Anlage – am Eingang steht eine Konfuzius-Figur – liegt um einen angelegten See, an dem u. a. ein Teehaus und ein Pavillon (Imbiss) stehen. Alles wirkt authentisch und ist prächtig anzuschauen, sodass man sich fast wie in Asien fühlt.

Und wem das alles nicht genügt: Der **Irrgarten** (2007) aus 1250 immergrünen Eiben wurde nach der Anlage des Königschlosses Hampton Park angelegt. Es gibt nur einen Weg, der vom Eingang in die Mitte führt! Eine weitere europäische Variante ist der italienische Renaissancegarten (2008): Strenge Blumenbeete, Skulpturen, Brunnen und Terrakotten vermitteln ein mediterranes Gefühl. Tipp: vom Eingangskiosk einen kleinen Park-Lageplan mitnehmen. (mi)

INFO

Hinkommen: S7 Marzahn, Bus 195, S-Bahnhof Mehrower Allee, U5 Hellersdorf

Information: Gärten der Welt, Eisenacher Straße 99,12685 Berlin-Marzahn, Tel. 030/70090669, Eintritt 3 Euro, geöffnet tgl. von 9-16 Uhr (Nov.-Feb), 9-18 Uhr (März und Okt.), 9-20 Uhr (April-Sept.), www.gruenberlin.de, www.berlin.de/orte/sehenswuerdigkeiten/erholungspark-marzahn

Ausflug ins Grüne

Im Grunewald

90 Alt-Tegel: Dorfidylle mit Erholungswert

Wenn man Tegel hört, denkt man zunächst wahrscheinlich an den Flughafen. Aber wer weiß, dass der Ort Alt-Tegel ein **liebenswerter Kiez** ist, wo sich kaum Touristen, dafür aber die Bewohner gern zum Plausch treffen? Und dass ganz in der Nähe die Brüder Wilhelm und Alexander von Humboldt aufwuchsen?

Badestellen am Tegeler See

Vom U-Bahnhof Tegel folgen Sie der Straße Alt-Tegel bis zum See. Hier biegen Sie rechts ab und gelangen über die rote Sechser-Brücke auf einen Pfad, der Sie zum Schwarzen Weg führt.
Eine vom DLRG bewachte kleine Badestelle mit schönem Sand-strand erreichen Sie nach ca. 30 Min. (Zugang über das rechts liegende Restaurant Toulouse). Das Tegeler Strandbad erreichen Sie dem Schwarzen Weg weiter folgend nach weiteren 15 Min. Allerdings ist es von der Schließung bedroht (Info unter www.strandbad-tegel.de).

Hier erwarten Sie berlinerische Restaurants und Gaststätten, die vorwiegend an der Straße Alt-Tegel anzutreffen sind. Besonders einladend ist das »Weil« (Alt-Tegel 6), ein gepflegtes Brauhaus mit lokaler Speisekarte (Alt-Berliner Kohlrouladen oder Kalbsleber Berliner Art). Im Sommer kann man draußen sitzen und die Flaneure beobachten. Der Straße weiter entlang reihen sich kleine Geschäfte und Eisdielen aneinander. Der Weg hinunter zum Tegeler See (ca. 1 km von der U-Bahn Station Alt-Tegel entfernt) führt an einer fast ländlich anmutenden Ruhezone und an der 1911/12 erbauten Dorfkirche vorbei. Bereits im Mittelalter war an dieser Stelle die erste Kirche errichtet worden.

Auf dem Wege zwischen der roten Brücke und kurz vor der der Einmündung in den Schwarzen Weg (Richtung Strandbad und Restaurant Toulouse) zweigt rechts ein kleiner Stichweg zur »Di-

Idylle in Alt-Tegel

cken Marie« ab. Die stämmige Eiche mit etwa zwei Metern Durchmesser soll über **800 Jahre alt** sein und wurde von den Humboldt-Brüdern nach ihrer Hausköchin benannt.

Der Schiffsanleger an der Greenwich Promenade, von dem Fahrten zum Wannsee, an die Havel und nach Berlin Mitte starten

Hat man das Ufer des Tegeler Sees erreicht, empfängt den Besucher im Sommer eine fast mediterran anmutende Atmosphäre. Markant ist die **Greenwich Promenade**, die unter schattigen Bäumen parallel zum Ufer verläuft und zu einem längeren Spaziergang einlädt. Hier legen viele Ausflugsschiffe an, die Touren ins Herz Berlins, zum Wannsee oder die Havel entlang machen. Die Tour zum Wannsee/ Potsdam dauert hin und zurück etwa 8–9 Std., die Havelfahrt ab/bis Tegel ca. 2 Std., die Fahrt ins Zentrum von Berlin (Nähe Bundeskanzleramt/Hauptbahnhof) ca. 2 Std., Infos unter www.reedereiwinkler.de.

Der Tegeler See – ein Teil der Havel – ist nach dem Müggelsee der zweitgrößte Binnensee Berlins. Mit seinem klaren Wasser und seiner guten Wasserqualität ist er für Wassersportler und Badende ein sommerlicher Magnet. Ein klassisches, städtisches Erholungsgebiet umgeben von dichten Wäldern. (mi)

INFO

Hinkommen: S25 Tegel, U6 Endstation Alt-Tegel
Information: www.berlin.de/ba-reinickendorf/bezirk/wappen-chronik/tegel-mehr.html
Essen & Trinken: **Fishermans Restaurant**, Eisenhammerweg 20, Tel. 030/43746470, www.fishermans-berlin.de. Direkt am See, am westlichen Ende der Greenwich-Promenade gelegenes Fischrestaurant mit Terrasse und Blick über den Tegeler See. Gute Fischgerichte, wechselnde Speisekarte, mittleres bis gehobenes Preisniveau. **Restaurant Toulouse:** Schwarzer Weg 71, Tel. 030/4337063, www.restaurant-toulouse.de, am Nordufer gelegen, ca. 30 Gehminuten von Alt-Tegel aus an der Greenwich-Promenade, mit Außenterrasse direkt gegenüber der Insel mit der Borsig-Villa. Gute Küche, etwas französisch angehaucht, frische (langsame!) Zubereitung. Der Service ist leider oft unfreundlich und unaufmerksam – aber die Lage macht es wett. Eher hochpreisig.
Übernachten: Hotel Alt-Tegel, Treskowstr. 3, 13507 Berlin, Tel. 030/ 438007-0, www.hotel-alt-tegel.de. Preiswert, gemütlich und im Herzen von Alt-Tegel gelegen, nur ca. 5 Gehminuten zum See. Durchaus geeignet für einen längeren Berlin-Aufenthalt. Etwa 20 Min. mit der U-Bahn nach Berlin Mitte.
In der Nähe: 82 Humboldt-Schloss (S. 186)

91 Das Tegeler Fließ: durch naturbelasseneLandschaften von Tegel nach Lübars – dem ältesten Dorf Berlins

Tipp

Ein Muss ist die Einkehr im »Dorfkrug«. Drinnen wie draußen kann man die alte dörfliche Atmosphäre genießen. Die Gerichte sind bodenständig-modern, preiswert und sehr schmackhaft. Saisonale Wildgerichte, feine Fischzubereitungen, vegetarische Schmankerln: Abwechslung ist hier angesagt, und man versteht es, den Speisen manchmal mit asiatischen Gewürzen einen letzten Pfiff zu geben. Alt-Lübars 8, 13469 Berlin, Tel. 030/92210230, www.gasthof-alter-dorfkrug.de, geöffnet Mi–Sa ab 12, So ab 10 Uhr, Mo und Di ist Ruhetag.

Eine besonders schöne Tour am Rande des weniger touristischen Berlins führt von Tegel zum alten Dorf Lübars. Auf etwa 8–10 km – je nachdem, welche der oft parallel führenden Wege Sie wählen – radelt oder wandert man durch eine der urtümlichsten naturbelassenen Landschaften am Rande Berlins. Die Wege sind meist breit, nicht befestigt und eben. Dem **Fahrgenuss** steht also nichts im Wege. Bis auf die letzten ca. 2 km vor Lübars ist der Weg schattig und still, da er durch einen dichten »Urwald« führt.

Der wichtigste Orientierungspunkt ist das Fließ mit seinem stillen Wasser, also immer die tiefste Stelle der Landschaft. Und hier entlang führt der Weg, mal näher, mal etwas weiter vom Wasser entfernt. Kaum vorstellbar, dass der Bach heute einer uralten Schmelzwasserrinne aus der Eiszeit folgt. In der Eiszeit schoben sich Gletscher bis in das Berliner Gebiet. Als sie abschmolzen, ließen sie Kies und Geröll zurück, sogenannte Moränen. Und auch heute kann man das am Tegeler Fließ verfolgen: An seiner Südseite steigt die Landschaft auf wenigen hundert Metern um etwa 30 m an.

Im Alten Dorfkrug lässt es sich gut speisen

Naturbelassen: das Tegeler Fließ

Träge schlängelt sich das Flüsschen, das maximal 8 m breit und dabei 30–80 cm tief ist. Von seiner Quelle bis zur Mündung in den Tegeler See legt es knapp 30 km zurück. Dabei gibt es unterschiedliche Landschaftseindrücke: Manchmal (Richtung Tegeler See) wird das Fließ schmal, später, Richtung Lübars, bis zu 3 km breit. Der Weg führt an Sümpfen und Mooren vorbei, man sieht verschlungene Auenwälder, morastige Wiesen und fahrt entlang des Hermsdorfer Sees, durch den der Fluss fließt. Immer wieder ist man geneigt, stehen zu bleiben, die Ruhe und die Landschaftseindrücke zu genießen. Über morastige, immer feuchte Stellen führen **Bohlenstege** – fast ist man an die Sümpfe Floridas erinnert. Doch statt der Alligatoren leben hier zum Teil sehr gefährdete Fischarten wie bestimmte Stichlinge, der Gründling oder die Karausche. Nach Lübars – zum Dorf steigt die Landschaft an – gelangt man schließlich über weite, offene, oft morastige Flächen, die nach starken Regenfällen schwer passierbar sein können.

Lübars ist Berlins ältestes Dorf (1247 urkundlich erwähnt) und noch authentisch erhalten. Reiterhöfe, Bauernhöfe und Stallungen bestimmen das Bild. Die Dorfkirche wurde nach einem Brand im Jahre 1790 im Fachwerkstil errichtet, davor liegt der Friedhof, auf dem 1932 die letzte Bestattung erfolgte. Weiter Richtung Blankenfelde zum östlichen Dorfausgang liegt an der rechten Seite der von Behinderten betreute Kräuterhof, auf dem man frische Kräuter kaufen kann. (mi)

INFO

Hinkommen: U6 Alt-Tegel (wenn Sie bereits ein Fahrrad mitführen). Sonst U6 Borsigwerke. Hier liegt gegenüber dem Borsigzentrum ein Fahrradverleih: **Bike Market**, Berliner Straße 17-29a, 13507 Berlin, Tel. 030/43094512.

Die Route: Start am U-Bahnhof Tegel. Sie folgen der Berliner Straße stadtauswärts und erreichen nach ca. 500 m eine große Kreuzung (rechts geht's nach Waidmannslust). Nun weitere 300–400 m geradeaus (Karolinenstraße). In Sichtweite des links liegenden Restaurants »Alter Fritz« biegen Sie vorher in eine Stichstraße ein, die auch Karolinenstraße heißt. Nach etwa 150 m erreichen Sie den Wald und folgen dem Weg. Nach der Autobahnunterquerung führt der Weg links dem Hermsdorfer Damm folgend. Nach 100-200 m überqueren Sie die Straße und folgen dem Schild »Barminer Dorfweg«, der nun bis Lübars durch das Tegeler Fließ führt. Von Lübars können Radel- oder Wandermüde mit dem Bus 222 zurück nach Tegel fahren.

Dauer: etwa 2-3 Stunden

Weitere Infos: www.berlins-gruene-seiten.de/Gaerten-und-Parks/Tegeler-Fliess

92 Am Lietzensee: mitten in der Stadt, mitten in der Natur

Mitten in Berlin, unweit des Messegeländes, liegt versteckt ein Kleinod, das zu entdecken sich lohnt: der Lietzensee. Der 6,5 ha große See ist der nördlichste der Kette der Grunewaldseen. Vergeblich sucht man nach einem Zu- und Abfluss. Der See wird vom Grundwasser gespeist, und unterirdisch sickert sein Wasser zur nördlich gelegenen Spree. Benannt wurde er nach dem Dorf Lietzow, das 1719 Charlottenburg eingemeindet wurde.

Einst lag das Gewässer inmitten einer Waldlandschaft. Um 1820 kaufte General von Witzleben das Gelände und begann an der Westseite einen Park anzulegen. Nach seinem Tode 1837 benannte man den Park nach ihm. 1840 wurde er vom Kunstgärtner Ferdinand Deppe erworben, seine Rosen- und Dahlienzucht lockte viele Berliner an. An der Ostseite des Sees entstanden vornehme Häuser.

1904 erfolgte ein großer Einschnitt: Man verlängerte die Kantstraße nach Westen (deshalb »Neue Kantstraße«) und schüttete einen Damm auf, der nun das Gelände teilte und der erst 1954 durch einen Fußgängertunnel durchbrochen wurde. 1910 zeigte der Charlottenburger Stadtrat Weitsicht: Er grenzte die nördliche und westliche Bebauung des Geländes ein, nachdem Charlottenburg Besitzer der Anlage wurde. Nach dem Ersten Weltkrieg entstanden im Zuge von Arbeitsbeschaffungsmaßnahmen die Große Kaskade im Süden am Dernburgplatz, die Kleine Kaskade am Nordwestufer und das Parkwächterhaus.

Der Spaziergang um den See dauert in gemütlichem Tempo etwa eine Stunde. Die wunderschöne Park- und Wasserlandschaft – heute eine denkmalgeschützte Anlage – lädt zum Verweilen ein. Besonders sehenswert sind u. a. Denkmäler und **Skulpturen**. Da ist z. B. »Der Sandalenlösende Knabe«, der 1962 aus dem Nachlass des Bildhauers Fritz Röll an die Stadt überging. »Gefallenen« ist das Denkmal des Königin Elisabeth Garde Regiments Nr. 3 (1925, von Eugen Schmohl). Dem »Speerträger« von Bernhard Bleeker (1940) ist allerdings der Speer verloren gegangen.

Die große Parklandschaft wird rege von Anwohnern genutzt: Liegewiesen, Spielplätze und ein Senioren-Gymnastik-Platz mit fest installierten Sportgeräten für mehr Beweglichkeit und Motorik bieten für jeden etwas – ein generationsübergreifender Begegnungsort. (mi)

Entspannen mitten in der Stadt

»Sandalenlösender Knabe«

INFO

Hinkommen: U-Bahn bis Kaiserdamm oder Sophie Charlotte-Platz/U 2 oder S-Bahn Messe Nord/ICC S 41, S 42, S 46, Bus Messe Nord X34, X49

Essen & Trinken: Engelbecken, Witzlebenstrasse 31, 14057 Berlin-Charlottenburg, Tel. 030/6152810, www.engelbecken.de. Ehrliche, bayrisch-österreichische Küche.Durch die Tür mit den dicken Windfang-Vorhängen gelangt man in den freundlichen, sparsam dekorierten Innenraum mit hellen, blank gescheuerten Tischen. Nichts soll von den leckeren, traditionellen Gerichten mit Bioeinschlag und frischen Kräutern ablenken. Fleischliebhaber und Vegetarier kommen auf ihre Kosten: Rieslingkrautkrapfen in Schnittlauch-Joghurt-Creme mit grünem Salat, Kartoffel-Zwiebel-Strudel mit gebratenen Pfifferlingen, Karotten und Spinat oder doch gegrilltes Rückensteak vom Bio-Schwein mit Kräuterbutter oder Schweinsbraten mit rohem Kartoffelknödel und Semmelknödel, dazu Krautsalat. Da hier gerne die Nachbarschaft isst, sollte man reservieren. Mo–Fr 17–1, Sa ab 16, So und Feiertage 12–1 Uhr.

In der Nähe: 83 Schloss Charlottenburg (S. 188)

93 Fischerhütte am Schlachtensee: Speisen mit Panoramablick

Am Rande des Grunewalds liegt der idyllische, geschwungene Schlachtensee, umgeben von herrlichen Wäldern auf sanften Hügeln. Er ist der südlichste der Kette der **Grunewald-Seen**, z. T. gespeist mit gefiltertem, fast völlig phosphatfreiem Wasser aus dem Wannsee. Der fast 9 m tiefe See verwöhnt Wasserratten mit bester Wasserqualität und immer wieder laden kleine, sandige Buchten zum Schwimmen ein. Um den See führt ein weitgehend schattiger Weg (knapp 6 km lang), der bei Spaziergängern, Joggern und Radlern gleichermaßen beliebt ist.

In dieser idyllischen Umgebung liegt die bekannte Fischerhütte, schon lange eine traditionelle Ausflugstätte der Berliner. 1759 soll hier eine erste Unterkunft für Fischer errichtet worden sein, und später nutzte Friedrich der Große auf seinen Kutschfahrten von Potsdam nach Berlin diese Stelle, um sich zu stärken. Bei gutem Wetter wird es proppevoll: Autofahrer, Radler und Spaziergänger buhlen um Plätze. Aber sobald man sich von der Fischerhütte auf dem Rundweg um den See entfernt, wird es ruhiger und stiller.

Die Fischerhütte ist ein historisches Gasthaus, das mittlerweile denkmalgeschützt ist und ein Restaurant sowie eine gediegene Weinhandlung beherbergt (2005 restauriert und erweitert). Besonders einladend aber ist bei schönem

Biergarten der Fischerhütte

In der Lounge geht es gediegen zu

Wetter die Terrasse sowie eine Außenlounge mit bequemen Sitzmöglichkeiten. Der Blick hinab zum See mit seinem dunkelgrünen Wasser ist Postkartenpanorama pur.

Erstaunlich ist, dass man – trotz des Andrangs an bestimmten Tagen – an dieser Ausflugstelle ausgezeichnet essen kann. Die Küche ist deutsch-österreichisch geprägt und bewegt sich auf hohem Niveau, bleibt aber bodenständig. Leckere, echte Wiener Schnitzel, ein preisgekrönter Sauerbraten oder Tafelspitz verwöhnen den Gaumen, Aber auch der beliebte Zander auf Linsen ist einen Versuch wert. Und erst der Kaiserschmarrn: Außen kross, innen luftig und locker… Die Weinauswahl ist ansprechend, die Preise sind eher höher angesetzt.

Unterhalb des Restaurants und seiner Terrasse schließt sich zum Seeufer hin ein rustikaler **Biergarten** an. Hier gibt es eine beschränkte Anzahl von preiswerten Gerichten und Getränken, die man sich selbst an Theken holt. Dies ist ein sehr legerer Platz, so richtig geeignet für Wanderer, Spaziergänger, Radfahrer und Familien. Gleich nebenan liegt ein kleiner Badestrand, wo man in die kühlen Fluten des Schlachtensees hinausschwimmen kann. Ein Kinderspielplatz lädt die Kleinen zum Austoben ein. (mi)

INFO

Hinkommen und Information: Die Fischerhütte am Schlachtensee, Fischerhüttenstraße 136, 14136 Berlin, Tel. 030/80498310, Mo-So 9-24 Uhr, am besten S 1 Station Schlachtensee (Oranienburg-Wannsee) oder Nikolasee, www.fischerhuette-berlin.de. An Wochenenden sollte man reservieren.

Bootsverleih: Am Ostufer des Sees kann man Boote leihen bei Bootsverleih Schlachtensee - Werner Hoppe, Marinesteig 6 B, 14129 Berlin Zehlendorf Nikolasee, Tel. 030/8037304.

94 Restaurantschiffe: am Wasser ungestört und idyllisch genießen

Capt'n Schillow – zentral und doch versteckt am Landwehrkanal (94a)

Capt'n Schillow, das nostalgisch wirkende, gepflegte Schiff liegt seit 1997 fest vertäut am Landwehrkanal auf der Höhe des markanten Charlottenburger Tors. Der Zugang liegt – wirklich versteckt – an der südlichen Seite des Tors. Ein kleines Schild weist auf die Existenz hin, über Planken erreicht man die Stufen, die zum Schiffssteg führen.

Für technisch Interessierte

Länge: 33.4 m
Breite: 5.64 m
Tiefgang: 1,64 m
Antrieb: 120 PS
Tanks: 2 Dieseltanks für 2 t Treibstoff (reicht für 7 Tage bei einer Fahrzeit von tgl. 16 Std.

1909 wurde das Schiff ganz aus Stahl gebaut, was damals neu war. Zunächst schipperte man Zement, dann wurde es verlängert und erhielt imposante Segel, um als Küstenschiff zu fahren. 1943 kam es nach Cuxhaven, erhielt nach einer weiteren Verlängerung Deckaufbauten und wurde als Küstenmotorschiff nach Skandinavien eingesetzt. Benannt wurde es zu Ehren von Kapitän Werner Schillow, Gründer einer der ältesten Privatreedereien Berlins.

Der Gastronomiebereich liegt auf dem Ober- und Unterdeck. Das Oberdeck ist im Sommer mit seinen 50 Plätzen sehr beliebt. Kaum zu glauben, dass man hier mitten in Berlin ist, wenn man – verborgen von Bäumen – auf das Wasser des Landwehrkanals sieht und Ausflugsschiffen zuschaut, die mit Berlinbesuchern im engen Fahrwasser schippern. Im Blick hat man die Wasserversuchs-

Schön gelegen: Capt'n Schillow

anstalt. Bei schlechtem Wetter oder im Winter macht man es sich im Unterdeck gemütlich, wo es weitere 60 Plätze gibt. Der holzverkleidete Innenraum mit den Bullaugen und den blauen Sitzbänken und Holzstühlen vermittelt ein »maritimes« Gefühl.

Blick auf den Wannsee

In der Kombüse zaubert der Koch schmackhafte Gerichte. Ob Dorade oder Kalbsleber Berliner Art, Havelzander unter der Kartoffelkruste auf Meerrettichschaum mit Spreewälder Gurkensalat, Fischteller mit Gemüse, Crepes mit Schafskäse und Spinat: Die Gerichte werden frisch und zu sehr gemäßigten Preisen angeboten. Aber auch zu einem späten Frühstück kann man hier einkehren: Ob ein Schiffsjungenfrühstück mit allem drum und dran oder ein Fischerfrühstück mit Lachs und geräuchertem Fisch – schmecken wird es hier an Bord allemal.

Die »Alte Liebe« – idyllisch am Wannsee gelegen (94b)

Direkt am Südufer des Wannsees, dort wo er sich nach Osten verengt und die ihn speisende Havel wieder erkennbar wird, liegt seit 1925 Berlins ältestes Restaurantschiff. Unter dem Namen »Godeffroy« war die »Alte Liebe« seit 1912 im Hamburger Hafen und an der Elbe im Einsatz, bevor sie dauerhaft hier am Stößensee-Teil des Wannsees vertäut wurde.

Besonders im Sommer sind die Plätze auf dem Achterdeck an der frischen Luft begehrt. Am frühen Abend sollte man sich bei gutem Wetter einfinden, dann kann man herrliche Sonnenuntergänge erleben. Und es sich schmecken lassen: Die Küche ist eher rustikal geprägt, gelobt werden Diätkiller wie Bratkartoffeln, doch leichte Fischgerichte wie Fischterrine, Zander oder die Fischplatte Klabautermann machen alles wieder wett. Zudem gibt es eine Reihe von Fleischgerichten. Die Preise rangieren eher an der unteren Skala, sodass man finanziell nicht untergeht. Frisch gezapfte Biere passen zum Essen mit der deftigen Note. (mi)

INFO

Capt'n Schillow: Straße des 17. Juni, 10623 Berlin, Tel. 030/31505015, Mo–Sa 11–24 Uhr, So 10–23 Uhr, www.capt.schillow.de
Hinkommen: S3, S5, S7, S9, S5 Tiergarten, U-Bahnhof Ernst-Reuter-Platz, Bus 123

Alte Liebe: Havelchaussee 107, 14055 Berlin, Tel. 030/3048258, im Sommer von 12–22 Uhr, im Winter von 12–19 Uhr, www.alte-liebe-berlin.de
Hinkommen: S1 Wannsee, Bus 218 Haltesetelle Postfenn

95 Mit der Straßenbahn: zwei Touren vor dieTore Berlins

Gute Luft, Entspannung pur. Nach einer halben Stunde S-Bahnfahrt vom Alexanderplatz ist man fernab des Großstadttrubels. Umgeben von Wäldern und Seen sind die Bahnhöfe von Friedrichshagen und Rahnsdorf im südöstlichen Berliner Bezirk Köpenick Ausgangspunkt von zwei Ausflügen ins schöne Brandenburgische Umland.

Tour 1: Woltersdorf, der Tiger von Eschnapur und ein Aussichtsturm

Tipp

Beide Touren lassen sich mit einem 4 km langen schönen **Spazierweg** entlang des Kalksees verbinden. Er beginnt in Woltersdorf und führt nach Rüdersdorf, zur Haltestelle Rudolf-Breitscheid-Straße der Tram Nr. 88.

Am S-Bahnhof Rahnsdorf wartet bereits der zweiachsige Oldtimer der »Woltersdorfer Straßenbahn«, Baujahr 1960, eine der schönsten deutschen Straßenbahnen im regulären Betrieb. Die Fahrt führt zunächst durch Wälder bis zur Berliner Stadtgrenze, danach weiter an blühenden Gärten und malerischen Landhäusern vorbei bis zur Endstation an der Woltersdorfer Schleuse. Der idyllisch zwischen Kalk- und Flakensee gelegene Fischerort Woltersdorf ist beliebtes Ausflugsziel und begehrter Wohnort. Die Schleuse zwischen beiden Seen ist das technisch augenfälligste Bauwerk. Sie ist seit 1550 kontinuierlich in Betrieb und wurde 1998 erneuert. In den Sommermonaten ist hier viel los und zahlreiche Berliner kommen mit den Ausflugsdampfern. Die Bäcker- und Konditorei »Café Knappe« existiert schon seit 1888 und hält auch »beschwipste« Pfannkuchen feil.

Hinter der Schleuse ragt der Kranichsberg auf. Er ist mit 105 Metern der naturgegebene Höhepunkt dieses Ausflugs und nach 10–15 Minuten Aufstieg erreicht. Weitere 90 Stufen führen bis ganz nach oben. Dort bietet sich eine grandiose Weitsicht über das ausgedehnte Wald- und Seengebiet, bei guter Sicht

Alte Straßenbahn

sogar bis zum 25 km entfernten Berliner Fernsehturm. Die umgebende Landschaft bot vor ca. 100 Jahren beste Voraussetzungen für den Aufbau der größten Film-Kulissenstadt Europas. Hier entstanden über 50 Stummfilme und Monumentalfilme wie »Die Herrin der Welt«, »Das indische Grabmal« oder »Der Tiger von Eschnapur«. Am Kalksee entstanden riesige Paläste und Tempel aus Pappmaché und Zirkus Sarrasani lieferte Elefanten und Tiger. Zahlreiche Fotos, Artikel und einige Relikte des Märkischen Hollywood am Kalksee sind im Aussichtsturm ausgestellt.

Tour Zwei: Rüdersdorf und eine Tagebau-Mondlandschaft

Mondlandschaft bei Rüdersdorf

Vom Bahnhof Friedrichshagen fährt die Straßenbahn mit Höchstgeschwindigkeit durch den Berliner Stadtforst. Wald so weit das Auge reicht. Genau hinter der Stadtgrenze beginnt die Vorortsiedlung Schöneiche, in der zahlreiche Berliner den Traum vom Haus im Grünen verwirklichen. Nach 25 Minuten ist ein faszinierender Ort erreicht: die Rüdersdorfer Kalksteinbrüche. Sie geben den Blick frei in ein Bilderbuch der Erdgeschichte: Millionen von Jahre alte Gesteinsschichten und Fossilien. Seit 750 Jahren wird bis heute im Tagebau Kalkstein abgebaut, den man z.B. im Brandenburger Tor oder im Schloss Sanssouci in Potsdam findet. Zu DDR-Zeiten wurde Rüdersdorf Zentrum der Baustoffindustrie, begleitet von enormen Luftverschmutzungen. Doch das ist, mit Blick auf die weiße Kalklandschaft, Schnee von gestern. Heute steht in Rüdersdorf der modernste Zementofen Europas. Ein Teil des weißen Canyons kann als großes open air Museum mit faszinierenden Industriedenkmälern besichtigt werden. Ein kleiner Spaziergang von 250 Metern führt von der Straßenbahnhaltestelle Heinitzstraße in eine gänzlich andere Welt. (md)

INFO

Tour1: Hinkommen: S3 S-Bahnhof Rahnsdorf,Tram Nr. 87 bis Endstation Woltersdorfer Schleuse.
Information: Aussichtsturm Kranichsberg, Tel. 03362/24793, tgl. geöffnet, Nov-März nur am Wochenende.
Essen & Trinken: Liebesquelle, Brunnenstr. 2, 15569 Woltersdorf, Tel. 03362/5340, www.restaurant-liebesquelle.de.Von der Seeterrasse hat man einen guten Blick auf das Schleusen der Boote
Tour 2: Hinkommen: S3 S-Bahnhof Friedrichshagen, Tram Nr. 88 bis Heinitzstraße.
Museum: Museumspark Rüdersdorf, Heinitzstraße 41, 15562 Rüdersdorf, Tel. 033638/799797, tgl. außer Mo, www.museumspark.de.

96 Am Großen Müggelsee: Wasser, Wälder und ein bisschen »Venedig«

Durch den Müggelsee – Berlins größtes Gewässer im Osten Berlins – fließt die Spree, hier »Müggelspree« genannt. Damit werden die Flussabschnitte zwischen Dämeritzsee und Müggelsee sowie zwischen Müggelsee und Köpenick bezeichnet.Vor der Wende war dies d a s Naherholungsgebiet der Ostberliner, während die »Westler« ihren Wannsee genießen konnten. Mit fast 7,5 km² Seenfläche und einer Länge von über 4 km und Breite bis zu 2,5 km ist das Gebiet extrem abwechslungsreich.

Tipp: Boot mieten

Mit Motorbooten bis 5 PS kann man ohne Boots-Führerschein fahren. Das reicht, denn die Wasserflächen sind nicht riesig, und das gemächliche Tempo ermöglicht mehr Genuss. Je nach Boot kosten fünf Stunden ca. 50-70 Euro.
Friedrichshagen: Bootsverleih SPREEPOINT, Müggelseedamm 70, 12587 Berlin im Wassersportzentrum, Tel. 030/6411291, 0171/7140816, www.bootsverleih-spreepoint.de.
Rahnsdorf/Neu Venedig: W. Pczoska, Triglawstr. 20 (Büro Nr. 30), Tel. 030/648 49282, www.bootsverleih-hessenwinkel.de.

Der größte Ortsteil am See – zu Köpenick gehörend – ist das 1753 gegründete Friedrichshagen. Der »Kudamm« von Friedrichshagen ist die gemütliche **Bölschestraße**, die vom S-Bahnhof direkt zum See führt, gesäumt von vielen kleinen Geschäften und z. T. hübsch restaurierten Häusern. Im vergangenen Jahrhundert lebten hier Schriftsteller und Künstler. Ein Abstecher von der Bölschestraße zur östlich gelegenen Breestpromenade lohnt für alle, die an schönen alten Villen interessiert sind. Überquert man später den Müggelseedamm gelangt man in den Müggelpark, wo der Spreetunnel das Gewässer unterquert und man gemütlich einkehren kann.

Einige Kilometer weiter erreicht man über den Fürstenwalder Damm Rahnsdorf, ein kleines Fischerdorf mit z. T. idyllischem Charakter. Die Dorfstraße und der Dorfanger stehen unter Denkmalschutz. Weiter auf der Fürstenwalder Allee geht es bis zur Abzweigung des Rialto-Rings, und schon

Gut mit dem Kanu zu erkunden: Neu-Venedig

kommt man in das Gebiet des reichverzweigten Müggelspree-Deltas, in dem die malerische Siedlung **Neu-Venedig** liegt. Das Gebiet mit vielen Wochenendhäusern wird von fünf Kanälen durchzogen, die seit 1926 die ursprünglich sumpfige Landschaft entwässern. Zwölf Brücken – auch eine Rialto-Brücke – führen zu den Siedlungsinseln, die ebenfalls durch kleine Brücken verbunden sind. Jedes Grundstück liegt am Wasser. Die Straßen sind ebenso schmal wie die Kanäle, auf denen man am besten mit einem Kanu vorankommt. Wander- und Fahrradstrecken führen über die Triglaw-Brücke auf die Südseite des Sees.

Empfohlene Strecke

Vom S-Bahnhof Friedrichshagen über die nach Süden anschließende Bölschestraße zum Müggelseedamm, danach ostwärts Richtung Rahnsdorf. Hier von der Fürstenwalder Allee nach rechts in den Rialto-Ring (»Klein-Venedig«) und über die Triglaw-Brücke auf die andere Seite der Spree. Auf Waldwegen zurück zum Müggelsee-Ufer und am Westende des Sees durch den Spreetunnel nach Friedrichshagen (ca. 25 km). Alternative: bis nach Köpenick und dann mit dem Schiff zurück nach Berlin.

Die hier liegenden Müggelberge sind bis zu 115 m hoch. Sie sind aufgeschobene Sandmoränen aus der Eiszeit, und vom Müggelturm kann man über die Seen- und Flusslandschaft den Blick bis Berlin schweifen lassen. An der Westseite gelangt man durch den Spreetunnel nach Friedrichshagen zurück. Empfehlung: Stattdessen weiter nach Köpenick radeln und von dort mit dem Schiff nach Berlin zurück. (mi)

INFO

Hinkommen: S-Bahnhof Friedrichshagen.

Information: 12555 Berlin-Alt Köpenick, 31–33 Schlossplatz, direkt am Schloss Köpenick, Tel. 030/655 7551, www.am-mueggelsee.de.

Aktivitäten: Entweder mit dem Fahrrad rund um den Müggelsee oder mit einem Boot fahren. Baden: Nordseite bei Rahnsdorf/Strandbad, Fürstenwalder Damm 838. Und an vielen Stellen unterwegs, www.berlin.de/badegewaesser/detail

Schifffahrten: um den Müggelsee und von und nach Berlin ab Köpenick, um den Müggelsee ab Friedrichshagen, www.sternundkreis.de. Grillboot-Verleih (s. S. 174): Von zwei Stellen am Müggelsee kann man auf eigene Faust starten: Surf- & Segelschule Müggelsee, Fürstenwalder Damm 838, 12589 Berlin (Nordufer bei Rahnsdorf), und Bootscharter Berlin-Müggelsee, (Steganlage Rübezahl), Müggelheimer Damm 143, 12559 Berlin (Südufer).

Essen & Trinken: **Friedrichshagen**: Bräustübel, Müggelseedamm 164, Tel. 030/6455716, Mo/Di Ruhetag, Mi–Sa ab 12, So ab 11 Uhr. Deftige Berliner Hausmannskost, preiswert, frisch gezapftes Bier vom Köpenicker Bürgerbräu.

Schrörs am Müggelsee, Josef-Nawrocki-Straße 16 (unmittelbar am Spreetunnel), Tel. 030/64095880, www.schroers-online.de. Am Wasser gelegene einfache Gaststätte mit Kultstaus. Kaffee, Kuchen, Bier, Spanferkel, Currywurst, Eisbein – und zwei Dampferanlegestellen nebenan.

Neu Venedig: Gaststätte Neu Venedig, Finkenweg 348, Tel. 030/6489309. Am Kanal gelegen, in der Siedlung »versteckt«, einfach, preiswert und bei Einheimischen beliebt.

In der Nähe: 7 Köpenick (S. 24)

97 Fahrradtour Teil 1: am Wannsee- und Havelufer über die Glienicker Brücke

Fahrradfahren, Besichtigen, Genießen: Diese Tour (ca. 25 km) bietet wirklich eine perfekte Symbiose. Gute, flache Wege steigern die Laune! Startpunkt ist der S-Bahnhof Wannsee (Fahrrad-Verleih gegenüber dem Bahnhof: W. Jarberg, Kronprinzessinnenweg 5, 14109 Berlin, Tel. 030/80108943). Es geht nach Westen der Königstraße folgend über die Brücke, die den Kleinen und Großen Wannsee überquert. Kurz danach geht's nach rechts in die Straße Am großen Wannsee. Bald entdeckt man rechter Hand die **Max-Liebermann-Villa**. Das Haus des berühmten Malers ist architektonisch fantastisch in eine Garten- und Parklandschaft am Seeufer angepasst. Unbedingt 1–1 ½ Stunden für eine Besichtigung einplanen. Am besten lässt man das gesamte Ambiente bei einer Tasse Kaffee auf der herrlichen Terrasse auf sich wirken (s. S. 124).

Wirtshaus Moorlake

Weiter der Straße Großer Wannsee folgend liegt rechts das Haus der Wannsee-Konferenz. Kein rühmlicher Ort, sondern seit 1992 eine Gedenk- und Bildungsstätte, die an die Gräueltaten des NS-Regimes errinnert. Am 20. Januar 1942 wurde hier unter SS-Obergruppenführer Reinhard Heydrich die Deportierung und Ermordung der Juden Europas beschlossen. Innen gibt es eine sehr eindrucksvolle, bestens dokumentierte Ausstellung zur Judenverfolgung.

Bald geht es nach rechts am Restaurant Sanssouci (Tiefhornweg) zum Seeufer herunter. Hier steht das imposante Denkmal des Flensburger Löwen, umgeben von acht neuen Schinkel-Laternen. Die Zinkguss-Plastik – eine Kopie des in Bronze gegossenen Originals – erinnert an den Sieg der dänischen Truppe über die Schleswig-Holsteiner 1850.

Weiter geht es am Ufer der Havel bis zur **Pfaueninsel**. Wenig später erreicht man gegenüber dem »Wirtshaus zur Pfaueninsel« die Fähre (das Fahrrad muss man auf dem Festland lassen!). Auf der idyllischen Insel mit Gartenanlagen von Linné lässt sich die herrlich angelegte Parklandschaft erleben. Das kleine Weiße Schloss mit den beiden Türmen, die über eine Brücke verbunden sind, alter Baumbestand (über 400 Eichen) und ein Biedermeier-Garten lassen den Luxus vergangener Zeiten erahnen. Und natürlich laufen farbenprächtige Pfaue herum. Kein Wunder, dass bereits zur Zeit Fontanes das Eiland ein beliebtes Ausflugsziel war.

Der Havel folgend geht es vorbei am herrlich liegenden Gasthof Moorlaake (s.u.), der an einer v-förmigen Panorama-Bucht liegt. Fast ein Stückchen Oberbayern hier in Preußen… Das Forsthaus sowie die Stallungen am Havelufer ließ Friedrich Wilhelm IV. für seine bayrische Gattin Elisabeth von Wittelsbach 1840 errichten. Es sollte fortan zur Erholung dienen, aber auch großzügigen Jagdgesellschaften den notwendigen Rahmen geben. Ab 1896 verpachtete das preußische Königshaus die Anlage als Gastwirtschaft.

Auf einem asphaltierten Uferweg gelangt man bald zum wunderschön gelegenen **Schloss Glienicke** (s. S. 194). Die überschaubare Schlossanlage mit ihren gepflegten, weiten Parkflächen ist vom Volkspark Glienicke umgeben. Insbesondere vom Casino genießt man einen herrlichen Blick auf die umgebende Landschaft. Direkt hinter der Glienicker Brücke liegt die Villa Schöningen (s. S. 86) mit ihrer interessanten Ausstellung über die Zeit vor der Wende und dem Agentenaustausch an der Brücke. (mi)

INFO

Museen: Haus der Wannsee-Konferenz: Am Grossen Wannsee 56-58, tgl. 10-18 Uhr, Bibliothek/Mediathek nur Mo-Fr 10-18, www.ghwk.de.

Pfaueninsel: Insel geöffnet Mai-Aug. tgl. 8-21, Sept. 9-19, Okt. 9-18 Uhr. Schloss April-Sept.Di-So 10-17.30, Okt. bis 16.30, im Winter geschlossen, Besichtigung nur mit Führung, letzte Tour 17 Uhr, Tel. 0331/9694200, www.spsg.de.

Essen & Trinken: Wirtshaus Moorlaake, Familie Roeder, Moorlakeweg 6,14109 Berlin-Wannsee, Tel. 030/8055809, www.moorlake.de. Hier fühlt man sich besonders wohl an schönen Sommertagen, wenn man im großen Terrassengarten sitzt, fast wie in Bayern: Das Haus ist stolz, zum schönsten Biergarten Berlins gewählt worden zu sein. An Wintertagen ist es in der Gaststube so richtig gemütlich. Man ist von Wäldern umgeben, und der Blick schweift über eine herrliche Havelbucht zum Fluss. Das Essen ist im besten Sinne bodenständig und wer's deftig mag, ist hier richtig. So labt man sich beim Bier mit »Bollenfleisch« (Lamm aus der Keule mit Zwiebel-Kümmel-Sauce), an Eisbein, an frischer Berliner Leber mit Äpfeln und Zwiebeln. Die Lausitzer Schusterpfanne mit Pökelfleisch, Sauerkraut und Bratkartoffeln kräftigt (oder schwächt…) den Radfahrer oder Wanderer. Aber es geht auch leichter: Zanderfilet, frische Forelle oder Salate. Interessant sind die Veranstaltungen. Kabarett und Lesungen finden in der kalten Jahreszeit – begleitet von schmackhaften Menus – regelmäßig statt.

Wirtshaus zur Pfaueninsel, 100 Pfaueninselchaussee, 14109 Berlin, Tel. 030/8052225, www.pfaueninsel.de. Direkt an der Fähre zur Pfaueninsel gelegene gute Ausflugs-Gasttätte mit schönem Biergarten und preiswerten Gerichten. Die Küche bietet die gängigen Berliner Spezialitäten wie Königsberger Klopse, Bollenfleisch, Havelzanderfilet, Aal grün und natürlich Schnitzel jeder Art.

98 Fahrradtour Teil II: Neuer Garten Potsdam

Hinter der Glienicker Brücke radelt man entlang der Schwanenallee hinein in den Neuen Garten. Die weiten Parkanlagen sowie der links liegende **Heilige See** mit Badewiese lassen den Betrachter die Symbiose von Historie und landschaftlicher Schönheit erleben. 1787 ließ Kronprinz Friedrich Wilhelm II. die Anlage errichten. Als Gegenstück zum barock geprägten Garten um Sanssouci wurde der Neue Garten im Stil einer englischen Parklandschaft angelegt. Sehr schöne Bauten wie das kürzlich restaurierte Marmorpalais sowie die herrliche Orangerie fügen sich harmonisch ein. Der bekannte Gartengestalter Peter Joseph Lenné lichtete 1816 die Gesamtanlage mit weiten Blicken in die Landschaft bis Sarow, Pfaueninsel und Glienicke.

Das **Schloss Cecilienhof** wurde 1913–1917 für Kronprinz Wilhelm gebaut. Durch die vielen Innenhöfe der verschachtelten Anlage glaubt man kaum, dass es hier über 170 Zimmer gibt. Berühmt wurde der Cecilienhof durch die Potsdamer Konferenz. Vom 17. Juli bis 2. August 1945 wurde hier die Neuordnung Deutschlands (Entmilitarisierung, Reparationen, Umgang mit den Kriegsverbrechern) zwischen Stalin, Churchill und Truman beschlossen, Frankreich akzeptierte die Verhandlungsergebnisse.

Historisch: Schloss Cecilienhof

Einkehr in der Meierei, mit Blick auf den Jungfernsee

Bevor Sie den Rückweg antreten sollten Sie im Neuen Garten das sehenswerte klassizistische **Marmorpalais** (Sommersitz Friedrich Wilhelm II., 1787–1793 erbaut) und die idyllische Orangerie (1791–1793 erbaut, dient heute noch der Überwinterung tropischer Pflanzen) besuchen.

Auf dem gleichen Weg, nun mit anderer Tagesbeleuchtung und anderen Sichten, radelt man nach Wannsee zurück. (mi)

INFO

Museen: Schloss Cecilienhof: Am Neuen Garten, 14469 Potsdam, Tel. 0331/9694200, April-Okt. Di-So 10-18, Nov.-März Di-So 10-17 Uhr, Mo geschlossen, 6 Euro, www.spsg.de.
Marmorpalais: Mai-Okt. Di-So 10-18, Nov.-April Sa/So 10-16 Uhr, Besichtigung nur mit Führung, 6 Euro, Kombiticket mit Schloss Cecilienhof 8 Euro.
Essen & Trinken: Schlossrestaurant Cecilienhof, Neuer Garten, 14469 Potsdam, Tel. 0331/37050, www.relexa-hotels.de, Mo-So 12-21.30 Uhr. Sehr romantisch, sehr gemütlich, eine idyllische Terrasse, umgeben von einem herrlichen Blumengarten. Innen: gediegene, elegante Atmosphäre mit Kamin, eben Schlosshotel. Die Küche entspricht gehobenen Ansprüchen und ist deutsch-französisch geprägt, höherpreisig. Im Mittelpunkt stehen exquisit zubereitete Berliner und Brandenburgische Spezialitäten, saisonale Ergänzungen wie Beelitzer Spargel im Frühjahr und Pilzgerichte im Sommer sowie Wild im Winter reizen zur Wiederkehr! Auch für die gepflegte kurze Einkehr beim Radfahren gibt's leichte Kleinigkeiten. Zum Marmorpalais und ist es nur ein Katzensprung.
Meierei Brauhaus, Im Neuen Garten 10, 14469 Potsdam, Tel 0331/7043211, www.meierei-potsdam.de. Leger und mit hundertprozentig lokalem Einschlag präsentiert sich das rustikale Brauhaus. Hier gibt es zu selbst gebrauten Bieren die bekannten regionalen kleinen und großen Spezialitäten, wie Buletten, Schnitzel, Eisbein und Havelfisch. Preiswert, gut und frisch zubereitet. Selbst Schmalzbrote werden angeboten. Man kann draußen direkt am Wasser sitzen. Drinnen gibt's bei ungemütlichem Wetter eine umso gemütlichere Atmosphäre. Für Radfahrer besonders geeignet.

Kurioses

Sightseeing auf dem Hundeschlitten

99 Baumhaus und Zwiebelgarten: Osman Kalins Idylle

Berlin ist für skurrile Geschichten immer gut und dass es ein Baumhaus mitten in der Stadt gibt, wundert eigentlich nicht. Die Berliner Mauer führte am Bethaniendamm, wo jetzt das Baumhaus steht, nicht genau an der Staatsgrenze der DDR entlang. Es wurde beim Bau ein Stück ausgespart, sodass ein Teil der DDR hinter der Mauer im Westen lag.

Gegenüber lebt Osman Kalin, der sich Anfang der 1980er Jahre des 350 m² großen ungenutzten Terrains annahm und dort zunächst einen **Gemüsegarten** für den Anbau von Tomaten, Zwiebeln, Kohl und Bohnen anlegte. Und da es hier im Sommer angenehmer und besser auszuhalten war als in der Wohnung, richtete er sich mit seiner Familie dauerhaft in seinem Gemüsegarten ein und baute um einen Baum herum eine einstöckige Laube mit Balustrade und Balkon in anatolischer Sorglos-Architektur. Eines Tages erschien den DDR-Behörden der Anbau von Gemüse und das Leben von Menschen auf diesem Grund und Boden doch etwas suspekt, sodass sich sogar das Zentralkomitee der DDR mit diesem Unikum zu beschäftigten hatte. Osman beteuerte, er sei als armer anatolischer Bauer auf den Anbau und Verkauf von Zwiebeln angewiesen. Und erstaunlich nachsichtig behandelten die DDR-Oberen die nicht ganz rechtmäßige Nutzung ihres Landes. Fortan sahen die Ost-Berliner Grenzbehörden Osman als armen Wicht an, der unter den kapitalistischen Verhältnissen sicherlich zu leiden habe. Man ließ ihn also gewähren.

Die Westberliner Stadtväter ging das jahrelang nichts an, denn es handelte sich bei Osmans Garten um das Staatsgebiet der DDR. Nach dem Mauerfall kümmerte sich das Baudezernat Friedrichshain-Kreuzberg auch nicht um das orientalische Panoptikum. Mittlerweile ist das Baumhaus eine der Hauptattraktionen in Kreuzberg. Man betrachtet Kalin schon lange als festes Mitglied der Kreuzberger Stadtgemeinde. Auch der Pastor der nahe gelegenen St. Thomas-Kirche sieht dem nachbarschaftlichen und stets friedlichen Treiben freundlich zu.

Osman Kalins Baumhaus lag direkt an der Grenze im Ostteil der Stadt

Vom Balkon aus blickt Osman in seinen Zwiebelgarten

Doch wieder droht Veränderung für Osman: Es ist geplant, die Mariannenstraße an den Bethaniendamm anzuschließen. Osmans Garten liegt mitten auf der geplanten Straße und müsste eigentlich weichen. Doch so recht traut sich niemand an die Umsetzung der Pläne heran, die auf unbestimmte Zeit verschoben wurden. Nun kann Osman hoffentlich noch viele Zwiebeln ernten...

Multikulti in Kreuzberg

Bereits 1979 gab es in Berlin über 100.000 türkische Mitbürger und damit wurde West-Berlin die erste türkische Großstadt in Europa. Zuvor kamen Migranten vor allem aus Italien und Jugoslawien. Die Berliner Unternehmen wie AEG, Osram und Siemens – um nur die großen Namen zu nennen – brauchten vor allem geschickte Hände für Montagearbeiten. So kamen viele Ehepaare aus der Türkei nach Berlin, die preiswerte Wohnungen benötigten. In Kreuzberg wohnte die Arbeiterbevölkerung in alten Mietshäusern aus der Gründerzeit nahe der Grenze, oft in Hinterhöfen und ohne Bad, WC oder Zentralheizung. Um den Abzug aus Westberlin zu verhindern, »sanierte« man, indem alte Wohngebäude in Westberlin abgerissen und neue Wohnsilos hochgezogen wurden. Danach standen Altbauwohnungen vor allem in Kreuzberg leer. Hierher zog es viele türkische Familien. Die Hausbesitzer nutzten die Gelegenheit, ihre Immobilie vermeintlich günstig an unwissende türkische Zuwanderer zu vermieten. Später gesellten sich andere Immigranten, vor allem aus Asien, hinzu. Studenten nutzen ebenfalls die Chance, preiswert zu wohnen oder besetzten leerstehende Altbauten. Die »Multikulti«-Szene entwickelte sich und prägt heute das lebendige, farbige und etwas chaotische Bild dieses Stadtteils. (mi)

INFO

Hinkommen: Kreuzberg, Ecke Bethaniendamm/Mariannenstr., an der Zufahrt zur Schillingbrücke, südliches Spree-Ufer, S3/S5/S7/S9 Ostbahnhof, U8 Heinrich-Heine-Straße

Essen & Trinken: Türkisch essen in der nahen Umgebung: Restaurant Hasir, Adalbertstr.10, 10999 Berlin, Tel. 030/6142373. In lebendiger Atmosphäre und im Sommer auf den Bürgersteig erweitert, genießt man die Vielseitigkeit der türkischen Küche.

100 Mit Daniels Huskys durch den Tiergarten

Ich traute kaum meinen Augen, als ich im September den Potsdamer Platz überquerte. Mitten im betonierten Berlin lag da auf den Gehwegplatten ein Rudel von acht Huskys. Sie schliefen oder dösten und auf einem Gespannwagen lag ein älteres Tier, das auf dem privilegierten Fell-Sitzplatz Siesta machte. Und davor hockte Daniel Hurst, der **»Musher«**, wie man im Fachjargon einen Gespannlenker nennt.

Vorbeigehende Passanten, junge und alte, blieben verzückt stehen. Die stechend blauen Augen der gutmütigen Tiere erwärmen das Herz, man kann die Hunde streicheln, ängstliche Kinder verlieren dabei sehr schnell ihre Scheu. Die Tiere sind sehr stressresistent und eher defensiv vom Charakter, was ihnen in der lauten Stadtumgebung zugutekommt. Eines aber mögen sie gar nicht: Katzen! Dann muss Daniel seine ganze Rudelführer-Power ausspielen. Auf dem Wagen haben zwei Erwachsene und ein Kind Platz. Dahinter steht Daniel, und wenn er die drei Bremsen löst, fängt die zunächst bellende Meute an zu laufen. Mit älteren oder ängstlichen Gästen geht´s langsamer – etwa 15 km/h, die »jungen Wilden« aber finden besonders bei »Vollgas« mit 40 km/h Spaß.

Schon immer liebte Daniel Hunde und bald begleitete ihn ein treuer, robuster Husky, dem weitere Artgenossen folgten. Die Tiere nahmen viel von Daniels Freizeit in Anspruch und kosteten einiges an Geld. Dann verlor er seinen Job als Krankenpfleger, da die Firma pleite ging. Es galt, die Hundefamilie und sich zu ernähren. Da kam er auf die Idee, einfach Touren mit den Hunden anzubieten. Und der Potsdamer Platz, wo viele Berlin-Besucher anzutreffen sind, bot sich als Ausgangsort an. Von hier geht die Tour bevorzugt Richtung Tiergarten. Aber mit dem gebürtigen Schweizer und nun Wahl-Brandenburger sind sowohl im Sommer als auch im Winter geführte Husky-Ausflüge in andere Teile der Stadt und ins Umland möglich – ein Anruf zur Absprache genügt.

Husky-Siesta auf dem Potsdamer Platz

Mit dem Hund durch Berlin

Das weiche, dicke Fell der Huskys wirkt wie eine Isolierung: Es schützt vor Wärme und Kälte. Erst bei über 25 Grad steigt ihre Temperatur an, und dann ist »no go« angesagt. Aber unter 25 Grad lechzen die bewegungsfreudigen Hunde nach Laufen, allerdings sollten die Touren dann nicht zu lang sein. 20–30 km sind aber allemal möglich. In der kalten Jahreszeit rennen sie bis zu 250 km. Und je nach Jahreszeit und Untergrund wird vom Gefährt mit Rädern auf einen Schlitten gewechselt. In der Stadt besteht das Gespann aus 6–8 Tieren, auf dem Land aus bis zu 12.

Die schnellste Husky-Rasse ist der Sibirian Husky, ein sehr wendiges Tier. Im Gespann »arbeiten« auch die sehr kräftigen Alaskan Malamutes mit. Sie sind in der Lage, schweres Gefährt über weite Distanzen zu ziehen. Dem Musher kommt die Aufgabe zu, die Tiere zu beobachten und sie zu motivieren, im Team zu ziehen. Wenn einmal ein Hund zickig ist und das Team durch langsames Laufen oder seitliches Ausbrechen stört, bleibt Daniel stehen. Selbst bei »Höchstgeschwindigkeit« von 40 km/h steht das Gespann nach wenigen Metern, wenn Daniel am Wagen die Bremsen zieht. Dann widmet er sich dem Ungehorsamen, beißt ihn etwas ins Ohr und stößt einen schrillen Laut aus – der Hund hat es verstanden und fügt sich wieder der gemeinsamen Aufgabe.

Besonders lustig geht es zu, wenn Daniel von Bernau mit 6-8 Huskys nach Berlin fährt. Die Hunde und der Gespannwagen ziehen die Aufmerksamkeit auf sich, wenn sie den S-Bahn-Waggon besteigen. Einer seiner Malamutes ist besonders kontaktfreudig: Wenn man ihn bewundernd anschaut, sieht er das als Aufforderung an, sich liebevoll dem Fahrgast auf den Schoß zu setzen.

Man merkt, Hunde und Daniel bilden ein Team, er ist Teil des Rudels, Leitwolf sozusagen. Und er ist sich seiner Verantwortung bewusst. Zwei Jahre dauert die Ausbildung der Hunde, bis sie im Gespann laufen können. Einige Hunde absolvieren zudem einen »Therapiehunde-Test«. Sie helfen dann autistischen Kindern oder besuchen Behinderten- und Seniorenheime, um mit ihrer liebevollen Art aufzumuntern. (mi)

INFO

Hinkommen: Start meist am Potsdamer Platz (bitte vorher anrufen)
Information: Buchung nach Absprache: Tel. 0171/9420659

Preis: Erwachsene 30 Euro/Std., Kinder bis 6 Jahre frei

101 Mit oder ohne? – die Berliner Currywurst, det Orijinal

Schon von weitem weht einem der unentrinnbare Duft entgegen. Beim Nähertreten hört man das unaufhörliche Geräusch der in Öl brutzelnden Würste. Die Gestalten, die an den Stehtischen genüsslich ihre Pappteller leeren, wirken wie eine kleine verschworene Gemeinschaft. Hier an der Bude sind alle gleich. Bauarbeiter, Politiker, Taxifahrer, Künstler, der 5-Sterne-Koch und neugierige Touristen. Deshalb passt sie so gut zu Berlin. Unbeeindruckt von Döner und Burger – die **Berliner Currywurst ist Kult**.

»Es war in einer regnerischen Herbstnacht des Jahres 1949, am 4. September. Es goss kleene Kinderköppe, keen Mensch war an meiner Bude. Aus Langeweile rührte ich Gewürze mit Tomatenmark zusammen. Und es schmeckte herrlich.« Damit hatte Herta Heuwer in ihrem Imbissstand in Charlottenburg die Soße erfunden, welche die Wurst erst zur Currywurst macht. Unter dem Namen Chillup (aus Chili und Ketchup) patentiert, war ein kulinarisches Wahrzeichen Berlins und ein Exportartikel geboren. Eine Gedenktafel am Haus Kantstraße 101 erinnert an Hertas »Erste Currywurst-Braterei der Welt«. Außerhalb Berlins ist die Currywurst besonders in Hamburg und im Ruhrgebiet verbreitet. Von Herbert Grönemeyer besungen, mit »Drei Damen am Grill« verfilmt, wurde sie literarisch sogar an einen neuen Ursprungsort in Hamburg versetzt. Im Süden Deutschlands allerdings wirkt der bayerische Weißwurst-Äquator als natürliche Grenze.

Die Klassischen

Die typische Berliner Imbissbude befindet sich unmittelbar an einer lauten Verkehrsstraße. Oft steht man dicht an dicht. Je ungemütlicher die Atmosphäre, desto konzentrierter erfolgt die Einnahme der fettigen Mahlzeit. Man isst im Stehen und aus praktischen Gründen mit leicht vorgebeugten Oberkörper, bis nur noch ein Rest unschön aussehender roter Schmiere übrig bleibt. Guten Appetit.

Die Berühmten

Die legendärste Imbissbude der Stadt ist Konnopke's Imbiss im Prenzlauer Berg unter dem U-Bahn-Viadukt. Er machte in den 60ern die Currywurst ohne Darm im Ostteil der Stadt bekannt. Im Juli 2010 wurde die legendäre Bude allerdings für Arbeiten an den Viadukten abgerissen. Bis zum Wiederaufbau nach Abschluss der Bauarbeiten an der ursprünglichen Adresse (Schönhauser Allee 44a) gibt es die Wurst

Info

Die original Berliner Currywurst-Soße enthält klassische Zutaten wie passierte Tomaten oder Tomatenmark, Trinkwasser, Currypulver, Paprika, Worcestershire Soße, Zucker, Salz, Chilipulver und Obstkonserven. Wer auf sich hält, stellt seine eigene Soße her – es gibt etliche Varianten. Die echte Berliner Currywurst hat keine Pelle, wird aber auch mit Darm akzeptiert. Deshalb wählt man bei der Bestellung kurz »Currywurst mit« oder »Currywurst ohne«. Auf »scharf« oder »extra scharf« folgen Cayennepfeffer, zerstoßene Chilischoten oder Tabasco. Auch »scharfe Zwiebeln« sind übliche Wünsche. Nicht vergessen: Die Currywurst ist eine Kalorienbombe und gilt bei Ernährungsexperten als »zu fettig, zu salzig und zu süß«.

Die berühmteste Bude der Stadt, nun Geschichte: Konnopke's Imbiss

an der Ecke Kastanienallee/Schönhauser Allee. Mo–Fr 6–20, Sa 12–19 Uhr, U-Bahn Eberswalder Straße. Die Wurst kostet 1,70 Euro (Punkt 101 in Karte).

Die Institution in Kreuzberg heißt seit 1980 »Curry 36«. Bis tief in die Nacht herrscht Hochbetrieb und gute Stimmung bei alteingesessenen Kreuzbergern, Taxifahrern, Kino- und Partygängern. Mo–Sa 10–4, So 11–3 Uhr, Mehringdamm 26, U-Bahnhof Mehringdamm. www.curry36.de.

Im »Bier's Kudamm 195« wird zur Wurst Champagner geschlürft, beliebt bei Promis, Nachtschwärmern und Geschäftsleuten. So–Do 11–5 Uhr, Fr+Sa 11–6 Uhr, Tel. 030/8818942, Kurfürstendamm 195, Bus M19/M29 Bleibtreustraße.

Luxus
»Currywurst vom Zander« bietet ein Yuppie-Menü mit Trüffel-Pommes, Blattgold und Schampus auf den Wochenmärkten Hackescher Markt, Do 9–18 Uhr sowie auf dem Kollwitzplatz im Prenzl'berg, Sa 9–16 Uhr. Die Edel-Curry auf weißem Porzellan im Hotel Adlon kostet 16,50 Euro und wird mit Pommes im Glas serviert, Restaurant Quarée, tgl. 6.30–23 Uhr, Pariser Platz.

Vegetarisch
Bio-Currywurst und Bio-Pommes gibt's bei »Witty's« und »Fritz & Co« auf dem Wittenbergplatz. Der »Frittiersalon« im Friedrichshainer Szenekiez bietet Bio-Würste für Veganer mit handgeschnitzten Pommes, wahlweise auch gezuckert. Boxhagener Straße 104, www.frittiersalon.de. (md)

INFO

Im **Deutschen Currywurstmuseum** dreht sich alles um die Wurst inklusive einer laufenden Presswurst. tgl. 10-22 Uhr, 11 Euro, Tel. 030/88718647, www.currywurstmuseum.de, Schützenstraße 70, U-Bahn Stadtmitte.

Anhang

Club der Visionäre in Kreuzberg

Berlin in Zahlen

Geografische Lage:	Berliner Rathaus 52° 31' 12" nördlicher Breite, 13° 24' 36" östlicher Länge (übrigens dieselbe geografische Breite wie London und Länge wie Neapel).
Länge der Stadtgrenze:	234 km
Größte Ausdehnung:	Ost-West 45 km; Nord-Süd 38 km (das ist neunmal so groß wie Paris)
Stadtgebietsfläche:	892 km^2
Bezirke:	12
Größter See:	Großer Müggelsee 743,3 ha
Längster Fluss:	Spree 45,1 km
Längster Kanal:	Teltowkanal 29,1 km
Brücken:	1.700
Schiffbare Wasserstraßen:	über 180 km
Höchste natürliche Bodenerhebung:	Müggelberge: 115 m
Höchstes Gebäude:	Fernsehturm 368 m
Einwohner:	3. 443.570.11 (2009)
BIP:	ca. 90 Mrd. Euro (2009)
Arbeitslosenquote:	14,2% (2010)
Öffentliches Straßennetz:	5.361 km (2007)
Gesamtstreckenlänge von U-, S-, Tram- und Buslinien:	2.368,1 km (2007)
Straßenbäume:	428.444 (2008)
Kleingärten:	74.526 (2008)
Grünflächen:	30 Prozent des Gebietes sind Parks und Wälder oder Flüsse, Seen und Wasserstraßen. Damit ist Berlin die grünste Metropole Deutschlands.
Kinderspielplätze:	1.842 (2008)
Besucher:	7.905.145 (2008)
Übernachtungen:	17.770.277 (2008)
Bühnen:	51 (2007)
Bühnenvorstellungen:	9.699 (2008)
Museen:	170 (2008)
Filmtheater:	284 (2008)
Restaurants, Bars, Kneipen	ca. 6.000.
Universitäten und Hochschulen	31 (2008)
Studierende (Wissenschaftliche Hochschulen, Kunsthochschulen und Fachhochschulen)	135.327 (12/2008)

Geschichtlicher Abriss

1237 gilt offiziell als Jahr der Stadtgründung. Cölln wird in diesem Jahr erstmals urkundlich erwähnt, Berlin 1244.

1230 Bau der Nikolaikirche im heutigen Nikolaiviertel.

1307 Berlin und Cölln schließen sich zusammen.

1411 Friedrich VI. aus dem Hause Hohenzollern wird Hauptmann der Mark, die über 500-jährige Hohenzollernherrschaft in Berlin beginnt.

1443 Grundsteinlegung zum späteren Berliner Stadtschloss. Die Bauarbeiten dauern bis 1716.

1658–83 Berlin und Cölln werden als Festung mit 13 Bastionen ausgebaut. Reste kann man heute am Märkischen Museum besichtigen.

1685 Kurfürst Friedrich Wilhelm, erlässt das »Toleranzedikt von Potsdam«. Viele der in Frankreich verfolgten Hugenotten ziehen nach Berlin und in die Mark Brandenburg.

1688 20.000 Einwohner, Aufschwung von Wirtschaft und Handel.

1695 Kurfürst Friedrich III. lässt bei Lietzenburg ein Schloss für seine Frau Sophie Charlotte bauen. Nach ihrem Tod 1705 wird es in »Schloss Charlottenburg« umbenannt.

1701 Kurfürst Friedrich III. wird in Königsberg zum König Friedrich I. von Preußen gekrönt. Berlin wird königliche Residenzstadt.

1709 Vereinigung der fünf Städte Berlin, Cölln, Friedrichswerder, Dorotheenstadt und Friedrichstadt zur Haupt- und Residenzstadt Berlin. Die Stadt hat 55.000 Einwohner.

1726 Aus einem 1709 errichteten Pesthaus entsteht die Charité, heute das älteste Krankenhaus Berlins und älteste medizinische Bildungseinrichtung in Deutschland.

1732 Bis 1739 kommen rund 1.200 böhmische Glaubensflüchtlinge nach Berlin. 1737 gründen sie Böhmisch-Rixdorf (heute Neukolln).

1734–37 Die alte, 1658–83 errichtete Stadtmauer wird abgerissen und durch eine 14,5 km lange Zoll- und Akzisemauer ersetzt, die 14 Tore hat. Sie sollte sowohl den Warenschmuggel unterbinden als auch das Desertieren von Soldaten verhindern.

1770 Der Weg vom Stadtschloss zum Tiergarten wird zur Prachtstraße ausgebaut (Unter den Linden).

1806 Am 27. Oktober zieht Napoleon in Berlin ein, die Stadt bleibt bis Ende 1808 von französischen Truppen besetzt.

1810 Im Prinz-Heinrich-Palais Unter den Linden wird Berlins erste Universität eröffnet, die heutige Humboldt-Universität.

1838 Potsdam und Berlin werden durch die erste Eisenbahnlinie in Preußen miteinander verbunden.

1844	Am Großen Tiergarten wird als erster Zoo Deutschlands der Zoologische Garten eröffnet. Bis zur Jahrhundertwende ist er der größte Tierpark der Welt.
1848	Ausbruch der Revolution in Berlin, die im November 1848 mit dem Einmarsch preußischer Soldaten endet. Viele Aufständischen werden auf dem »Friedhof der Märzgefallenen« im Volkspark Friedrichshain beigesetzt.
1871	Berlin wird Hauptstadt des Deutschen Reiches und politisches, ökonomisches und wissenschaftliches Zentrum des Kaiserreichs.
1877	Die Einwohnerzahl überschreitet die Millionengrenze.
1902	Die erste Berliner U-Bahnlinie zwischen Warschauer Brücke und Knie (heute Ernst-Reuter-Platz) nimmt ihren Betrieb auf.
1907	Am Wittenbergplatz wird das Kaufhaus des Westens, KaDeWe, eröffnet.
1918	Revolution in Berlin. Abdankung Kaiser Wilhelms II. und Übernahme der Regierung von Friedrich Ebert (SPD). Ausrufung der freien deutschen Republik.
1919	Niederschlagung des Spartakusaufstands. Am 15. Januar werden Karl Liebknecht und Rosa Luxemburg im Tiergarten ermordet.
1920	7 umgebende Städte, 59 Landgemeinden und 27 Gutsbezirke werden nach Berlin eingemeindet, die Einwohnerzahl beträgt 3,8 Millionen. Berlin entwickelt sich in den Zwanziger Jahren zur legendären Kulturmetropole.
1923	Die Inflation erreicht ihren Höhepunkt. Ein Kilo Roggenbrot kostet 3,6 Millionen Mark.
1929	Die Weltwirtschaftskrise erfasst Berlin, über eine halbe Millionen Arbeitslose.
1933	Hitler wird Reichskanzler.
1936	Olympische Sommerspiele, die zur Propagandaschlacht für die Nazis werden.
1938	Reichskristallnacht
1939	Kriegserklärung an Polen, Berlin wird zum Ausgangspunkt des Zweiten Weltkriegs.
1942	Wannsee-Konferenz
1945	Im April findet die »Schlacht um Berlin« statt. Hitler begeht am 30. April Selbstmord, am 2. Mai Einstellung aller Kampfhandlungen der deutschen Wehrmacht. Für Berlin ist der Krieg beendet. Am 9. Mai erfolgt die bedingungslose Kapitulation Deutschlands.
1946–49	Berlin entwickelt sich nach Uneinigkeiten zwischen der Sowjetunion auf der einen und der Alliierten auf der anderen Seite zum Zentrum des »Kalten Krieges«.
1948	Blockade der Westsektoren von Juni 1948 bis Mai 1949 durch die Sowjetunion, die »Luftbrücke« versorgt die ganze Stadt aus der Luft.

1949 Am 23. Mai Gründung der Bundesrepublik Deutschland aus den Westzonen. Bonn wird »ersatzweise« zur Hauptstadt des neuen Staates. Am 7. Oktober Gründung der DDR, Ost-Berlin wird Hauptstadt.

1950 Sprengung des Berliner Stadtschlosses als »Symbol des preußischen Feudalismus«.

1953 17. Juni Volksaufstand in der DDR, Forderung nach Abschaffung des SED-Regimes. Der Aufstand wird von sowjetischen Truppen blutig niedergeschlagen. Es kommt zu mehreren hundert Toten, über 1.000 Verletzten und zahlreichen Verhaftungen.

1961 Am 13. August beginnt die DDR mit dem Bau einer Mauer entlang der Sektorengrenze.

1963 17. Januar: Besuch des sowjetische Partei- und Staatschef Nikita Chruschtschow in Ost-Berlin. 26. Juni: US-Präsident Kennedy hält seine berühmte Rede vor dem Rathaus Schöneberg.

1971 Unterzeichnung des Vier-Mächte-Abkommen. Dadurch wird Transitverkehr durch die DDR sowie Besuche von Ost nach West und umgekehrt zum Teil möglich.

1989 Am 7. Oktober feiert die DDR in Ost-Berlin unter zahlreichen Protesten den 40. Jahrestag. Am 18. Oktober erklärt Erich Honeckers seinen Rücktritt. Egon Krenz wird sein Nachfolger. Am 4. November versammeln sich Hunderttausende Bürger Ost-Berlins zu einer Demonstration auf dem Alexanderplatz: Die Auseinandersetzungen um die neue Reiseregelung eskaliert. Am 9. November öffnet die DDR die Mauer in Berlin.

1999/2000 Am 19. April findet die erste Sitzung des Deutschen Bundestages im neu gestalteten Reichstagsgebäude statt.

2001 Mit der Fertigstellung des neuen Bundeskanzleramts, das im Mai 2001 bezogen wird, ist die Verlegung von Bundestag und Bundesregierung offiziell abgeschlossen.

2005 Einweihung des Holocaust-Denkmals

2008 Der Flughafen Tempelhof wird geschlossen und im Mai 2010 als größter Park Berlins wieder zugänglich gemacht.

2009 Abriss des Palasts der Republik

2014 Geplanter Beginn für den Wiederaufbau des Stadtschlosses – wenn die Finanzen es zulassen

Besondere Unterkünfte – eine (ganz) kleine Auswahl

Ostel, Wriezener Karree 5, 10243 Berlin, Tel. 030/25768660, contact@ostel.eu, http://ostel.eu. Als DDR-Design-Hotel bezeichnet sich diese Unterkunft, und sie hält Wort: in einem Plattenbau untergebracht, kann man z. B. im »Pionierlager« schon ab neun Euro pro Person im Mehrbettzimmer nächtigen, Ost-Charme inklusive. Etwas exklusiver geht es in der »DDR-Ferienwohnung« für bis zu sechs Personen zu. Auch diese ist mit Original 60er- und 70er-Jahre-DDR-Möbeln, Schrankradios und bunten Tapeten bestückt. Zimmer mit eigenem Bad (ca. 61 Euro pro Zimmer) gibt es übrigens auch. Direkt am Ostbahnhof gelegen, in der Nähe der East Side Gallery. Für (N)Ostalgiker.

DDR-Charme im Ostel

11. Himmel, Wittenberger Straße 85, 12689 Berlin, www.pension-11himmel.de. Ebenfalls außergewöhnlich sind die beiden Kulturpensionen in der 10. und 11. Etage eines Plattenbaus mitten in Marzahn. Übernachten kann man in Hängematten oder einem der Themenzimmer (unter anderem »Wie bei Oma zuhause«). Träger ist der Kinderring Berlin, und die Pension wird von Jugendlichen zwischen 11 und 16 Jahren geführt. Am Morgen wird ein Frühstück serviert. Es gibt drei Doppelzimmer, zwei Einzelzimmer, Bibliothek, Kaminsalon, Küche, Esszimmer, Bad, Wintergarten, das ganze kostet 11 Euro pro Nacht und Person inkl. Frühstück (und 2 Euro für Bettwäsche).

EastSeven Berlin Hostel, Schwedter Str. 7, 10119 Berlin, info@EastSeven.de, Tel. 030/93622240, www.EastSeven.de, zentral gelegen im Prenzlauer Berg, 80 m von der U-Bahnstation »Senefelder Platz« (U2). Vom über einer Millionen Teilnehmern vom Internetportal Hostelworld.com zu »Germanys Best Hostal 2009« gewählt, Kriterien waren dabei u.a. Sauberkeit, Mitarbeiter, Lage, Charakter, Sicherheit und Spaßfaktor. Das Hostel wird von den Inhabern persönlich geführt, sie stehen den Gästen mit Rat und Tat zur Seite. Es gibt 25 Zimmer für 1–8 Personen, dabei auf jeder Etage mehrere Badezimmer (nach Geschlechtern getrennt). Zudem gibt es Selbstversorgerküche, Wohnzimmer, Garten mit Grillplatz, Wäscheservice und kostenloses WiFi-Internet.

Circus Hotel Berlin, Rosenthalerstraße 1, 10119 Berlin, Tel. 030/20003939, info@circus-berlin.de, www.circus-berlin.de, U-Bahnstation Rosenthaler Platz (U8). Neben liebe- und geschmackvoll eingerichteten Zimmern kann man sich hier auch einen iPod ausleihen, Rollerblades oder ein SmartCar. Im dazugehörigen Restaurant lässt es sich prima speisen, und im grünen Hinterhof lockt Entspannung vom Großstadtleben. DZ ab 80 Euro, Frühstück ab 4 Euro. Insgesamt sehr gutes Preis-Leistungsverhältnis.

Arte Luise Kunsthotel, Luisenstr. 19, 10117 Berlin, Tel. 030/28448-0, www.luise-berlin.com. Wem der Kunstgenuss am Tag nicht ausreicht, der kann auch direkt in einer Galerie übernachten. Im Arte Luise ist jedes Zimmer von einem Künstler gestaltet, unter anderem zu den Themen »Der arme Poet«, »Tribute to Edward Hopper« und »Mauerspringer«. Zentral gelegen, in Sichtweite des Reichstagsgebäude und der Spree, wenige Minuten vom Brandenburger Tor. Preise zwischen 90 und 210 Euro pro Zimmer.

Honigmond Hotel, Tieckstraße 11, 10115 Berlin-Mitte, Tel. 030/284455-0, 300 m entfernt liegt das Schwesterhotel Honigmond Garden Hotel, Invalidenstraße 122, 0115 Berlin-Mitte, Tel. 030/284455-77, www.honigmond-berlin.de, S-Bahnstation Nordbahnhof (S1). Jedes Zimmer ist ein Unikat in diesem kleinen, feinen Boutique-Hotel. Stuckdecken, Ölgemälde, Dielenfußboden und das Mobiliar aus vergangenen Zeiten verbreiten eine gemütliche Atmosphäre. Das Garden Hotel ist in einem denkmalgeschütztes Haus aus dem Jahre 1845 untergebracht, und hat als Besonderheit einen zauberhaften Garten mit Teich, Goldfischen, Wasserfall und Palmen. Ab 125/145 Euro pro Doppelzimmer.

Propeller Island City Lodge, Albrecht-Achilles-Straße 58, 10709 Berlin, Tel. 030/8919016, www.propeller-island.com. Nicht als Designer-Hotel, sondern als »bewohnbares Kunstwerk« bezeichnet sich die Propeller Island Lodge. Jedes Zimmer ist anders, man kann so wahlweise in einem Spiegel-Zimmer nächtigen, sich in Sargbetten vom Sightseeing erholen, »Upside Down« übernachten (wo Bett, Tisch und Stühle an die Decke genagelt sind), im Castle Room auf einem Mini-Schloss sein Haupt betten oder im »Flying bed« über dem Boden schweben. Preise zwischen 80 und 115 Euro, nur die Two Lions kosten 190 Euro. Preis pro Person, jede weitere Person im Zimmer kostet 15 Euro.

Hollywood Media Hotel, Kurfürstendamm 202, 10719 Berlin, Tel. 030/88910-0, www.filmhotel.de. Direkt am Kurfürstendamm gelegen, hier ist der Name Programm: Besitzer des Hotels ist der Produzent Artur Brauner. Jedes

Zauberhafter Garten des Honigmond Garden Hotels

der 182 Zimmer ist mit Postern oder Fotografien dekoriert und einem Filmstar oder Regisseur gewidmet. Preise ab 100 Euro pro Zimmer, es sind auch Pakete, z.B. mit Musicalbesuch buchbar.

Hotel Q Berlin, Knesebeckstr. 67, 10623 Berlin, www.loock-hotels.com. Stylish geht's in diesem klassischen Designer-Hotel zu. Ausstattung der Zimmer mit der Besonderheit, dass die Badewanne das zentrale Element ist – und mit Waschbecken direkt neben dem Bett steht. Ob man das praktisch findet, muss der Gast entscheiden... Unten im Hotel gibt es einen Wellness-Bereich. Zentrale Lage, direkt am Ku'damm. Doppelzimmer ab 150 Euro.

Lux Eleven, Rosa-Luxemburg-Str. 9-13, 10178 Berlin, Tel. 030/9362800, www.lux-eleven.com. In einem renovierten Altbau mitten in Mitte bietet Lux Eleven elegante, in Weiß gehaltene Apartments mit kleiner Küche, z.T. auch Waschmaschine. Wem das nicht reicht, der kann auch in eines der riesigen Penthäuser mit Dachterrasse einziehen. Mindestaufenthalt 3 Nächte, das kleinste Apartment kostet 165 Euro pro Nacht, die Suiten ab 205 Euro.

Unter z.B. folgenden Internetadressen kann man günstig Hotels buchen:

- www.booking.de
- www.expedia.de
- www.hotel.de
- www.hrs.de
- www.visitberlin.de

Berlin mit Kindern

Auch für Familien gibt es in Berlin viel zu erleben. Zum einen gibt es eine Reihe von Stadtführungen, die sich auf Kinder spezialisiert haben (z.B. www.berlin-mit-kindern.de) und nach Absprache eine Tour für die ganze Familie organisieren. Zum anderen gibt es eine ganze Reihe von Sehenswertem, mit dem man auch so manches Kind begeistern kann. Im Folgenden ein paar ausgesuchte Sehenswürdigkeiten, die Kindern gefallen könnten – ohne Anspruch auf Vollständigkeit. Auf www.visitberlin.de gibt es zudem eine Reihe von Vorschlägen für Stadtrundgänge, die entweder an vielen Spielplätzen vorbeiführen (z.B. dem am Kollwitzplatz am Prenzlauer Berg oder dem Indoor-Spielplatz ganz in der Nähe des Checkpoint-Charlie am U-Bahnhof Kochstraße), mit einem Besuch im Freibad enden (z.B. dem Kinderbad am Monbijouplatz an der Oranienburgerstraße), einen Abstecher ins Technik Museum mit vielen Mitmach-Attraktionen oder einen Besuch im berühmten Berliner Zoo beinhalten. Abends gibt es neben dem GRIPS-Theater (s. S. 136) noch weitere, auf Kinder abgestimmte Aktivitäten.

FEZ Berlin: Das FEZ-Berlin ist ein großes gemeinnütziges Kinder-, Jugend- und Familienzentrum, das im Südosten Berlins in einem Waldgebiet gelegen ist. Auf 100.000 m^2 Outdoor- und 13.000 m^2 Indoor-Nutzfläche gibt es unter anderem die Astrid-Lindgren-Bühne, wo Theaterstücke aufgeführt werden, Schwimm- und Sporthalle, Konzertsäle, FEZino Kinderkino, eine Ökoinsel und ein Zirkuszelt, viele Spielplätze, Badesee und Liegewiese, Kletterturm und Bungalowdorf. Im FEZ- Museum finden wechselnde Mitmach-Ausstellungen statt. Info und Programm: FEZ Berlin, Straße zum FEZ 2, 12459 Berlin Tel. 030/53071-0, www.fez-berlin.de, info@fez-berlin.de, in der Schulzeit geöffnet von Di–Fr 9–22 Uhr, Sa 13–19, So 12–18 Uhr. In den Ferien abweichende Öffnungszeiten, bitte vorher erkundigen.

Mach mit Museum. Senefelderstr. 5, 10437 Berlin, Tel. 030/7477 8200, Di–So 10–18 Uhr, Mo geschlossen, 4,50 Euro, Kinder unter 3 Jahren frei, info@machmitmuseum.de, www.machmitmuseum.de Wie der Name schon sagt: hier geht es ums Mitmachen, Entdecken, Probieren, Erforschen.

Deutsches Technikmuseum, Trebbiner Straße 9, Kreuzberg, Telefon 030/90 254-0, www.sdtb.de, Di–Fr 9–7.30, Sa/So 10–18 Uhr, Mo geschlossen, U-Bahnhof Gleisdreieck. Schon draußen hängt ein Flugzeug auf dem Dach, drinnen gibt es ein weites Spektrum von alter und neuer Technik und ihren Bezügen zur Kultur- und Alltagsgeschichte des Menschen zu bewundern. Vorführungen, Besucheraktivitäten und Führungen machen es auch für Kinder interessant.

Labyrinth Kindermuseum, Berlin Osloer Straße 12, Wedding, Tel. 030/800 93 11 501, www.labyrinth-kindermuseum.de, Fr/Sa 13–18, So 11–18 Uhr, in den Berliner Schulferien auch Werktags, vorher erkundigen, U-Bahnhof Osloer Straße. »Erlebnisausstellungen« mit zahlreichen Aktivitäten für Kinder, bis November 2010 geht es z.B. um die Ausstellung »Alle anders anders«. Herzstück ist neben zahlreichen anderen Stationen ein großer Irrgarten. Hier ist der Weg das

Ziel, denn die Wege des Irrgartens führen Kinder über den Nicht-den-Boden-Berühren-Weg, die Kalt-Warm-Stachelig-Weich-Fußtastpfade, können testen, ob sie alle Farben erkennen und vieles mehr.

ATZE Musiktheater, Luxemburger Straße 20, 13353 Berlin, Tel: 030/ 81799188, www.atzeberlin.de, U-Bahnhof Amrumer Str. (U9), Bus 221, 14. Jugend- und Musiktheater. Klassiker wie »Ronja Räubertochter« und »Oh wie schön ist Panama« stehen neben eigenen Stücken wie »Hier kommt Lupe« und »SMS von Wolke 7«.

Filmpark Babelsberg, Großbeerenstraße, 14482 Potsdam-Babelsberg, Öffnungszeiten wechseln je nach Jahreszeit, daher vorher erkundigen. Eintritt Kinder 13 Euro, Erwachsene 20, Familienkarte 60 Euro. www.filmpark-babelsberg.de. Hinkommen: ½ Stunde von Berlin Hauptbahnhof zum Filmpark: Regionalbahn bis Bhf. Medienstadt-Babelsberg, 5 Minuten Fußweg oder mit der S7 bis S-Bhf. Babelsberg, weiter mit dem Bus 690. Vom Dschungel-Abenteuerspielplatz über das Sandmann-Haus bis hin zu Panama – Janoschs Traumland bietet der Park einiges für die Kleinen – und Großen. Zum Abschluss kann man im Prinz-Eisenherz-Erlebnisrestaurant speisen.

AbenteuerPark Potsdam, Albert-Einstein-Str. 49, 14473 Potsdam, Tel. 0331/ 6264783, www.abenteuerpark.de. Der Kletterwald mit einer Gesamtlänge von 1,5 Kilometer bietet echten Outdoor-Spaß für Kinder und Erwachsene. Highlight ist die 200 Meter lange Seilrutsche. Daneben gibt es zehn verschiedene Parcours, die auf ein bis zwölf Meter Höhe direkt in den Bäumen installiert sind. Im Waldbistro mit Sonnenterrasse und Biergarten kann man sich im Anschluss stärken.

Ein lohnender Ausflug für Familien: der AbenteuerPark Potsdam

Festivals und Events

Berlin ist reich an Veranstaltungen. Neben den bekannten Festivals gibt es zahlreiche kleinerer Straßen- und Volksfeste, die meist innerhalb eines Viertels stattfinden. Diese reichen vom Spandauer Frühlingsfest, Straßenfest zur Britzer Baumblüte, Köpenicker Weinfest, dem Traditionellen Treptower Hafenfest über den Internationalen Kulturlustgarten und Steglitzer Festwochen bis hin zum Bergmannstraßenfest Kreuzberg jazzt, Berlin lacht! Internationales Straßentheater Festival und dem Fest der Nationen in Charlottenburg. Weitere Infos auf www.kiez-und-kultur.de, www.catering-company-berlin.de, www.berlin-lacht.de, www.jazz-in-town-berlin.de und eine komplette Auflistung von Straßenfesten www.berlin.de/sen/wirtschaft/service/maerkte.html.

Aktuelle Infos zu allen Veranstaltungen jeglicher Art unter www.visitberlin.de, aktuelle Ausstellungseröffnung in Berliner Galerien finden sich unter www.kunst-magazin.de und www.art-in-berlin.de, bei www.eventim.de kann man Karten für viele Veranstaltungen bestellen, und unter www.zitty.de und www.tip-berlin.de finden sich so gut wie alle Veranstaltungen der Stadt aufgelistet.

Im Folgenden ein kleiner Überblick über die größten Veranstaltungen – ohne Anspruch auf Vollständigkeit:

Januar

Berliner Neujahrslauf: wer fit ins neue Jahr starten will kann sich am 1.1.2012 am Brandenburger Tor einfinden und ca. 4 km zum Berliner Dom und zurück laufen. Die Teilnahme kostet nichts, es wird um Spenden für UNICEF gebeten. Infos unter www.berliner-neujahrslauf.de.

Grüne Woche: die weltgrößte Messe für Ernährung, Landwirtschaft und Gartenbau und findet Ende Januar auf dem Berliner Messegelände statt. Ein Besuch lohnt zum Probieren von Obst und Gemüse, Fisch, Fleisch sowie Molkereiprodukte und internationalen Spezialitäten. Auch das Wein-, Bier- und Spirituosen-Angebot lässt keine kulinarischen Wünsche offen. Termin: 20.–29.01.2012. Infos unter www.gruenewoche.de.

Berliner Sechstagerennen: renommiertes Radsport-Event, das erstmals bereits 1909 stattfand. Steher-Rennen, Derny-Wettkämpfe, Sprinter-Championate und Showprogramm. Velodrom an der Paul-Heyse-Straße, Bahnhof Landsberger Allee. Termin: 26.01.-31.01.2012, Infos unter www.sechstage rennen-berlin.de.

Lange Nacht der Museen: Konzerte, Theater, Lesungen und Kulinarisches in vielen Berliner Museen (27.08.2011, findet auch im Januar statt). Infos unter www.lange-nacht-der-museen.de, www.kulturprojekte-berlin.de.

Februar

Berlinale International Film Festival: eines der wichtigsten europäischen Filmfestivals, die Hauptevents finden am Potsdamer Platz statt, aber Filme werden in Kinos in der ganzen Stadt gezeigt. Termin: Mitte Februar 2012. Infos und

Tickets unter www.berlinale.de. Der reguläre Kartenvorverkauf beginnt in der Regel erst drei Tage vor Festivalbeginn.

März

ITB: die weltgrößte Touristiker- und Reisemesse zieht nicht nur Fachbesucher an, sondern auch alle die, die noch Infos für das nächste Urlaubsziel suchen – landestypische Verköstigungen inklusive. Termin: 12.–13.3.2011, Infos unter www.itb-berlin.de.

MaerzMusik: ein »Festival für aktuelle Musik« mit zahlreichen Ur- und deutschen Erstaufführungen unter der Leitung der Berliner Festspiele, mit Veranstaltungen unter anderem im Haus der Berliner Festspiele, Haus der Kulturen der Welt, Konzerthaus am Gendarmenmarkt und Philharmonie am Potsdamer Platz. Termin: 18.–27.03.2011. Infos unter www.berlinerfestspiele.de.

April

Lange Nacht der Opern und Theater: Auf über 20 Bühnen, darunter Staatsoper Unter den Linden, die Komische Oper, das Maxim-Gorki-Theater, das Deutsche Theater, Heimathafen Neukölln, Ballhaus Ost, finden bis in die Nacht kurze Aufführungen statt. Für Kinder gibt es spezielle Programme mit Zauberei, Zirkus, Mitmach- und Marionettentheater. Es verkehren Shuttle-Busse. Termin: 16.04.2011. Infos unter www.kulturprojekte-berlin.de und www.berlin-buehnen.de.

Mai

Karneval der Kulturen: Viertägiges Straßenfest, das 2010 mit 99 Gruppen, 4.500 Teilnehmer, 60 Wagen, 70 Nationen aufwarten konnte. Höhepunkt ist der Straßenumzug, zudem gibt es einen Kinderkarneval. Termin: 11.–13. Juni 2011, Infos unter www.karneval-berlin.de.

Theatertreffen 2011: Festival mit ausgewählten deutschsprachigen Theaterproduktionen der aktuellen Saison, findet u.a. im Haus der Berliner Festspiele statt. Termin: 06.–22.05.2011, Infos unter www.berlinerfestspiele.de.

Juni

CSD Parade: Berliner Christopher Street Day, startet am Kurfürstendamm über Potsdamer Platz bis Siegessäule. Termin: 25. Juni 2011. Infos unter www.csd-berlin.de.

48 Stunden Neukölln: Kunst- und Kulturfestival im Norden Neuköllns. Termin: 17.–19. Juni 2011. Infos unter www.48-stunden-neukoelln.de.

Sandsation Festival: Internationaler Sandskulpturen-Wettbewerb, Kultur- und Kinderprogramm. Termin: Juni–August 2011, Infos unter www.sandsation.de (s. a. S. 132).

Lesbisch-Schwules Stadtfest: Rund um den Nollendorfplatz, mit Musik, Diskussionen, Essen & Trinken. Termin; 18.–19.06.2011, Infos unter www.regenbogenfonds.de.

Juli

Classic Open Air: Klassikfestival am Gendarmenmarkt mit Open-Air- Bühne. Termin: 30.06.–05.07.2011. Infos unter www.classicopenair.de.

August

Tanz im August: Termin: 12.08.–28.08.2011. Infos unter www.tanzim august.de und www.kulturprojekte-berlin.de.
Historiale: Geschichtsfestival mit Kulturprogramm und vielen Stadt- und Museumsführungen. Das Publikum soll »auf Tuchfühlung« mit historischen Epochen gebracht werden. Termin: letzte Augustwoche 2011, das Thema ist »Hauptstadt der Spione – Berlin im Kalten Krieg«. Infos unter www. historiale.de.
Lange Nacht der Museen: Konzerte, Theater, Lesungen. Termin: 27.08.2011. Infos unter www.lange-nacht-der-museen.de.

September

Musikfest Berlin: Internationales Orchesterfestival, unter anderem in der Philharmonie und im Haus der Berliner Festspiele. Weltberühmte Orchester, Dirigenten und Solisten gibt es zu sehen. Termin: 01.–19.09.2011. Infos unter www.berlinerfestspiele.de und www.berliner-philharmoniker.de.
Berlin Music Week: Musikfestival, Konzerte und Veranstaltungen in der ganzen Stadt, Termin; 07.–11.09.2011, Infos unter www.berlin-music-week.de.
Internationales Literaturfestival Berlin: Lesungen, Gespräche mit Autoren, Diskussionen, Literaturverfilmungen etc. Termin 07.–18.09.2011. Infos unter www.berlinerfestspiele.de und www.literaturfestival.com.
Internationale Funkausstellung: Neuheiten aus der Welt der Technik. Termin: 02.–07.09.2011. Infos unter www.ifa-berlin.de.
Berlin Marathon: Termin: 25.09.2011, Infos unter www.berlin-marathon.com.

Oktober

Festival of Lights: Illuminationen von Berliner Wahrzeichen (Dom, Brandenburger Tor), Kunst- und Kulturveranstaltungen. Termin: 18.–30.10.2011, Infos unter www.festival-of-lights.de.
art forum berlin: Internationale Kunstmesse mit etablierten und Nachwuchskünstlern, auf dem Berliner Messegelände. Termin: 29.09.2011–02.10.2011. Infos unter www.messe-berlın.de.

November

JazzFest Berlin: Jazzkonzerte, unter anderem im Haus der Berliner Festspiele und im Quasimodo, Termin: 03.–06.11.2011. Infos unter www.berlinerfest spiele.de.

Dezember

Zahlreiche **Weihnachtsmärkte** in der ganzen Stadt (s. a. S. 48).

Praktische Informationen

Information

Berlin Tourismus erreicht man unter Tel. 030/250025, information@visitberlin.de, www.visitberlin.de. In der Stadt gibt es mehrere **Infostores**, die bei der Planung von Aktivitäten behilflich sind, Tickets für Veranstaltungen und Stadtrundfahrten buchen und Hotels reservieren. Mit der **Berlin Welcome Card** kann man alle öffentlichen Verkehrsmittel nutzen und hat Rabatt bei über 150 Sehenswürdigkeiten.

Infostores:
Hauptbahnhof, Erdgeschoss / Eingang Europaplatz, täglich 8–22 Uhr
Neues Kranzler Eck, Nahe Zoo / Kudamm, Kurfürstendamm 21, Mo–Sa 10–20 Uhr, So 10–18 Uhr (erweiterte Öffnungszeiten von April–Oktober)
Brandenburger Tor, Pariser Platz / südliches Torhaus, täglich 10–18 Uhr (erweiterte Öffnungszeiten von April–Oktober)
ALEXA Shopping Center, Nahe Alexanderplatz, Grunerstraße 20 / Erdgeschoss, Mo–Sa 10–20 Uhr (erweiterte Öffnungszeiten von April–Oktober)
Aussichtsplattform Humboldtbox, Schlossplatz, täglich 10-18 Uhr
Zudem gibt es Informationsstände den an den Flughäfen Tegel und Schöneberg.

Stadtführungen

Es gibt zu fast jeder Thematik eine entsprechende Führung – sei es für Kinder, für Film-Fans, Kunstbegeisterte, Feinschmecker oder Nachteulen. Daneben gibt es natürlich noch zahlreiche Unternehmen, die Rundfahrten mit einem offenen Doppeldecker-Bus anbieten – für ein erstes Kennenlernen keine schlechte Idee. Im Folgenden eine kleine Auswahl:
art:berlin: veranstaltet Führungen mit den Schwerpunkten Kunst, Kultur, Architektur, Literatur und Mode (www.artberlin-online.de).
Berlin mit Kindern: bietet maßgeschneiderte Touren für die ganze Familie (www.berlin-mit-kindern.de).
Sightwalks: Das Unternehmen bietet Erlebnisstadtführungen durch Berlin an, und hier ist der Name Programm. Norbert Mielke, der Inhaber, „moderiert" den Rundgang mit Spaß und Begeisterung, statt sich nur mit Geschichtsdaten aufzuhalten. Sehr empfehlenswert (www.sightwalks.de).
Eat the World: kulinarische Stadtführung, bei der man einiges probieren kann (www.eat-the-world.com).
Free Berlin Tours: bekanntes und unbekanntes Berlin mit dem Rad entdecken, mit Robert Müller (www.fahrradtouren-berlin.com).
GoArt!: Galerie- und Atelierrundgänge durch die Berliner Kunstszene sowie thematische und maßgeschneiderte Führungen mit Schwerpunkt Architektur (www.goart-berlin.de).
Lobby Control: Die etwas andere Stadtführung führt an 55 Stationen in den Berliner Lobbydschungel ein. Organisationen und Kampagnen sowie Methoden und Tricks werden erläutert. Sehr interessant (www.lobbycontrol.de).
Panorama-b.de: bietet sowohl die »Klassiker« als auch Architekturführungen und Touren zur Stadtgeschichte und nach Potsdam (www.panorama-b.de).

Tipp: DB-Fahrrad mieten

Überall in Berlin gibt es die DB-Fahrradstationen, an denen man sich ein Rad mieten kann. Wie geht's: Call-a-Bike-Kunde werden entweder online oder telefonisch unter der Nummer 07000/5225522 (2,6 Cent/Min. aus dem Festnetz). Am gewünschten Rad muss man auf das Schloss schauen: Blinkt es grün, ruft man die rot umrandete Telefonnummer auf dem Schloss-Deckel an (wenn das Schloss rot blinkt, ist das Rad belegt). Dann erhält man einen vierstelligen Öffnungscode, mit dem man das Schloss nach Anweisung öffnen kann. Möchte man eine Pause machen, den seitlichen Sperrknopf zum Verriegeln drücken (dabei der Anleitung auf dem Display folgen, damit der Code seine Gültigkeit behält). Zum Abgeben einfach das Rad an der nächstgelegenen größeren Straßenkreuzung abschließen, der Anleitung auf dem Display folgen und noch einmal die Nummer auf dem Schloss anrufen. Das ganze kostet 5 Euro Startkosten, die aber als Fahrtguthaben angerechnet werden. Danach kostet jede Minute 0,08 Ct., 24 Std. 12 Euro, sieben Tage 60 Euro. Infos unter www.callabike-interaktiv.de.

Videobustour: In einem mit Monitoren ausgestatteten Bus geht es zu den Drehorten und Schauplätzen berühmter Berlin-Filme, die Ausschnitte kann man dabei auf den Bildschirmen sehen (www.videobustour.de).
Sightseeing Point GmbH Berlin: bietet eine riesige Palette von Stadtführungen per Bus, zu Fuß, mit den ÖPNV sowie mit dem Fahrrad in Berlin und Potsdam (www.sightseeing-point.de).

Wochenmärkte

Berliner Wochenmärkte haben eine lange Tradition, und in jedem Viertel finden sie auf vielen Plätzen an zwei Tagen in der Woche statt. Besonders empfehlenswert ist ein Abstecher zum Markt auf dem Winterfeldtplatz in Schöneberg. In der Umgebung kann man anschließen in den vielen Antiquariaten stöbern. Weitere sehenswerte Märkte sind am Clausener Platz, Suarez Str., Boxhagener Platz, Chamissoplatz (Marheinekehalle), Reinickendorfer Str., am Hackeschen Markt und am Kollwitzplatz. Aktuelle Infos und Daten unter www.berlin.de/sen/wirtschaft/service/maerkte.html und www.berlin.ihk24.de.

Ökomärkte sind besonders beliebt

Register

Ausgewählte Restaurants im Buch

Abbildungsverzeichnis

AUTOREN

Michael Iwanowski (mi) ist Reisebuchautor und Verleger und unternimmt seit 35 Jahren Reisen in beinahe alle Teile der Welt. Seit einigen Jahren ist er auch in Berlin heimisch und verfolgt mit Begeisterung die rasante Entwicklung dieser Stadt. Mit diesem Buch möchte er dem Leser Lust auf mehr machen – auf mehr Berlin. Für die Recherche radelte er exakt 2.634 km in der Stadt und im Umland.

Markus Dallmann (md), Stadtplaner und Stadtführer in Berlin, liebt es, die Besucher von der deutschen Metropole zu begeistern. Der seit über 22 Jahren Wahlberliner ist stets auf der Suche nach neuen Perspektiven und unentdeckten Kostbarkeiten in einer Stadt, deren einzige Konstante in ihrer ständigen Veränderung besteht und daher immer spannend bleibt.

Zudem möchten wir uns an dieser Stelle bei folgenden Autoren ganz herzlich für die Mitarbeit bedanken: **Chantal Miller (cm)** von Dalí – Die Ausstellung, **Jana Klee (jk)** von panorama-b.de, **Rober Müller (rm)** und **Sammlung Boros (sb)**.

Europa

"Die ewige Stadt ist seit Jahrhunderten ein beliebtes Reiseziel – bei deutschen Kaisern und Pilgern ebenso wie bei modernen Touristen. Ein zuverlässiger Begleiter für Individualreisende durch Rom und Latium ist Iwanowskis Führer, der auf 420 Seiten bewährter Gliederung keine Wünsche offen lässt." **Badische Zeitung**

Reisehandbuch Barcelona
354 Seiten,
viele Detailkarten,
ISBN 978-3-933041-34-0
Euro 12,95
durchgehend farbig

Reisehandbuch Lissabon & Umgebung
336 Seiten,
viele Detailkarten,
ISBN 978-3-933041-83-8
Euro 14,95
durchgehend farbig

Reisehandbuch Madrid
350 Seiten,
viele Detailkarten,
ISBN 978-3-933041-27-2
Euro 17,95
durchgehend farbig

Reisehandbuch Moskau & Goldener Ring
288 Seiten, inkl. Reisekarte,
ISBN 978-3-933041-31-9
Euro 17,95
durchgehend farbig

Reisehandbuch Paris & Umgebung
320 Seiten,
viele Detailkarten,
ISBN 978-3933041-84-5
Euro 14,95
durchgehend farbig

Reisehandbuch Nordspanien
560 Seiten,
inkl. Reisekarte,
ISBN 978-3-933041-26-5
Euro 22,95
durchgehend farbig

Reisehandbuch Piemont & Aostatal
414 Seiten,
inkl. Reisekarte,
ISBN 978-3-933041-73-9
Euro 17,95
durchgehend farbig

Reisehandbuch Rom mit Latium
440 Seiten,
viele Detailkarten,
ISBN 978-3-933041-46-3
Euro 14,95
durchgehend farbig

Das komplette Verlagsprogramm unter:

www.iwanowski.de

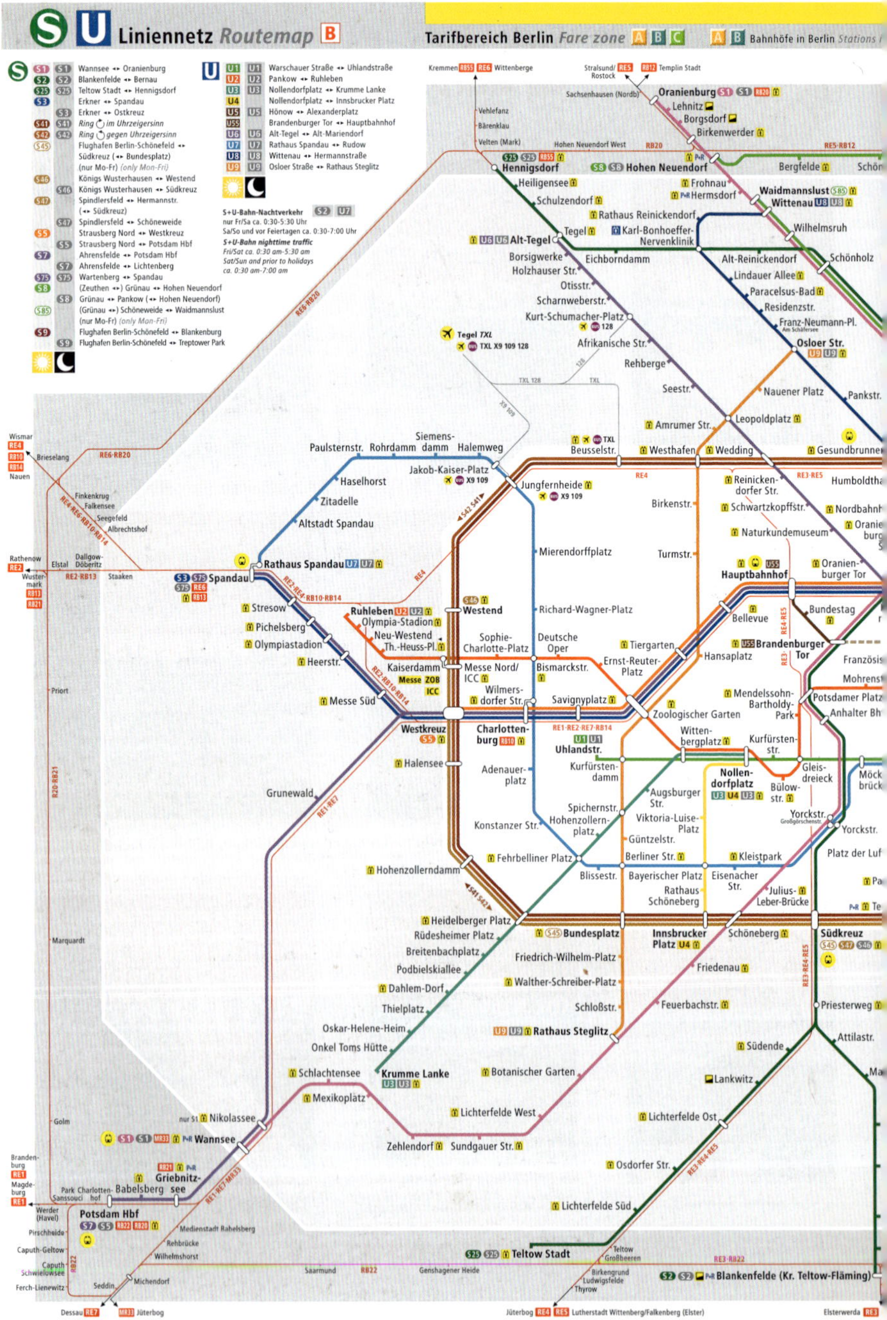

S U Liniennetz Routemap B
Tarifbereich Berlin Fare zone A B C
A B Bahnhöfe in Berlin Stations
S1 Wannsee ↔ Oranienburg
S2 Blankenfelde ↔ Bernau
S25 Teltow Stadt ↔ Hennigsdorf
S3 Erkner ↔ Spandau
S3 Erkner ↔ Ostkreuz
S41 Ring im Uhrzeigersinn
S42 Ring gegen Uhrzeigersinn
S45 Flughafen Berlin-Schönefeld ↔ Südkreuz (↔ Bundesplatz) (nur Mo-Fr) (only Mon-Fri)
S46 Königs Wusterhausen ↔ Westend
S46 Königs Wusterhausen ↔ Südkreuz
S47 Spindlersfeld ↔ Hermannstr. (↔ Südkreuz)
S47 Spindlersfeld ↔ Schöneweide
S5 Strausberg Nord ↔ Westkreuz
S5 Strausberg Nord ↔ Potsdam Hbf
S7 Ahrensfelde ↔ Potsdam Hbf
S7 Ahrensfelde ↔ Lichtenberg
S75 Wartenberg ↔ Spandau
S8 (Zeuthen ↔) Grünau ↔ Hohen Neuendorf
S8 Grünau ↔ Pankow (↔ Hohen Neuendorf)
S85 (Grünau ↔) Schöneweide ↔ Waidmannslust (nur Mo-Fr) (only Mon-Fri)
S9 Flughafen Berlin-Schönefeld ↔ Blankenburg
S9 Flughafen Berlin-Schönefeld ↔ Treptower Park
U1 Warschauer Straße ↔ Uhlandstraße
U2 Pankow ↔ Ruhleben
U3 Nollendorfplatz ↔ Krumme Lanke
U4 Nollendorfplatz ↔ Innsbrucker Platz
U5 Hönow ↔ Alexanderplatz
U55 Brandenburger Tor ↔ Hauptbahnhof
U6 Alt-Tegel ↔ Alt-Mariendorf
U7 Rathaus Spandau ↔ Rudow
U8 Wittenau ↔ Hermannstraße
U9 Osloer Straße ↔ Rathaus Steglitz
S+U-Bahn-Nachtverkehr
nur Fr/Sa ca. 0:30-5:30 Uhr
Sa/So und vor Feiertagen ca. 0:30-7:00 Uhr
S+U-Bahn nighttime traffic
Fri/Sat ca. 0:30 am-5:30 am
Sat/Sun and prior to holidays ca. 0:30 am-7:00 am
Oranienburg
Lehnitz
Borgsdorf
Birkenwerder
Hohen Neuendorf
Bergfelde
Hennigsdorf
Heiligensee
Schulzendorf
Frohnau
Hermsdorf
Waidmannslust
Wittenau
Rathaus Reinickendorf
Karl-Bonhoeffer-Nervenklinik
Wilhelmsruh
Alt-Tegel
Tegel
Borsigwerke
Holzhauser Str.
Eichborndamm
Alt-Reinickendorf
Schönholz
Lindauer Allee
Paracelsus-Bad
Residenzstr.
Franz-Neumann-Pl.
Otisstr.
Scharnweberstr.
Kurt-Schumacher-Platz
Afrikanische Str.
Osloer Str.
Rehberge
Seestr.
Nauener Platz
Pankstr.
Leopoldplatz
Amrumer Str.
Westhafen
Wedding
Gesundbrunnen
Tegel TXL
TXL X9 109 128
Beusselstr.
Paulsternstr.
Rohrdamm
Siemensdamm
Halemweg
Jakob-Kaiser-Platz
Haselhorst
Zitadelle
Altstadt Spandau
Jungfernheide
Reinickendorfer Str.
Humboldthain
Birkenstr.
Schwartzkopffstr.
Nordbahnhof
Naturkundemuseum
Mierendorffplatz
Turmstr.
Hauptbahnhof
Oranienburger Tor
Rathaus Spandau
Spandau
Stresow
Pichelsberg
Olympiastadion
Heerstr.
Messe Süd
Ruhleben
Olympia-Stadion
Neu-Westend
Th.-Heuss-Pl.
Kaiserdamm
Messe ZOB ICC
Westend
Richard-Wagner-Platz
Bellevue
Bundestag
Sophie-Charlotte-Platz
Deutsche Oper
Tiergarten
Brandenburger Tor
Hansaplatz
Messe Nord/ICC
Bismarckstr.
Ernst-Reuter-Platz
Wilmersdorfer Str.
Savignyplatz
Zoologischer Garten
Mendelssohn-Bartholdy-Park
Potsdamer Platz
Anhalter Bhf
Westkreuz
Charlottenburg
Uhlandstr.
Wittenbergplatz
Kurfürstenstr.
Halensee
Adenauerplatz
Kurfürstendamm
Nollendorfplatz
Gleisdreieck
Augsburger Str.
Bülowstr.
Grunewald
Spichernstr.
Viktoria-Luise-Platz
Yorckstr.
Konstanzer Str.
Hohenzollernplatz
Güntzelstr.
Fehrbelliner Platz
Berliner Str.
Kleistpark
Platz der Luftbrücke
Hohenzollerndamm
Blissestr.
Bayerischer Platz
Eisenacher Str.
Rathaus Schöneberg
Julius-Leber-Brücke
Heidelberger Platz
Rüdesheimer Platz
Bundesplatz
Innsbrucker Platz
Schöneberg
Südkreuz
Breitenbachplatz
Friedrich-Wilhelm-Platz
Podbielskiallee
Friedenau
Dahlem-Dorf
Walther-Schreiber-Platz
Thielplatz
Schloßstr.
Feuerbachstr.
Priesterweg
Oskar-Helene-Heim
Rathaus Steglitz
Attilastr.
Onkel Toms Hütte
Südende
Schlachtensee
Krumme Lanke
Botanischer Garten
Lankwitz
Mexikoplatz
Lichterfelde West
Lichterfelde Ost
Nikolassee
Wannsee
Zehlendorf
Sundgauer Str.
Griebnitzsee
Babelsberg
Osdorfer Str.
Potsdam Hbf
Lichterfelde Süd
Teltow Stadt
Blankenfelde (Kr. Teltow-Fläming)
Wismar
Nauen
Brieselang
Finkenkrug
Falkensee
Seegefeld
Albrechtshof
Rathenow
Elstal
Dallgow-Döberitz
Staaken
Wustermark
Priort
Marquardt
Golm
Brandenburg
Magdeburg
Park Sanssouci
Charlottenhof
Werder (Havel)
Pirschheide
Caputh-Geltow
Caputh Schwielowsee
Ferch-Lienewitz
Seddin
Michendorf
Medienstadt Babelsberg
Rehbrücke
Wilhelmshorst
Saarmund
Genshagener Heide
Birkengrund
Ludwigsfelde
Thyrow
Teltow Großbeeren
Kremmen
Wittenberge
Vehlefanz
Bärenklau
Velten (Mark)
Stralsund/Rostock
Templin Stadt
Sachsenhausen (Nordb)
Dessau
Jüterbog
Lutherstadt Wittenberg/Falkenberg (Elster)
Elsterwerda

Legende Legend
Bahnhöfe in Brandenburg Stations in Brandenburg
www.BVG.de www.s-bahn-berlin.de
S+U-Bahn-Linie mit Umsteigemöglichkeit
Urban Rail and Metro line, changing trains optional
Linie des Regionalverkehrs
Line of regional train
Strecke im Bau
Transportation lines under construction
Bus-Anbindung zum Flughafen
Bus service to airport
Fernbahnhof
Long-distance railway station
ZOB Zentraler Omnibusbahnhof
Main bus station
Barrierefrei durch Berlin
Barrier-free Service
Barrierefreier Zugang/Aufzug zum Bahnhof
Entrance barrier-free lift to the station
Barrierefreier Zugang/Aufzug nur zum S-Bahnhof
Entrance barrier-free lift only to the Urban Rail station
Barrierefreier Zugang/Aufzug nur zum U-Bahnhof
Entrance barrier-free lift only to the Metro station
Zugang zum Bahnhof über Rampe
Entrance via ramp to the station
P+R Park & Ride-Möglichkeiten
Options to Park & Ride
BVG
Berliner Verkehrsbetriebe (BVG)
© Bereich
Vertrieb und Marketing (FVM)
Kundenbindung/Fahrgastinformation
10096 Berlin
BVG Call Center: 030 19 44 9
DB BAHN S-Bahn Berlin
S-Bahn Kundentelefon
030 29 74 33 33
Stand: 15. Juni 2010
NE27 Groß Schönebeck (Schorfheide)
RE3 Stralsund/Schwedt (Oder)
OE60 Frankfurt (Oder)
Schmachtenhagen NE27
Wensickendorf NE27
Zühlsdorf
Wandlitzsee
Wandlitz
Basdorf
Schönwalde (Barnim)
Schönerlinde
Rüdnitz
Bernau S2 S2 P+R
Bernau-Friedenstal P+R
Zepernick (bei Bernau)
Röntgental
Buch P+R
Karow NE27
Mühlenbeck-Mönchmühle
S9 Blankenburg
P+R Pankow-Heinersdorf
U2 S8 U2 Pankow
Vollankstr.
RE3·RE5
RB12·OE60
S75 S75 Wartenberg
Hohenschönhausen
Gehrenseestr.
Werneuchen OE25
Seefeld (Mark)
Blumberg
Ahrensfelde Nord
Ahrensfelde Friedhof
S7 S7 P+R Ahrensfelde
Mehrower Allee P+R
S5 S5 Strausberg Nord
Raoul-Wallenberg-Str. P+R
Strausberg Stadt
Hegermühle
Marzahn
OE25
Hönow U5 U5
Poelchaustr.
Louis-Lewin-Str.
Hellersdorf
Strausberg
Kostrzyn NE26
Cottbusser Platz
Petershagen Nord
Neue Grottkauer Str.
Fredersdorf
Kaulsdorf-Nord
Neuenhagen
Springpfuhl
RB12·OE25·OE60
Vinetastr.
Bornholmer Str.
Schönhauser Allee
Prenzlauer Allee
Voltastr.
Greifswalder Str.
Bernauer Str.
Eberswalder Str.
Senefelderplatz
S42 S41
Rosenthaler Platz
Rosa-Luxemburg-Pl.
Weinmeisterstr.
Landsberger Allee
U5 U5
Alexanderplatz
Hackescher Markt
Schillingstr.
Strausberger Platz
Weberwiese
Storkower Str.
Friedrichsfelde Ost
Jannowitzbrücke
Frankfurter Tor
Klosterstr.
Märkisches Museum
Samariterstr.
NE26
Stadtmitte
Ostbahnhof
Magdalenenstr.
Friedrichsfelde
Biesdorf
Wuhletal P+R
Kaulsdorf
Mahlsdorf
Birkenstein
Hoppegarten (Mark) P+R
U1 U1 Warschauer Str.
Frankfurter Allee
Lichtenberg
S7 RB12 OE25 NE26 OE60 nur S
Elsterwerdaer Platz
Hausvogteiplatz
Spittelmarkt
Heinrich-Heine-Str.
S3 Ostkreuz
Biesdorf-Süd
Kochstr.
Moritzplatz
Nöldnerplatz
Tierpark
Hallesches Tor
Kottbusser Tor
Schlesisches Tor
Rummelsburg
RE1·RE2·RE7·RB14
Betriebsbahnhof Rummelsburg
Prinzenstr.
Görlitzer Bhf
Karlshorst
Wuhlheide
Köpenick
Hirschgarten
P+R Friedrichshagen
Rahnsdorf
Wilhelmshagen
S3 S3 Erkner
Frankfurt (Oder) RE1
Eisenhüttenstadt RE1
Schönleinstr.
RE1
Fangschleuse
Mehringdamm
Hermannplatz
Treptower Park S9
Gneisenaustr.
Südstern
Rathaus Neukölln
A
B
C
Boddinstr.
Karl-Marx-Str.
S41 S42
Plänterwald
RE2·RE7·RB14
Leinestr.
Sonnenallee
S47 U8 U8 Hermannstr.
Neukölln
Kollnische Heide
Alt-Tempelhof
Baumschulenweg
Grenzallee
Oberspree
Spindlersfeld S47 S47
Kaiserin-Augusta-Str.
S85 S47 OE36 Schöneweide
Blaschkoallee
Ullsteinstr.
Westphalweg
Parchimer Allee
Betriebsbahnhof Schöneweide
Alt-Mariendorf U6 U6
Adlershof
Britz-Süd
Grünau S8 S85 S8 P+R
Johannisthaler Chaussee
Lipschitzallee
Eichwalde
P+R Altglienicke
Zeuthen S8
Wutzkyallee
RE2·RB14·OE36
Frankfurt (Oder) OE36
Wildau
Niederlehme
Zernsdorf
Kablow
Grünbergallee
Zwickauer Damm
Rudow U7 U7
X7 171 N7
Königs Wusterhausen S46 S46
RE7·RB14
Cottbus RE2
RB14
Senftenberg
Flughafen Berlin-Schönefeld
S45 S9 S9 RB22
Schönefeld SXF
X7 171 N7
RE7·RB22
Chaussee P+R
P+R
P+R
Rudow-Waldstadt
BVG Berliner Verkehrsbetriebe
DB BAHN
S Bahn Berlin

IWANOWSKI'S REISEBUCHVERLAG

FÜR INDIVIDUELLE ENTDECKER

REISEHANDBÜCHER

Europa
Barcelona
Dänemark*
Finnland*
Irland*
Island*
Litauen mit Kurischer Nehrung*
Liparische Inseln, Insel- und Wanderführer *
Lissabon
Madeira*
Madrid
Mallorca, Wanderführer*
Malta mit Gozo*
Moskau & Goldener Ring
Nordspanien & der Jakobsweg*
Norwegen*
Paris
Piemont & Aostatal*
Polens Ostseeküste & Masuren*
Provence mit Camargue*
Rom mit Latium
Schottland*
Schweden*
Tal der Loire mit Chartres*

Asien
Bali*
Hong Kong
Oman*
Peking
Rajasthan mit Delhi und Agra*
Shanghai
Singapur
Sri Lanka/Malediven*
Thailand mit Phuket*
Tokio mit Kyoto
Vereinigte Arabische Emirate mit Dubai & Abu Dhabi *
Vietnam*

Afrika
Botswana*
Kapstadt & Garden Route*
Kenia/Nordtanzania*
Mauritius/Réunion*
Namibia*
Nambia/Naturschutzgebiete*
Südafrikas Norden & Ostküste*
Südafrika*
Uganda/Ruanda*

Amerika
Bahamas
Chile mit Osterinsel*
Florida*
Hawaii*
Kalifornien
Kanada/Osten*
Kanada/Westen*
Karibik/Kleine Antillen*
New York
USA/Große Seen*
USA/Nordosten*
USA/Nordwesten*
USA/Ostküste*
USA/Süden*
USA/Texas-Mittlerer Westen*
USA/Südwesten*
USA/Westen*

Pazifik
Australien mit Outback*
Neuseeland*

101 Geheimtipps...
101 Berlin – Geheimtipps und Top-Ziele für Entdecker
101 Florida – Geheimtipps und Top-Ziele
101 Inseln – Geheimtipps für Entdecker
101 Namibia – Die schönsten Reiseziele, Lodges & Gästefarmen
101 Reisen für die Seele – Relaxen & Genießen in aller Welt
101 Safaris – Traumziele in Afrika
101 Skandinavien – Geheimtipps für Entdecker
101 Südafrika - Die schönsten Reiseziele und Lodges
101 USA – Geheimtipps für Entdecker

REISEGAST IN...

Ägypten
China
England
Indien
Japan
Korea
Polen
Russland
Südafrika
Thailand

* mit herausnehmbarer Reisekarte

Iwanowski's Reisebuchverlag GmbH • Salm-Reifferscheidt-Allee 37 • D- 41540 Dormagen
TEL: 0 21 33/2 60 3 11 • FAX: 0 21 33/26 03 33 • E-MAIL: INFO@IWANOWSKI.DE
www.iwanowski.de